# ORDONNANCE

## DU 29 OCTOBRE 1820,

PORTANT RÈGLEMENT SUR LE SERVICE DE LA GENDARMERIE

ANNOTÉE.

PRIX BROCHÉ : 4 FR.

Paris,

LÉAUTEY, ÉDITEUR, IMPRIMEUR-LIBRAIRE DE LA GENDARMERIE,

RUE SAINT-GUILLAUME, 21. F. S.-G.

1851.

# ORDONNANCE DU ROI

## DU 29 OCTOBRE 1820

### ( ANNOTÉE )

#### PORTANT RÈGLEMENT SUR LE SERVICE DE LA GENDARMERIE,

Mise en concordance avec les diverses décisions postérieures,

et notamment avec l'ordonnance du 16 mars 1838 sur l'avancement et la nomination

aux emplois dans l'armée.

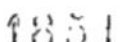

1851

# ORDONNANCE DU ROI

**( ANNOTÉE )**

PORTANT RÈGLEMENT SUR LE SERVICE DE LA GENDARMERIE.

29 octobre 1820.

## Première partie.

### CHAPITRE PREMIER.

#### DE L'INSTRUCTION DE LA GENDARMERIE.

#### Art. 1er.

La gendarmerie royale est une force instituée pour veiller à la sûreté publique et pour assurer, dans toute l'étendue du royaume, dans les camps et dans les armées, le maintien de l'ordre et l'exécution des lois.

Une surveillance continue et répressive constitue l'essence de son service.

#### Art. 2.

Le corps de la gendarmerie royale est une des parties intégrantes de l'armée, et les dispositions générales des lois militaires lui sont applicables, sauf les modifications et les exceptions que la nature mixte de son service rend nécessaires.

#### Art. 3.

Toutes les fois que la gendarmerie royale est insuffisante pour dissiper les émeutes populaires ou attroupements séditieux, et faire cesser toute résistance à l'exécution des lois, elle requiert l'assistance des gardes nationales et des troupes de ligne, qui sont tenues de déférer à ses réquisitions et de lui prêter main forte.

La gendarmerie se conforme, pour ses réquisitions, aux art. 73, 74, 84, 90 et 92 de la présente ordonnance.

### CHAPITRE II.

#### DU PERSONNEL.

*Force et organisation du corps.*

#### Art. 4.

Le corps de la gendarmerie royale se compose : 1° de la gendarmerie d'élite; 2° de vingt-quatre légions pour le service des départements et des arrondissements maritimes; 3° de la gendarmerie spécialement affectée au service de notre bonne ville de Paris.

#### Art. 5.

Le corps de la gendarmerie d'élite, institué pour le service de nos résidences royales, est placé sous les ordres du major général de service de notre garde royale, et est composé de, etc.

#### Art. 6.

Les vingt-quatre légions sont divisées en compagnies, lieutenances et brigades; la force de ces légions est de :

| | | | |
|---|--:|---|--:|
| Colonels | 24 | Gendarmes à cheval et trompettes | 8.060 |
| Chefs d'escad. command. de compagnie | 24 | Maréchaux des logis à pied | 216 |
| Capitaines | 68 | Brigadiers à pied | 434 |
| Lieutenants | 378 | Gendarmes à pied | 3.250 |
| Trésoriers | 92 | | |
| Maréchaux des logis à cheval | 533 | FORCE TOTALE | 14.086 |
| Brigadiers à cheval | 1,067 | | |

### Art. I<sup>er</sup>.

La gendarmerie, qui a remplacé la maréchaussée, fut primitivement instituée et organisée par la loi du 16 janvier 1791, qui a été suivie des arrêtés des 27 nivose an VII et 12 thermidor an IX, des décrets des 12 juin, 4 août 1806, des ordonnances des 11 juillet 1814, 10 septembre 1815, 10 janvier 1816, 2 août 1818.

La loi du 28 germinal an VI a refondu en un seul Code les lois et décrets antérieurs ; enfin, l'ordonnance du 29 octobre 1820, régissant actuellement la gendarmerie, remplace toutes les lois, décrets et ordonnances qui l'avaient précédée.

### Art. IV.

La gendarmerie d'élite et celle de Paris ont été supprimées par l'ordonnance du 11 août 1830. Cette dernière a pris le titre de *gendarmerie départementale*. (Ord. du 8 sept. 1830, *Journ. milit.*, p. 119.)

### Art. VI.

La gendarmerie a subi dans sa force numérique diverses variations. L'*État de la Gendarmerie* en présente d'ailleurs chaque année l'effectif réel.

Un corps de 400 hommes, sous la dénomination de *voltigeurs corses*, sert d'auxiliaire à la gendarmerie de cette province.

### Art. 7.

Le corps de la gendarmerie royale de Paris est composé de, etc.

### Art. 8.

Les vingt-quatre légions sont inspectées par des inspecteurs généraux spéciaux qui sont du grade de lieutenant général ou de maréchal de camp, et font partie du cadre de l'état-major général de l'armée.

### *Admission.*

### Art. 9.

Les conditions d'admission dans la gendarmerie sont :
D'être âgé de vingt-cinq ans et de quarante ans au plus;
D'avoir la taille d'un mètre sept cent trente-deux millimètres pour le service à cheval, et d'un mètre sept cent cinq millimètres pour le service à pied ;
De savoir lire et écrire correctement;
De produire les attestations légales d'une bonne conduite soutenue;
De justifier d'un rengagement ou d'un congé en bonne forme.

### Art. 10.

A défaut d'hommes justifiant d'un rengagement dans un corps de ligne ou d'un congé en bonne forme, les militaires en activité, âgés de vingt-cinq ans révolus, ayant quatre années de service, peuvent concourir pour les emplois de gendarmes, s'ils réunissent les autres conditions d'admission ci-dessus prescrites, et s'ils sont d'ailleurs reconnus, par leurs chefs ou par les inspecteurs généraux d'armes, susceptibles de servir dans la gendarmerie.

### Art. 11.

Les militaires licenciés, qui n'ont pas été appelés à faire partie des cadres de l'armée, sont admissibles aux emplois de gendarmes, pourvu qu'ils aient quatre ans de service, qu'ils puissent s'habiller et s'équiper à leurs frais, et qu'ils réunissent d'ailleurs les autres conditions exigées sous les rapports de la taille, de l'instruction et de la bonne conduite.

### Art. 12.

Lorsque ces militaires veulent entrer dans la gendarmerie, ils se présentent au commandant de la gendarmerie de leur département, qui soumet, s'il y a lieu, des propositions au colonel de la légion. Cet officier supérieur, après avoir reconnu que les sujets réunissent l'ensemble des conditions exigées, en rend compte à notre ministre de la guerre, auquel il adresse, à l'appui des mémoires de proposition, les actes de naissance et les pièces justificatives des services et de bonne conduite.

### Art. 13.

Les sous-officiers et soldats qui ont accompli un rengagement ont le droit d'être admis dans la gendarmerie. En conséquence, ceux d'entre eux qui veulent servir dans cette arme doivent, aussitôt après la réception de leur congé, se présenter à l'officier commandant la gendarmerie d'un département. Cet officier vérifie s'ils ont les qualités requises, et, dans ce cas, les admet provisoirement. Leurs demandes et les pièces à l'appui sont adressées sur-le-champ au colonel de la légion, qui, après examen, les transmet au ministre de la guerre avec son avis particulier.

#### Art. VII.

La gendarmerie royale de Paris, supprimée par ordonnance du 11 août 1830, a été remplacée par le corps de la garde municipale, créé par ordonnance du 16 août du même mois. Ce corps fait partie de la gendarmerie de France; mais, indépendamment des attributions dont il est investi par l'ordonnance du 29 octobre 1820, commune à toute la gendarmerie, des règlements particuliers règlent les détails de son service tout spécial, notamment l'ordonnance du 24 août 1830, qui détermine la nature des divers services auxquels il demeure affecté, et celles des 24 novembre 1830 et 26 juillet 1839, contenant les dispositions principales de sa constitution; enfin celle du 16 mars 1838, commune à l'armée, contenant les règles d'admission et avancement. Toutefois, les conditions imposées par l'art. 391 de cette ordonnance, qui exigeait, pour l'admission des officiers de gendarmerie dans ce corps, un an au moins de grade correspondant à celui de l'emploi vacant, a été abrogé par l'art. 6 de celle du 26 juillet 1839.

#### Art. VIII.

Les inspections générales des troupes n'ont pas lieu à des époques fixes. Les inspecteurs généraux se rendent près des corps lorsque le ministre de la guerre leur en donne l'ordre. (Ord. du 19 août 1836.)

#### Art. IX.

Cet article est ainsi modifié : Les emplois de gendarmes sont donnés à des militaires en activité, envoyés dans la réserve ou libérés définitivement du service, quel que soit le corps dans lequel ils ont servi. Les militaires en activité sont désignés par les inspecteurs généraux, et, dans l'intervalle d'une inspection générale à l'autre, par les lieutenants généraux commandant les divisions militaires. (Art. 364 de l'ord. du 16 mars 1838.)

Dans les corps de l'armée, les gendarmes sont choisis parmi les sous-officiers et les caporaux ou les brigadiers, et subsidiairement parmi les soldats. (Art. 365 de la même ordonnance.)

Pour être nommé gendarme, il faut :

1° Etre âgé de vingt-cinq ans au moins et de quarante au plus; les anciens gendarmes seuls peuvent être réadmis jusqu'à l'âge de quarante-cinq ans; toutefois, nul ne peut être admis s'il est trop âgé pour pouvoir compléter, à cinquante-cinq ans, le temps de service exigé pour la retraite. Une décision royale du 14 avril 1838 (circ. min. du 20 du même mois) accorde une tolérance d'âge de cinq années pour les militaires qui ont déjà fait partie de la gendarmerie, et susceptibles, par la durée de leurs services, d'accomplir leurs droits à la retraite avant l'expiration de leur soixantième année.

2° Avoir au moins la taille de 1 mètre 732 mill. pour les brigades à cheval, et de 1 mètre 705 mill. pour les brigades à pied.

3° Avoir servi activement sous les drapeaux pendant trois ans au moins.

4° Savoir lire et écrire correctement.

Les militaires définitivement libérés du service, ou renvoyés dans la réserve, doivent en outre produire un certificat constatant leur bonne conduite jusqu'à l'instant de leur admission. (Art. 366 même ordonn.)

Les militaires qui n'auront qu'un mètre 690 millimètres de taille pourront être admis dans les compagnies à pied de la garde municipale. (Art. 5 de l'ord. du 26 juillet 1839.)

Le nombre des gardes auxiliaires peut être porté à cinq cents. (Art. 4 de la même ordonnance.)

Pour être admis garde auxiliaire, il faut être âgé de vingt-trois ans accomplis et compter au moins deux ans de présence sous les drapeaux. (Art. 21 de l'ord. du 24 août 1838.)

En cas d'admission, le militaire en activité venant d'un corps de l'armée est tenu de compléter, dans la gendarmerie, le temps de service voulu par la loi de recrutement. (Ord. du 5 avril 1820.)

#### Art. X.

La condition du service est réduite à trois ans. (Art. 366 de l'ord. du 16 mars 1838, *Journ. milit.*, p. 533.

#### Art. XI.

Les pièces suivantes sont annexées au mémoire de proposition :

1° La demande de l'aspirant écrite de sa main; le commandant de la compagnie la certifie. Cette demande est ensuite visée et datée par le sous-intendant militaire. Cette formalité est exigée pour constater que le militaire a présenté sa demande dans le délai d'un an, afin d'obtenir sa première mise ;

2° Son congé de libération ;

3° Un certificat de bonne conduite ;

4° Un certificat d'aptitude physique ;

5° Son acte de naissance dûment légalisé ;

Circulaire ministérielle du 27 juillet 1831.

6° Un certificat de l'officier de recrutement ou du maire dans les lieux où il n'existe pas d'officier de recrutement, portant la taille de l'aspirant et son toisage en présence de cet officier ou du maire. (Inst. sur les inspections générales de 1832.)

Le mémoire de proposition doit indiquer si le militaire est célibataire, marié, veuf, et le nombre d'enfants. (Circ. du 4 juillet 1836.)

Il est donné connaissance par le commandant de la compagnie au commandant du dépôt de recrutement du département des militaires de la réserve qui passeraient dans la gendarmerie. (Circ. du 15 nov. 1834.)

#### Art. XIII.

Il n'est plus fait d'avances de 400 fr. sur les fonds du trésor ; les conseils d'administration accordent tous leur responsabilité des avances suffisantes sur la masse de compagnie (circ. du 10 janv. 1831), et la retenue en est opérée conformément aux prescriptions de l'art. 163 du règlement d'administration du 21 nov. 1823.

Les allocations de première mise indiquées aux art. 124 et 131 du règlement précité sont payables sur les fonds du trésor cumulativement avec ceux de la solde (même circ.) Cette allocation est accordée aux militaires qui forment la demande de leur admission dans le délai d'un an, à partir de la date de leur libération du service, et cette demande, pour être valide, doit être revêtue du visa daté du sous-intendant militaire. (Circ. du 29 juillet 1835.)

Ces sous-officiers et soldats reçoivent la solde de gendarme à pied jusqu'à ce que le ministre de la guerre leur ait assigné des destinations ; ils ont droit en outre à l'indemnité de première mise attribuée à leur arme, et, s'il y a lieu, il est fait une avance de 400 fr. aux gendarmes à cheval, pour les aider à se monter et à s'équiper.

Les mêmes dispositions pourront être appliquées aux sous-officiers et soldats qui, n'ayant pas contracté un rengagement, obtiendraient, immédiatement après l'expiration de leur temps de service, d'être admis dans la gendarmerie.

*Avancement.*

### Art. 14.

Les brigadiers sont pris parmi les gendarmes qui ont au moins deux ans de service en cette qualité, ou parmi les sous-officiers de la ligne qui, ayant accompli un rengagement, ont occupé, pendant trois ans, dans un corps de l'armée, l'emploi d'adjudant, de sergent-major ou de maréchal des logis chef.

### Art. 15.

Les maréchaux des logis sont pris parmi les brigadiers ayant au moins deux ans d'exercice dans ce grade.

### Art. 16.

L'avancement aux emplois de maréchaux des logis et de brigadiers a lieu par légion, à moins que les besoins du service ne forcent à intervertir cet ordre.

### Art. 17.

Les deux tiers des emplois de lieutenant dans les compagnies sont donnés aux lieutenants de l'armée, âgés de vingt-cinq ans révolus ou de quarante ans au plus et qui ont au moins deux ans de service dans ce grade. Ne peuvent concourir pour ces emplois les officiers pourvus du grade de capitaine.

L'autre tiers des lieutenances appartient à l'avancement des sous-officiers de gendarmerie ayant au moins quatre ans de service en cette qualité dans l'arme.

### Art. 18.

Les maréchaux des logis, brigadiers et gendarmes concourent pour l'avancement ainsi qu'il suit :

A l'époque des inspections de la gendarmerie, les lieutenants forment chacun une liste de deux gendarmes et de deux brigadiers, qu'ils reconnaissent les plus susceptibles d'obtenir de l'avancement. Le commandant de la compagnie, après avoir émis son opinion sur les sujets présentés par les lieutenants, envoie ces listes au colonel de la légion, avec une liste particulière des maréchaux des logis qui servent avec le plus de distinction.

Le colonel émet également son opinion sur ces listes ; et l'inspecteur général, après y avoir consigné ses observations, les adresse, avec son travail de revue, à notre ministre de la guerre.

L'état des maréchaux des logis susceptibles d'être faits officiers est établi à raison de quatre candidats par légion.

Ces listes et états sont rectifiés à chaque inspection. (Les modèles en sont établis par notre ministre de la guerre.) Cependant, si, dans l'intervalle d'une inspection à une autre, des maréchaux des logis, brigadiers ou gendarmes, non désignés comme

### Art. XIV, XV, XVI.

Ces articles sont ainsi modifiés par la section 2 de l'ord. du 16 mars 1838, portant règlement sur la progression de l'avancement et la nomination aux emplois dans l'armée, en exécution de la loi du 14 avril 1832.

*Admission et avancement aux emplois de brigadier et de maréchal des logis.*

L'avancement aux grades de brigadier et de maréchal des logis roule par légion. (Art. 367.)

Les emplois de brigadier sont donnés à des gendarmes ayant au moins un an de service dans la gendarmerie et portés sur le tableau d'avancement, ainsi qu'aux adjudants, aux sergents-majors et aux maréchaux des logis chefs des divers corps de l'armée, désignés par les inspecteurs généraux, et ayant au moins un an d'exercice de leur emploi. (Art. 368.)

La totalité des emplois de maréchal des logis est donnée à des brigadiers de gendarmerie ayant au moins un an de service dans leur grade et portés sur le tableau d'avancement. (Art. 369.)

Notre ministre de la guerre nomme aux emplois de brigadier et de maréchal des logis de gendarmerie. (Art. 370.)

Les gendarmes proposés pour l'avancement, et les sous-officiers de l'armée désignés pour occuper des emplois de brigadier de gendarmerie, doivent être en état de rédiger un procès-verbal. Les sous sous-officiers doivent en outre satisfaire aux conditions exigées par l'art. 366. (Art. 371.)

### Art. XVII.

L'avancement aux grades et emplois d'officier pour la portion dévolue aux sous-officiers de gendarmerie, roule sur toute l'arme. (Art. 383 de l'ord. du 16 mars 1838.)

L'organisation de la gendarmerie ne comportant pas d'emplois de sous-lieutenant, le tiers des lieutenances vacantes est dévolu aux maréchaux des logis de l'arme (art. 374, même ord.) qui ont accompli deux ans de service dans le grade de maréchal des logis. (Art. 3 de la loi du 14 avril 1832.)

Les deux autres tiers des lieutenances vacantes sont acquis à des lieutenants de l'armée ayant un an d'activité dans leur grade. Les lieutenants d'infanterie ne peuvent être admis dans la gendarmerie qu'autant qu'ils auront précédemment servi deux ans dans un corps de troupes à cheval. (Art. 374, même ord.)

La première vacance appartient aux maréchaux des logis de l'arme, la deuxième et la troisième aux lieutenants de l'armée. (Art. 375, même ordonnance.)

### Art. XVIII.

Le tableau d'avancement au grade de brigadier et à celui de maréchal des logis est établi par légion. (Art. 382, ord. du 16 mars 1838.)

Les commandants de compagnie remettent, à cet effet, leurs propositions aux chefs de légion, qui dresse le tableau d'avancement et le soumet à l'inspecteur général. Ce dernier arrête définitivement ce tableau, après s'être assuré que tous les candidats remplissent les conditions exigées, et le transmet, avec les observations, à notre ministre de la guerre. (Même article.)

Pour la formation du tableau d'avancement aux différents grades d'officiers, chaque commandant de compagnie adresse au chef de légion l'état des maréchaux des logis et des lieutenants ayant des titres à l'avancement au choix. (Art. 383, même ordonnance.)

Le chef de légion remet à l'inspecteur général ces états avec ses notes; il y joint les propositions d'avancement qu'il croit devoir faire en faveur des capitaines et des chefs d'escadron sous ses ordres. L'inspecteur général adresse à notre ministre de la guerre ces différents états avec ses observations, en y joignant les listes d'aptitude aux fonctions spéciales. (Même article.)

Lorsque, dans l'intervalle d'une inspection générale à l'autre, des gendarmes, des brigadiers, des sous-officiers et des officiers de gendarmerie, non présentés comme candidats, rendent des services de nature à mériter un avancement immédiat, ils peuvent l'obtenir sur la proposition du chef de légion, approuvée par le général commandant la division militaire et transmise à notre ministre de la guerre. (Art. 384.)

Toutes les dispositions contenues dans le chapitre précédent sont applicables à la gendarmerie coloniale. (Art. 385.)

Les emplois et grades, dans la garde municipale, sont assimilés, pour le rang, aux emplois et grades correspondants dans la gendarmerie départementale.

Le grade de caporal correspond à celui de brigadier de gendarmerie.

Les emplois de sergent, de maréchal des logis, de sergent-major, de maréchal des logis chef et d'adjudant correspondent à l'emploi de maréchal des logis de gendarmerie. Toutefois, cette dernière assimilation ne préjudicie en rien au droit de commandement, suivant la hiérarchie de ces divers emplois. (Art. 387.)

Les gardes municipaux, les caporaux ou les brigadiers, les sergents fourriers ou les maréchaux des logis fourriers, et les sergents ou les maréchaux des logis sont nommés et commissionnés par notre ministre de la guerre, conformément aux dispositions de l'ordonnance d'organisation du corps. (Art. 388.)

Les dispositions de l'art. 368, relatives aux emplois de brigadier de gendarmerie dévolus aux sous-officiers de l'armée, ne sont point applicables aux emplois de caporal et de brigadier de la garde municipale, qui sont donnés à des gardes exclusivement. (Même article.)

Les nominations aux emplois de sergent-major, de maréchal des logis chef et d'adjudant ont lieu d'après les règles établies aux art. 16 et 17 de la présente ordonnance. (Art. 389.)

En raison de l'organisation réglementaire du corps, le tableau d'avancement aux emplois de caporal ou de brigadier et de sous-officier est établi conformément aux prescriptions des art. 78, 79 et du § 1er de l'art. 80 de la présente ordonnance. (Art. 390.)

candidats, rendent des services de nature à leur procurer un prompt avancement, ils sont susceptibles d'être promus aux emplois vacants, s'ils réunissent d'ailleurs les autres conditions prescrites.

### Art. 19.

Les maréchaux des logis appelés au tiers des emplois de lieutenant, n'ont d'abord que le grade de sous-lieutenant; ils remplissent néanmoins les mêmes fonctions que les lieutenants, et leur sont assimilés pour la solde.

A l'expiration des quatre ans d'exercice dans l'emploi de sous-lieutenant, ces officiers reçoivent le brevet de lieutenant.

### Art. 20.

Les emplois de trésorier sont conférés à des lieutenants de gendarmerie ou de l'armée, qui réunissent les conditions exigées pour ces emplois. Toutefois les sous-officiers de gendarmerie promus au grade de sous-lieutenant, ainsi qu'il est expliqué par l'article précédent, peuvent être nommés trésoriers, pourvu qu'ils réunissent également les conditions exigées.

### Art. 21.

Les lieutenants et les sous-lieutenants de la gendarmerie qui veulent concourir pour les emplois de trésorier, sont examinés par l'inspecteur général, le conseil d'administration assemblé. Le sous-intendant militaire, ayant la police administrative de la compagnie, est présent à la séance : son avis est inscrit au procès-verbal. Le résultat de ces examens fait l'objet d'un rapport spécial dans le travail des revues.

### Art. 22.

Les lieutenants trésoriers concourent avec les lieutenants des compagnies pour l'avancement au grade de capitaine; cependant, si l'intérêt particulier du service l'exige, un trésorier, promu au grade de capitaine, pourra être maintenu dans l'exercice de ses fonctions, sans que cette exception puisse jamais s'étendre à plus d'un trésorier par arrondissement d'inspection.

La résidence de cet officier est toujours fixée au chef-lieu d'une légion.

### Art. 23.

L'avancement aux grades de capitaine et de chef d'escadron commandant de compagnie, a lieu sur tout le corps, savoir : les deux tiers à l'ancienneté, et l'autre à notre choix.

### Art. 24.

La moitié des emplois de chef de légion de gendarmerie est conférée aux colonels de l'armée; l'autre moitié appartient à l'avancement des officiers de gendarmerie, deux tiers à l'ancienneté, et un tiers à notre choix.

### Art. XIX.

Les maréchaux des logis qui sont nommés, n'ont d'abord que le grade de sous-lieutenant, et sont promus à celui de lieutenant après deux ans d'exercice de leurs fonctions. (Art. 374 de l'ord. du 16 mars 1838.)

### Art. XX.

Les emplois de trésoriers sont dévolus, en totalité, aux maréchaux des logis de l'arme; ils jouissent des avantages énoncés à l'article ci-dessus. (Art. 376, même ordonnance.)

### Art. XXIII.

Nul ne peut être capitaine s'il n'a servi au moins deux ans dans le grade de lieutenant. (Art. 6 de la loi du 14 avril 1832.)

Les lieutenants trésoriers concourent avec les lieutenants des compagnies pour l'avancement au grade de capitaine. Lorsqu'ils l'obtiennent, ils passent à un emploi de ce grade dans la partie active du service ; ils peuvent, toutefois, être maintenus dans leurs fonctions de trésorier, pourvu que le nombre des capitaines trésoriers ne s'élève pas au-delà de huit sur toute l'arme. (Art. 377, même ordonnance.)

Nul ne peut être chef de bataillon ou chef d'escadron s'il n'a servi au moins quatre ans dans le grade de capitaine. (Art. 7 de la loi du 14 avril 1832.)

Les deux tiers des grades de lieutenant et de capitaine sont donnés à l'ancienneté de grade, l'autre tiers au choix. (Art. 12 de la loi du 14 avril 1832, art. 33 de l'ord. du 16 mars 1838.)

La moitié des grades de chef de bataillon ou de chef d'escadron est donnée à l'ancienneté de grade, l'autre moitié au choix. (Art. 13 de la loi du 14 avril 1832, art. 23 de l'ord. du 16 mars 1838.)

Les emplois de capitaine et de chef d'escadron sont donnés par avancement aux lieutenants et aux capitaines de gendarmerie, d'après l'ordre des tours fixés par les art. 40 et 43 de l'ordonnance du 16 mars 1838. (Art. 378 de la même ord.)

Ces tours ont lieu ainsi qu'il suit : L'avancement au grade de lieutenant et à celui de capitaine devant être donné dans la proportion de deux tiers à l'ancienneté et un tiers au choix, il est établi une série de trois tours pour les promotions à chacun de ces grades : le premier tour appartient à l'ancienneté, le second au choix, le troisième à l'ancienneté, et ainsi de suite en recommençant par le tour de l'ancienneté. (Art. 40 de l'ord. du 16 mars 1838.)

L'avancement au grade de chef de bataillon ou d'escadron étant dévolu moitié à l'ancienneté et moitié au choix, il est établi une série de deux tours pour les promotions à ce grade : le premier tour appartient à l'ancienneté, le second au choix. (Art. 43 de l'ord. du 16 mars 1838.)

### Art. XXIV.

Nul ne peut être lieutenant colonel s'il n'a servi au moins trois ans dans le grade de chef de bataillon ou de chef d'escadron. (Art. 8 de la loi du 14 mars 1832.)

Nul ne peut être colonel s'il n'a servi au moins deux ans dans le grade de lieutenant colonel. (Art. 9 de la loi du 14 avril 1832.)

Tous les grades supérieurs à celui de chef de bataillon ou chef d'escadron sont au choix du roi. (Art. 14 de la loi du 14 avril 1832.)

Les trois quarts des emplois de chef de légion sont occupés par des colonels, l'autre quart par les lieutenant colonels. Les deux tiers des emplois de colonel chef de légion sont réservés aux colonels de l'armée en activité de service, l'autre tiers est donné par avancement aux lieutenants colonels de gendarmerie. (Art. 380 de l'ord. du 16 mars 1838.)

Les lieutenants colonels de l'armée ne peuvent être nommés colonel chef de légion, ni passer lieutenant colonel dans la gendarmerie. (Ord. du 12 août 1831.)

### Art. 25.

Les chefs d'escadron de gendarmerie appelés à la moitié des emplois de chef de légion, n'ont d'abord que le grade de lieutenant colonel; mais ils remplissent les mêmes fonctions et jouissent de la même solde que les autres chefs de légion.

Après quatre ans de grade de lieutenant colonel, ils seront promus au grade de colonel.

### Art. 26.

L'avancement aux grades de maréchal de camp et de lieutenant général dans la gendarmerie, a lieu conformément aux règles établies par nos ordonnances des 22 juillet et 2 août 1818.

### Art. 27.

Les promotions et nominations à notre choix étant la récompense des bons services, les inspecteurs généraux, lors de leurs revues, s'assurent des droits des officiers à notre préférence pour l'avancement, et en font un rapport spécial à notre ministre de la guerre.

Ce rapport contient, pour chaque arrondissement d'inspection, la présentation :

1° De quatre candidats du grade de lieutenant pour celui de capitaine;

2° De deux candidats du grade de capitaine pour celui de chef d'escadron :

3° D'un candidat du grade de chef d'escadron pour celui de lieutenant colonel chef de légion.

Les officiers présentés comme candidats doivent avoir plus de quatre ans d'activité dans leur grade et dans la gendarmerie.

Les rapports des inspecteurs généraux sont renouvelés à chaque inspection.

### Art. XXV.

Les emplois de lieutenants colonels de gendarmerie sont donnés par avancement aux chefs d'escadron de l'arme. (Art. 379 de l'ord. du 16 mars 1838.)

Sous la législation précédente, les chefs d'escadron de gendarmerie, nommés aux emplois de lieutenants colonels, avaient acquis de droit le grade de colonel chef de légion, après quatre ans dans celui de lieutenant colonel, et même, par extention à l'art. 9 de la loi du 14 avril 1832, ce grade leur était conféré après deux ans. Actuellement d'après l'art. 380 de l'ordonnance du 16 mars 1838, cité à la note de l'art. 24, ils ne sont nommés colonels, au choix du roi, que lorsqu'il existe des vacances dans les trois quarts des emplois de chef de légion dévolus aux colonels et dans la proportion d'un tiers de ces vacances, toutefois après avoir servi au moins deux ans dans le grade de lieutenant colonel.

### Art. XXVI.

Les maréchaux de camp sont choisis parmi les colonels en activité (art. 70 de l'ord. du 16 mars 1838) qui ont au moins trois ans de grade de colonel. (Art. 90 de la loi du 14 avril 1832.)

### Art. XXVII.

Les lois des 14 avril 1832 sur l'avancement de l'armée, 19 mai 1834 sur l'état des officiers, et l'ordonnance réglementaire du 16 mars 1838, sont applicables à la gendarmerie, sauf les modifications résultant de la spécialité de son arme, lesquelles sont notamment indiquées au titre XIV et aux art. 433 et 434 de cette ordonnance.

#### PRINCIPES GÉNÉRAUX.

La hiérarchie militaire se compose des grades ci-après :

Caporal ou brigadier; — sous-officier; — sous-lieutenant; — lieutenant; — capitaine; — chef de bataillon, chef d'escadron ou major; — lieutenant colonel; — colonel; — maréchal de camp; lieutenant général; — maréchal de France. (Art. 1 de l'ord. du 16 mars 1838.)

Le grade de sous-officier comprend les emplois de sergent et de maréchal des logis, de sergent fourrier et de maréchal des logis fourrier, de tambour-major et de trompette-major, de sergent-major et de maréchal des logis chef et d'adjudant (art. 2 de l'ord. du 16 mars 1838). Conséquemment, les brigadiers de gendarmerie n'ont pas le grade de sous-officier.

Les positions de l'officier sont : 1° l'activité et la disponibilité ; 2° la non activité ; 3° la réforme; 4° la retraite (art. 2 de la loi du 19 mai 1834). La définition de ces positions est établie aux sections 1, 2, 3 et 4 de la loi précitée du 19 mai 1834.

L'emploi est distinct du grade. Aucun officier ne peut être privé de son grade que dans les cas ci-dessus et suivant les formes déterminées par la loi (art. 24 de la loi du 14 avril 1832), et pour l'une des causes exprimées par l'art. 1 de la loi du 16 mai 1834.

L'emploi peut être retiré par le roi dans les cas prévus et d'après les formes établies au titre II de la loi du 19 mai 1834.

Il ne peut, dans aucun cas, être nommé à un grade sans emploi ou hors des cadres des états-majors, ni être accordé par des grades honoraires; il ne peut également, dans aucun cas, être donné un rang supérieur à celui de l'emploi. (Art. 21 de la loi du 14 avril 1832.)

Nul officier admis à la retraite ne peut être replacé dans les cadres de l'armée. (Art. 21 de la loi du 14 avril 1832.)

La supériorité d'emploi donne le même droit au commandant que la supériorité du grade. (Art. 4 de l'ord. du 16 mars 1838.)

Nul ne peut exercer les fonctions d'un grade supérieur ou inférieur au sien que transitoirement, en cas de vacance ou en l'absence d'un titulaire. (Art. 9 de l'ord. du 16 mars 1838.)

Le temps passé hors des cadres de l'armée, dans tous les cas autres que ceux de mission pour service, de licenciement ou de suppression d'emploi, est déduit de l'ancienneté. (Art. 16 de la loi du 14 avril 1832.)

Aucun officier, sous-officier, brigadier ou gendarme, ne peut être reconnu dans son emploi que sur la présentation de son brevet ou de sa lettre de nomination signée par le ministre de la guerre. (Art. 29 de l'ord. du 16 mars 1838.)

Lorsqu'un emploi d'officier vient à vaquer dans une légion, le chef de légion en informe aussitôt le ministre de la guerre. (Art. 30 de l'ord. du 16 mars 1838.)

Nul ne peut être promu à un grade supérieur s'il n'a servi activement dans le grade inférieur, le temps exigé par la loi du 14 avril 1832, sauf les exceptions prévues par l'art. 19 de cette même loi.

Aucune promotion ne peut avoir lieu qu'en raison de vacance dans les cadres. (Art. 10 de l'ord. du 16 mars 1838.)

Toutes les promotions d'officier sont immédiatement rendues publiques par insertion au *Journal militaires officiel*, avec l'indication du tour de l'avancement, du nom de l'officier qui était pourvu de l'emploi devenu vacant, et de la cause de la vacance. (Art. 22 de la loi du 14 avril 1832.)

Aucun officier ne peut obtenir de l'avancement à l'ancienneté s'il n'est en activité de service ou en non activité par suite de licenciement, de suppression d'emploi ou de rentrée de captivité à l'ennemi, ou enfin s'il n'est prisonnier de guerre. (Art. 31 de l'ord. du 16 mars 1838.)

Tout officier, irrégulièrement absent de son corps, ne peut prétendre à l'avancement qui lui reviendrait à l'ancienneté pendant son absence. Cet avancement est donné à l'officier le plus ancien après lui; à sa rentrée au corps, il reprend ses droits à l'avancement à venir. (Même article.)

Nul ne peut obtenir de l'avancement au tour du choix s'il n'est en activité et porté au tableau d'avancement de la dernière inspection générale, ou s'il n'est employé auprès du roi ou des princes de la famille royale, soit comme aide de camp, soit comme officier d'ordonnance, ou enfin s'il n'est attaché à l'état-major du ministre de la guerre. (Art. 32 de l'ord. du 16 mars 1838.)

L'avancement à l'ancienneté est donné à l'officier le plus ancien dans le grade immédiatement inférieur. Le droit des officiers à cet avancement est déterminé par la liste de l'ancienneté de l'arme. (Art. 35 de l'ord. du 16 mars 1838.)

#### OFFICIERS EN NON ACTIVITÉ PAR SUITE DE LICENCIEMENT, DE SUPPRESSION D'EMPLOI OU DE RENTRÉE DE CAPTIVITÉ A L'ENNEMI.

Les officiers mis en non activité par suite de *licenciement*, de *suppression d'emploi* ou de *rentrée de captivité à l'ennemi*, postérieurement à la promulgation de la loi du 14 avril 1832, art. 16 de cette loi, et ceux qui seront mis à l'avenir dans cette position pour les mêmes causes, devant conserver leurs droits pour l'avancement, seront portés comme surnuméraires sur les contrôles de leur arme. Ils y sont placés au rang que leur ancienneté leur assigne parmi les officiers de leur grade. (Art. 35 et 159 de l'ord. du 16 mars 1838.)

Ils concourent pour l'avancement à l'ancienneté avec les officiers de leur grade en activité dans l'arme à laquelle ils appartiennent. Ils sont appelés à remplir la moitié des emplois de leur grade qui viennent à vaquer dans leur arme. (Art. 161 et 162 de l'ord. du 16 mars 1838.)

Le rappel de ces officiers à l'activité a lieu, d'après les règles suivantes, dans les grades de sous-lieutenant, lieutenant, capitaine, chef de bataillon ou d'escadron, à l'ancienneté; le rappel à l'activité, à titre d'ancienneté, est déterminé dans chaque grade par la priorité de date de la mise en non activité, et, si cette date est la même, par l'ancienneté de grade. (Art. 162 de l'ord. du 16 mars 1838.)

Tous les emplois de major, lieutenant colonel et colonel, dévolus à la non activité, sont donnés au choix. (Même art.)

La mise en activité des officiers de tous grades est soumise à l'approbation du roi. (Même art.)

Lors de la formation d'une nouvelle légion, les officiers en non activité pour les causes ci-dessus indiquées, sont de même appelés à remplir la moitié des emplois de leur grade qui seraient à pourvoir dans ces nouveaux cadres. Ils peuvent également concourir pour l'autre moitié des emplois. (Même art.)

Les officiers mis en non activité, depuis la loi du 19 mai 1834, pour les mêmes causes ci-dessus indiquées, ont droit à la moitié des vacances de leur grade, en donnant alternativement un emploi à la non activité et un emploi à l'avancement, et en suivant pour l'avancement les tours fixés pour chaque grade. (Art. 43 de l'ord. du 16 mars 1838.)

#### OFFICIERS MIS EN NON ACTIVITÉ POUR INFIRMITÉS TEMPORAIRES, RETRAIT OU SUSPENSION D'EMPLOI.

Les officiers mis en non activité depuis la loi du 19 mai 1834, et ceux qui seront mis à l'avenir dans cette position pour les mêmes causes, ne peuvent être rappelés dans les cadres de l'armée que sur la proposition des inspecteurs généraux. Toute demande ou proposition de rappel à l'activité qui n'est pas faite par cette voie, est considérée comme non avenue. (Art. 164 de l'ord. du 16 mars 1838.)

Ceux de ces officiers qui sont reconnus susceptibles de rentrer en activité, concourent au choix pour les emplois de leur grade vacants dans leur arme et dans les cadres de nouvelle formation, lorsque tous les officiers de ce grade en non activité par suite de *licenciement*, de *suppression d'emploi*, ou de *rentrée de captivité à l'ennemi*, depuis la loi précitée, ont été replacés. (Même art.).

Il ne peut être disposé en leur faveur du plus du quart des emplois de leur grade vacants dans leur arme. (Même art.)

#### DISPOSITIONS COMMUNES AUX CLASSES DES OFFICIERS EN NON ACTIVITÉ.

Les inspecteurs généraux de gendarmerie passent en revue les officiers en non activité pour quelque cause que ce soit. Ils signalent au ministre de la guerre, par des rapports spéciaux, les officiers qui sont propres au service actif ou à un service sédentaire, et ceux qui se trouvent dans le cas d'être admis à la retraite ou mis en réforme, conformément aux dispositions des art. 10, 11, 12 et 13 de la loi du 19 mai 1834 (Art. 165 de l'ord. du 16 mars 1838.)

#### TABLEAU D'AVANCEMENT DES OFFICIERS.

A chaque inspection générale, le ministre de la guerre fixe l'époque à laquelle doivent être arrêtés les services d'officiers pour le travail de la revue d'inspection. (Art. 75 de l'ord. du 16 mars 1838.)

Les militaires de tous grades qui, à cette même époque, ont accompli le temps de service exigé par la loi du 14 avril 1832 et l'ordonnance du 16 mars 1838, pour être portés sur les tableaux d'avancement ou sur les listes d'aptitude, sont seuls susceptibles d'y être inscrits. (Même article.)

Le nombre des candidats à porter sur chacun de ces tableaux est déterminé par le ministre de la guerre. (Même art.)

Les tableaux d'avancement des officiers de l'année précédente ne sont consultés qu'à titre de renseignement pour l'établissement des tableaux de chaque année. (Art. 86 de l'ord. du 16 mars 1838.)

L'inscription de tout officier sur le tableau d'inspection de l'année précédente ne constitue pas un droit pour être proposé de nouveau; cependant c'est un titre qui est pris en considération. (Inst. du 29 juin 1834 sur les inspections générales.)

Les tableaux d'avancement dressés à l'inspection générale servent pour toutes les promotions à faire au tour du choix, savoir:

Pour les grades de sous-lieutenant, de lieutenant et de capitaine, jusqu'à la réception du tableau d'avancement à ces grades établi à l'inspection générale de l'année suivante;

Pour les grades d'officier supérieur, depuis le 1er janvier qui suit l'époque de l'inspection jusqu'au 31 décembre où aura commencé l'inspection générale de l'année suivante.

Les mêmes règles sont applicables aux propositions faites en dehors des inspections, soit aux armées actives, soit en temps de paix, en raison des circonstances extraordinaires. (Art. 87 de l'ord. du 16 mars 1838.)

### Art. 28.

Les officiers de tout grade dans la gendarmerie sont nommés par nous, sur la présentation de notre ministre de la guerre.

Les maréchaux des logis, brigadiers et gendarmes, sont nommés par notre ministre de la guerre; ils sont commissionnés en notre nom.

*Etablissement des rangs entre les officiers, sous-officiers et gendarmes.*

### Art. 29.

Depuis et y compris le grade de lieutenant, jusques et y compris celui de chef d'escadron, les officiers du corps de la gendarmerie prennent rang dans leurs grades respectifs d'après les dates de leur nomination dans cette arme, sans qu'ils puissent se prévaloir de leur ancienneté de grade dans la ligne, ni même des grades supérieurs dont ils auraient été précédemment pourvus dans un autre corps.

Les officiers nommés dans la gendarmerie, antérieurement à notre ordonnance du 2 août 1818, qui ont fait partie d'une promotion de la même date, prennent rang entre eux à raison des grades qu'ils ont occupés dans l'armée, et de leur ancienneté de nomination dans ces grades.

Les colonels chefs de légion, et les officiers généraux employés comme inspecteurs généraux de gendarmerie, prennent rang selon leurs grades et l'ancienneté de ces grades.

### Art. 30.

Dans chaque compagnie de gendarmerie, les maréchaux des logis et brigadiers prennent rang entre eux en raison de l'ancienneté de leur nomination à ces grades

Un sous-officier porté sur le tableau d'avancement au grade de sous-lieutenant, et tout officier porté sur ce tableau, ne peuvent être rayés, dans l'intervalle d'une inspection à l'autre, que par le ministre de la guerre; cette radiation a lieu sur le rapport du chef de légion. (Art. 83 et 89 de l'ord. du 16 mars 1838.)

Pour la formation du tableau d'avancement aux différents grades d'officiers de gendarmerie, chaque commandant de compagnie adresse au chef de légion l'état des maréchaux des logis et des lieutenants ayant des titres à l'avancement au choix. (Art. 383 de l'ord. du 16 mars 1838.)

Le chef de légion remet à l'inspecteur général ces états avec ses notes. Il y joint les propositions d'avancement qu'il croit devoir faire en faveur des capitaines et des chefs d'escadron sous ses ordres. L'inspecteur général adresse au ministre de la guerre ces différents états avec ses observations, en y joignant les listes d'aptitude aux fonctions spéciales. (Même art.)

Le nombre des candidats est fixé par le ministre de la guerre. (Art. 75 de l'ord. du 16 mars 1838.)

A chaque inspection, des instructions générales et des livrets de revue déterminent le mode de présentation.

LISTES D'ANCIENNETÉ.

La liste d'ancienneté comprend tous les officiers de gendarmerie; ils y sont placés par grade et par rang d'ancienneté dans chaque grade dans l'arme, quelles que soient les fonctions qu'ils exercent. (Art. 90 de l'ord. du 16 mars 1838.)

Le classement des officiers promus le même jour à un même grade est basé exclusivement sur le rang qui leur était assigné par la liste d'ancienneté dans le grade immédiatement inférieur. (Même art.)

Il ne peut être dérogé à cette règle qu'à l'égard de l'officier qui aurait présenté une réclamation fondée contre la fixation de son rang dans ce grade inférieur, antérieurement à sa promotion au grade dont il est pourvu. (Même art.)

Le ministre de la guerre arrête la liste d'ancienneté des officiers de gendarmerie, sur le rapport des inspecteurs généraux. (Même art.)

Tout officier qui a présenté, dans le délai de six mois (art. 36 de l'ord. du 16 mars 1838), contre son classement, une réclamation fondée, reprend le rang qui lui appartient parmi les officiers de son grade aussitôt que l'erreur commise à son préjudice a été reconnue. (Même art.)

Ce délai est porté à neuf mois pour les officiers hors du territoire français. (Art. 36 et 90 de l'ord. du 16 mars 1838.)

Les listes d'ancienneté établies sur toute l'arme de la gendarmerie servent au classement par grade qui est établi chaque année et rendu public par la voie de l'*Annuaire militaire*. (Art. 91, même ord.)

AVANCEMENT DANS LES CORPS EN CAMPAGNE.

Dans les corps qui ont des *Escadrons* ou *Détachements* faisant partie d'une armée en campagne, toutes les vacances d'emploi de brigadiers et de sous-officiers appartiennent exclusivement aux gendarmes et brigadiers qui font partie de la portion du corps où les vacances ont lieu. (Art. 94 de l'ord. du 16 mars 1838.)

Tous les sous-officiers de la portion du corps qui est en campagne concourent, avec les sous-officiers portés sur le tableau d'avancement et qui ne font pas partie de cette portion du corps, pour les emplois de sous-lieutenant, dévolus aux sous-officiers de l'arme. (Art. 95 de la même ord.)

Lorsqu'un sous-officier a mérité, par une action d'éclat mise à l'ordre de l'armée, d'être proposé pour le grade de sous-lieutenant, et qu'il n'existe pas de vacance dévolue à l'avancement des sous-officiers, il est nommé à un emploi vacant revenant au deuxième ou troisième tour, ou, dans le cas prévu, à l'art. 45 de l'ord. du 16 mars 1838. (Même art.)

Tout sous-officier, brigadier ou gendarme admis dans les vétérans, ne peut, à aucun titre, rentrer dans les cadres de l'armée. (Art. 397 de la même ord.)

L'avancement au grade de lieutenant et à celui de capitaine a lieu de la manière suivante:

La moitié des vacances dans les *Escadrons* ou *Détachements* qui font partie d'une armée d'une part, et les deux tiers dans la portion de l'arme qui n'est point en campagne d'autre part, étant dévolus à l'ancienneté, ces vacances sont données aux lieutenants les plus anciens. (Art. 96 de l'ord. du 16 mars 1838.)

Tous les officiers de la portion de l'arme qui est en campagne concourent, avec ceux des officiers qui n'en font pas partie, mais qui sont portés sur le tableau d'avancement, pour tous les emplois qui reviennent au tour du choix, quelle que soit la portion de l'arme où les vacances ont lieu. (Même art.)

Lorsque, par une action d'éclat mise à l'ordre du jour de l'armée, un sous-lieutenant ou lieutenant a mérité d'être promu au grade supérieur, s'il n'existe pas de vacance dévolue au tour du choix, la première qui viendra à vaquer lui sera acquise. (Même art.)

L'avancement au grade de chef d'escadron de compagnie, ne devant avoir lieu qu'au choix, tous les *capitaines* de l'arme qui sont en campagne concourent, avec les capitaines de l'arme qui sont portés sur le tableau d'avancement, pour les emplois qui viennent à vaquer, *au choix*, sans préjudice des droits acquis aux emplois dévolus à l'ancienneté. (Art. 97 de l'ord. du 16 mars 1838.)

GENDARMERIE COLONIALE.

Toutes les dispositions sur l'avancement, indiquées dans cette note et contenues au chapitre II du titre 14 de l'ordonnance du 16 mars 1838, sont applicables à la gendarmerie coloniale. (Art. 385 de l'ord. du 16 mars 1838.)

Les changements qui ont pour but de faire passer un officier d'un emploi à un autre dans le même grade, sont ordonnés par le ministre de la guerre. (Art. 38 de l'ord. du 16 mars 1838.)

Si ces changements concernent un colonel chef de légion, ils sont soumis à l'approbation du roi. (Même art.)

Art. XXIX.

Le rang des officiers de gendarmerie de même grade est déterminé par ancienneté de ce grade dans l'arme. (Art. 5 de l'ord. du 16 mars 1838.) Cette ancienneté compte depuis la date du brevet, déduction faite, s'il y a lieu, des interruptions de service. (Art. 16 de la loi du 14 avril 1832, et art. 5 de l'ord. du 16 mars 1838.)

Le jour où a été rendue l'ordonnance qui a conféré le grade ou l'époque à laquelle cette ordonnance fait

3

dans la gendarmerie, en se conformant aux principes ci-dessus établis pour le classement des rangs des officiers.

Les gendarmes prennent rang entre eux d'après l'ordre de leur nomination à ces emplois, et, à égalité de date, d'après l'ancienneté de leurs services.

*Rang de la gendarmerie dans l'armée.*

### Art. 31.

Le corps de la gendarmerie prend rang dans l'armée immédiatement après notre garde royale.

Les officiers, sous-officiers et gendarmes ont le rang du grade immédiatement supérieur; mais ils n'en jouissent, pour le commandement, qu'après les titulaires de ces mêmes grades dans l'armée.

*Du serment.*

### Art. 32.

Les officiers, sous-officiers et gendarmes, à la réception des brevets, commissions ou lettres de service qui sont expédiés par notre ministre de la guerre, prêtent chacun le serment ci-après :

« Je jure et promets de bien et fidèlement servir le Roi, d'obéir à mes chefs en tout « ce qui concerne le service de Sa Majesté, et, dans l'exercice de mes fonctions, de « ne faire usage de la force qui m'est confiée que pour le maintien de l'ordre et « l'exécution des lois. »

Ce serment est reçu par les présidents des tribunaux de première instance étant en séance; il en est dressé acte, dont une expédition, délivrée sans frais, est remise au sous-intendant militaire qui a la police de la compagnie, lequel en fait l'envoi à notre ministre de la guerre.

### Art. 33.

Lorsque les officiers, sous-officiers ou gendarmes sont à prêter leur serment, s'ils font partie de la lieutenance du chef-lieu de légion, le colonel prévient, par écrit, le président du tribunal, pour que ces militaires puissent être admis à cette prestation à la plus prochaine séance.

Dans les autres compagnies ou lieutenances, l'officier commandant la gendarmerie du lieu où siége le tribunal, prévient, par écrit, le président.

Les officiers, sous-officiers et gendarmes employés dans la résidence, doivent toujours assister aux prestations de serment s'ils n'en sont empêchés pour des causes urgentes de service : ils sont en grande tenue.

*Récompenses militaires.*

### Art. 34.

Les militaires du corps de la gendarmerie concourent, en raison de leurs bons services, pour les récompenses que nous jugeons convenables d'accorder aux autres corps de l'armée.

*Retraites et admissions dans les compagnies sédentaires.*

### Art. 35.

Les officiers, sous-officiers et gendarmes, qui sont dans le cas d'obtenir la solde de retraite, ont droit à celle du grade supérieur après dix années révolues d'activité dans leur grade et dans la gendarmerie.

remonter la nomination dans les circonstances prévues par les art. 36 et 128 de l'ordonnance du 16 mars 1838, détermine la date du brevet. (Même art. 5.)

Cette date est relatée dans la lettre ministérielle portant avis de la nomination. (Même art.)

En cas d'interruption de service ou de renonciation volontaire, la lettre ministérielle qui rappelle l'officier à l'activité, mentionne les déductions opérées dans son ancienneté de grade et la date nouvelle dans laquelle il prend rang. (Art. 35 de l'ord. du 16 mars 1838).

Les interruptions de service des officiers comptent du jour de la décision qui a prononcé leur mise en non activité pour infirmités temporaires, ou par retrait ou suspension d'emploi, jusqu'au jour qui les rappelle dans les cadres. (Même art.)

A égalité d'ancienneté de grade, la priorité du rang se détermine par l'ancienneté dans le grade immédiatement inférieur. (Art. 6 de l'ord. du 16 mars 1838.)

A égalité d'ancienneté dans le grade immédiatement inférieur, elle se règle sur l'ancienneté dans le grade précédent et subsidiairement. (Même art.)

Les colonels de l'armée, nommés chefs de légion, prennent rang selon leur ancienneté de grade dans l'armée. (Art. 381 de l'ord. du 16 mars 1838.)

### Art. XXXI.

Les armes spéciales ne jouissent plus du rang supérieur. (Art. 21 de la loi du 14 avril 1832.) La garde royale a été supprimée par l'ordonnance du 11 août 1830 ; mais la gendarmerie conserve le classement et le rang que lui ont conféré les ordonnances des 28 avril 1778 et 10 septembre 1815. Elle prend la droite sur toutes les troupes de ligne.

Dans le service militaire, les officiers d'état-major ont, à titre d'attributions particulières, le commandement sur les officiers de gendarmerie qui exercent l'emploi correspondant au grade dont les premiers sont revêtus (circ. du 10 avril 1821); mais les officiers de gendarmerie passent dans l'ordre des préséances avant les officiers d'état-major du grade correspondant au leur. (Ord. du 2 avril 1818, et circ. du 10 avril 1821.)

### Art. XXXII.

Le serment rappelle l'importance des devoirs de la gendarmerie. Une loi du 21 juin 1836 en a changé la formule ainsi qu'il suit :

« Je jure fidélité au Roi des Français, obéissance à la Charte constitutionnelle et aux lois du royaume ;

« Je jure, en outre, d'obéir à mes chefs en tout ce qui concerne le service auquel je suis appelé, et

« dans l'exercice de mes fonctions, de ne faire usage de la force qui m'est confiée que pour le maintien de

« l'ordre et l'exécution des lois. »

Les militaires admis au serment doivent avoir *vingt-cinq ans d'âge*. (Circ. minist. du 7 novembre 1835.)

*Les lettres de passe* ne peuvent tenir lieu de titres réguliers d'admission donnant le caractère d'agent de la force publique. (Circ. du 9 août 1836.)

Les militaires admis dans la gendarmerie devront, dans le délai de deux mois, à dater de l'incorporation, se soumettre à cette formalité, sous peine de voir suspendre toute espèce de solde et d'allocation du jour de l'*expiration* de ce délai, jusqu'à l'époque de leur prestation de serment. (Circ. minist. du 21 septembre 1837.)

La prestation de serment des militaires de la gendarmerie sera constatée sur les *commissions* ou *lettres de service même*, par une mention signée du greffier, revêtue du sceau du tribunal, et qui sera *gratuite*, par application du principe établi en l'art. 12, titre XIII de la loi du 22 août 1791.

Les premiers monuments de la législation qui consacrent l'usage de faire désarmer les *militaires* comparaissant devant les tribunaux pour y être admis à la prestation du serment ou pour y porter témoignage, remontent à des époques très-reculées.

On trouvera dans l'extrait *du Manuel des Cours d'assises*, par M. de Serres, édition de 1832, tome 1er, p. 337 : « Enfin, lorsqu'on admet à la prestation du serment, ou comme témoins des officiers, on doit,

« quoiqu'ils soient en uniforme, les engager à quitter leur épée. Cet usage, consacré depuis un temps immémorial, ne peut avoir pour motif que de ne pas permettre que ceux qui sont appelés devant les tribunaux *civils* ou *criminels* aient d'autres armes que la vérité devant des juges armés seulement du glaive

« de la morale et de la justice. »

Une circulaire de S. Exc. le ministre de la guerre, de 1817, a admis ce principe, et a recommandé aux lieutenants généraux commandant les divisions militaires de s'en pénétrer et de veiller à ce que nul officier ne s'oppose à son exécution.

### Art. XXXIV.

Ces récompenses sont : 1° les médailles d'honneur et de sauvetage (circulaire du ministre de la guerre indiquant la forme et la direction à donner aux demandes pour obtenir ces récompenses, 20 décembre 1834); ces demandes seront faites par le commandant de la compagnie, adressées au colonel chef de la légion, qui en rendra compte directement au ministre (circ. du 3 janvier 1835); 2° la Légion d'honneur (loi du 25 floréal an X), portant création de cet ordre ; l'arrêté du 24 ventôse an XII, relatif à la perte de la qualité et à la suspension de l'exercice des droits de membres de la Légion d'honneur ; l'ordonnance du 26 mars 1816, concernant l'organisation, l'administration de cet ordre ; la loi du 6 juillet 1820, relative au traitement de ses membres ; les ordonnances des 18 octobre 1820 et 13 août 1830, qui déterminent la forme de cette décoration ; 3° l'avancement dans cet ordre ; la loi du 14 avril 1832 et l'ordonnance du 16 mars 1838 ; 4° les pensions de retraite, loi du 11 avril 1831.

### Art. XXXV.

Cet article est abrogé, par la loi du 11 avril 1831, sur les pensions de retraite, officiers, sous-officiers et gendarmes, qui obtiennent le cinquième en sus de la retraite, *liquidé* après douze ans accomplis d'activité dans le même grade.

La retraite est la position définitive de l'officier rendu à la vie civile. (Art. 14 de la loi du 19 mai 1834.)

Les officiers en retraite peuvent être appelés par le gouvernement à faire partie de la garde nationale mobile. (Art. 158 de la loi du 21 mars 1830.)

## Art. 36.

Ceux des officiers, sous-officiers et gendarmes qui ne conservent plus l'activité nécessaire pour le service de la gendarmerie, et auxquels la solde de retraite ne peut être accordée pour ancienneté de service, sont susceptibles d'être admis dans les compagnies sédentaires.

## Art. 37.

Les veuves et enfants des officiers, sous-officiers et gendarmes ont droit aux pensions qui sont accordées aux veuves et enfants des militaires des autres armes, dans les cas prévus par nos ordonnances.

## Deuxième partie.

## CHAPITRE PREMIER.

### DES RAPPORTS DE LA GENDARMERIE AVEC LES DIFFÉRENTES AUTORITÉS.

*Obligations de la gendarmerie envers nos ministres.*

## Art. 38.

Le corps de la gendarmerie royale est placé dans les attributions

Du ministre de la guerre, pour ce qui concerne l'organisation, le personnel, la discipline et le matériel;

Du ministre de l'intérieur, pour ce qui concerne l'ordre public et les dépenses du casernement;

Du ministre de la justice, pour ce qui est relatif à l'exercice de la police judiciaire et à l'exécution des mandements de justice;

Du ministre de la marine, pour les dispositions relatives à la surveillance des gens de mer et des autres troupes de la marine, ainsi que pour le service des ports et arsenaux.

## Art. 39.

Les ordres à donner pour les admissions dans le corps, pour les nominations, l'avancement, les lettres de passe, les changements de résidence, la tenue, la police et la discipline, l'ordre intérieur, la répartition et le mouvement des brigades, la fixation de leur emplacement, l'assiette de leur logement, le paiement de la solde, l'habillement, l'équipement, la remonte, les approvisionnements en fourrages, l'emploi des

### Art. XXXVI.

Deux compagnies sédentaires de gendarmerie ont été créées, dans cette prévision, par l'ordonnance des 25 avril et 16 juin 1830.

Une décision ministérielle du 23 juin 1830 allouait à chacun des militaires de la gendarmerie, passant dans une des deux compagnies sédentaires, une somme de 70 fr. à titre de première mise ; cette allocation a été réduite à 40 fr. par une décision subséquente du 24 octobre 1835. Cette indemnité est prélevée sur le fonds de remonte. (Même décision.)

Les brigadiers de gendarmerie sont admis dans les compagnies de gendarmes vétérans comme caporaux.

Les maréchaux des logis de gendarmerie y sont admis comme sergents, sergents fourriers et sergents-majors. (Art. 415 de l'ord. du 16 mars 1838.)

Les lieutenants de gendarmerie sont placés dans les compagnies de gendarmes vétérans comme lieutenants en second ou en premier. (Art. 416 de l'ord. du 16 mars 1838.)

Les capitaines de gendarmerie y sont placés comme capitaines en second ou capitaines commandants. (Même article.)

Pour occuper l'emploi de lieutenant en premier, il faut avoir *quatre* ans de grade de lieutenant dans l'arme. (Même article.)

Pour être capitaine commandant, il faut avoir *quatre* ans de grade de capitaine dans l'arme. (Même article.)

Nul ne peut être admis dans les vétérans s'il est trop âgé pour pouvoir compléter, à soixante ans au plus tard, le temps de service nécessaire pour obtenir la pension de retraite (art. 396 de l'ord. du 16 mars 1838), et s'il ne compte pas quinze ans au moins de service effectif. (Art. 400 de la même ord.)

Tout sous-officier, brigadier ou gendarme admis dans les vétérans, ne peut, à aucun titre, rentrer dans l'armée. (Art. 397 de la même ord.)

### Art. XXXVII.

Loi du 11 avril 1831 sur les pensions de retraite.

Les veuves des militaires morts en jouissance de la pension de retraite, ou en possession de droits à cette pension, ont droit à la fixation de la pension, suivant la proportion établie à l'art. 22 de la même loi, pourvu que le mariage ait été contracté *deux* ans avant la cessation de l'activité ou du traitement militaire du mari, ou qu'il y ait *un* ou plusieurs enfants issus du mariage antérieur à cette cessation. (Art. 19 de la même loi.)

Les veuves des militaires morts des suites de blessures reçues, soit sur le champ de bataille, soit dans un service commandé, pourvu que le mariage soit antérieur à ces blessures. (Même art.)

En cas de séparation de corps, la veuve d'un militaire ne peut prétendre à aucune pension ; les enfants, s'il y en a, sont considérés comme orphelins. (Art. 29 de la même loi.)

Après le décès de la mère, ou lorsque, par l'effet des dispositions de l'article précédent, elle se trouve déchue de ses droits à la pension, l'enfant ou les enfants mineurs des militaires morts, dans les cas prévus par l'art. 19, ont droit, quelque soit leur nombre, à un secours annuel égal à la pension que la mère aurait été susceptible d'obtenir. (Même art.)

Ce secours est payé jusqu'à ce que le plus jeune d'entre eux ait atteint l'âge de vingt et un ans accomplis ; mais, dans ce cas, la part des majeurs est reversible sur les mineurs. (Même art.)

### Art. XXXIX.

Aucune admission dans les brigades de gendarmerie, ni changement de résidence dans le personnel, ne doivent avoir lieu sans l'ordre du ministre. (Circ. des 26 décembre 1830 et 11 septembre 1835.)

masses, l'administration, la vérification des comptabilités, les revues et tournées, les inspections générales et particulières, émanent de notre ministre de la guerre.

### Art. 40.

La surveillance que la gendarmerie est tenue d'exercer sur les militaires absents de leurs corps, est dans les attributions du ministre de la guerre; il lui est fait, chaque mois, un rapport spécial du service des brigades pour la recherche des déserteurs et la rentrée des militaires sous leurs drapeaux.

### Art. 41.

Les ordres à donner pour la police, la sûreté de l'Etat, la tranquillité intérieure, le maintien de l'ordre public, et pour le rassemblement des brigades en cas de service extraordinaire, émanent de notre ministre de l'intérieur. Il lui est rendu compte du service journalier et habituel de la gendarmerie; de celui qu'elle fait d'après les réquisitions des autorités, ou en exécution des lois et règlements d'administration publique; de toutes les arrestations; des conduites de brigade en brigade; des transférements de prisonniers, prévenus ou condamnés; des escortes de deniers royaux; des courriers des malles et des voitures publiques chargées de fonds du gouvernement; de la surveillance exercée sur les mendiants, vagabonds, gens sans aveu ou repris de justice, ainsi que de toutes les tentatives contre la sûreté des personnes et des propriétés.

### Art. 42.

Il est rendu compte à notre ministre de la justice du service des officiers de gendarmerie lorsqu'ils remplissent les fonctions d'officiers de police auxiliaire.

### Art. 43.

Notre ministre de la marine reçoit les rapports des arrestations faites par la gendarmerie, des marins et des militaires des troupes de la marine en état de désertion.

Il lui est rendu compte, en outre, de la capture des forçats évadés des bagnes.

### Art. 44.

Les rapports que, d'après les articles précédents, nos ministres de la justice, de la marine et de l'intérieur doivent recevoir, sont établis par extraits, et forment, suivant l'ordre des attributions, les comptes mensuels du service de chaque compagnie.

Ces comptes mensuels sont régulièrement adressés à ces ministres par les colonels des légions, qui leur transmettent également le tableau sommaire du service annuel des brigades.

Une expédition de ces comptes mensuels et annuels est envoyée à notre ministre de la guerre.

### Art. 45.

Indépendamment des comptes mensuels à rendre à notre ministre de l'intérieur, il lui est donné connaissance, sur-le-champ, de tous les événements extraordinaires qui peuvent être de nature à compromettre la tranquillité publique.

Les rapports lui en sont faits, savoir : pour les événements qui surviennent dans les arrondissements des chefs-lieux de préfecture, par les commandants des compagnies, et, pour ceux qui ont lieu dans chaque sous-préfecture, par le lieutenant de gendarmerie de l'arrondissement.

### Art. XLV.

Dans l'intérêt de la prompte exécution des affaires, les rapports de service adressés à M. le ministre de l'intérieur doivent parvenir à Son Excellence sous deux enveloppes : l'une, celle qui clora immédiatement la dépêche, devra être de couleur *bleue*, et porter pour suscription : *A M. le directeur de la police générale du royaume ;* l'autre (l'enveloppe extérieure) portera, comme par le passé, l'adresse suivante : *M. le ministre de l'intérieur, à Paris.* (Circ. du ministre de l'intérieur du 21 septembre 1839.)

Ces événements extraordinaires sont principalement :

Les *vols* avec effraction commis par des brigands au nombre de plus de deux ;

Les *crimes d'incendie et assassinats* ;

Les *attaques* des voitures publiques, des *courriers*, des *convois de deniers royaux* ou de *munitions de guerre;*

L'enlèvement et le pillage des *caisses publiques* et des *magasins militaires;*

Les arrestations *d'embaucheurs*, *d'espions* employés à lever le plan des places et du territoire, ou à se procurer des renseignements sur la force et les mouvements des troupes ; la saisie de leur correspondance et de toutes pièces pouvant donner des indices ou fournir des preuves de crimes et de complots attentatoires à la sûreté intérieure ou extérieure du royaume ;

Les *provocations* à la révolte contre le gouvernement ;

Les *attroupements* séditieux ayant pour objet le pillage des *convois de grains* ou de *farine ;*

Les *émeutes* populaires ;

Les découvertes d'*ateliers* et instruments servant à fabriquer de la fausse monnaie; l'arrestation des faux monnayeurs ;

Les *assassinats* tentés ou consommés sur les *fonctionnaires publics ;*

Les *attroupements armés* ou non *armés* qualifiés séditieux par les lois ;

Les *distributions* d'argent, de vin, de liqueurs enivrantes, et autres manœuvres tendant à favoriser la désertion ou à empêcher les militaires de rejoindre leurs drapeaux ;

Les *attaques* dirigées et exécutées contre la force armée chargée des escortes et des transférements des prévenus ou condamnés ;

Les *rassemblements*, *excursions* et *attaques de brigands* réunis et organisés en bandes, dévastant et pillant les propriétés ;

Les *découvertes* de *dépôts d'armes* cachées, de lettres comminatoires, de signes et mots de ralliement, d'écrits, d'affiches et de placards incendiaires provoquant à la révolte, à la sédition, à l'assassinat et au pillage ;

Et généralement tous les événements qui exigent des mesures promptes et décisives, soit pour prévenir le désordre, soit pour le réprimer.

Ces rapports directs sur les faits et événements de nature extraordinaire ne dispensent pas d'en faire mention dans les comptes mensuels.

## Art. 46.

Pour les événements spécifiés dans l'article précédent, les mêmes rapports sont faits à notre ministre de la guerre; hors ces cas, et à moins d'ordres particuliers, les colonels de la gendarmerie correspondent seuls avec nos ministres.

## Art. 47.

Des propositions spéciales de récompenses, de gratifications ou d'indemnités peuvent avoir lieu pour des services importants rendus par des militaires du corps de la gendarmerie, ou pour des pertes qu'ils auraient éprouvées dans l'exercice de leurs fonctions. Ces propositions, suivant l'ordre des attributions, sont adressées, soit à notre ministre de la guerre, soit à notre ministre de l'intérieur.

*Des devoirs de la gendarmerie lors de la réunion des colléges électoraux.*

## Art. 48.

Pendant la durée de la session des colléges électoraux de département et d'arron-

### Art. XLVI.

La forme précise des comptes à rendre aux ministres est indiquée dans les modèles de 9 à 13; ils font suite à l'ordonnance.

Une expédition de tous les rapports mensuels et annuels, dans les attributions de chaque ministère, est adressée au ministre de la guerre. (Circ. du 10 avril 1821.)

### Art. XLVII.

Le zèle et une activité remarquables en toutes circonstances; la nécessité des expéditions importantes et périlleuses, due à une parfaite intelligence et au dévouement, seront toujours l'objet des encouragements et des récompenses spéciales de Sa Majesté. Les pertes de chevaux et d'effets, les accidents personnels éprouvés, notamment dans l'exécution du service extraordinaire; les dommages mêmes, résultant des événements de force majeure, motiveront des allocations d'indemnité pour qu'aucun militaire n'ait à supporter des sacrifices en remplissant bien ses devoirs. (Circ. du 10 avril 1821, et inst. du 13 juillet 1835.)

Les conseils d'administration doivent faire constater, sur-le-champ, par un procès-verbal régulier, appuyé de certificats d'officiers de santé, tous *accidents* ou *blessures graves* survenus dans un service *commandé*. Une expédition de chaque procès-verbal sera transmise au ministre de la guerre pour être déposée au dossier militaire. Il en sera fait inscription sur la matricule de la compagnie. (Circ. du 4 juillet 1836.)

### Art. XLVIII.

Aux termes de l'art. 45 de la loi du 19 avril 1831, nulle force armée ne peut, sans la demande du président d'un collége ou d'une section de collége, être placée dans la salle des séances, ni aux abords du lieu où se tient l'assemblée; mais les commandants militaires sont tenus d'obtempérer aux réquisitions de ces présidents. (Circ. du 31 mai 1834.)

dissement, légalement convoqués, la gendarmerie est aux ordres des présidents et des vice-présidents pour la police et la sûreté des colléges.

### Art. 49.

Lors de la convocation des colléges électoraux, notre ministre de l'intérieur fait connaître au commandant de la gendarmerie de chacun des départements, où ces colléges doivent se réunir, les lieux et époques de leur réunion, ainsi que la nomination des présidents et vice-présidents.

### Art. 50.

Le jour qui précède celui fixé pour l'ouverture de la session d'un collége électoral, l'officier commandant la gendarmerie du lieu où il se réunit se rend en grande tenue au domicile du président, et reçoit ses ordres sur la force et le placement de la gendarmerie qu'il juge convenable d'avoir à sa disposition pour la police du collége qu'il doit présider.

Si le collége électoral est divisé en plusieurs sections, l'officier de gendarmerie se rend ensuite auprès du vice-président de chacune des sections, en suivant l'ordre de leurs numéros, et reçoit leurs ordres comme il est dit ci-dessus.

### Art. 51.

Les détachements de gendarmerie mis à la disposition des présidents et vice-présidents des colléges électoraux, sont en grande tenue; l'officier qui commande chacun de ces détachements ne peut s'absenter pendant la durée de la session.

### RAPPORTS DE LA GENDARMERIE AVEC LES AUTORITÉS JUDICIAIRES, ADMINISTRATIVES ET MILITAIRES.

#### SECTION I<sup>re</sup>.

*Dispositions préliminaires.*

### Art. 52.

L'action des autorités civiles sur la gendarmerie, en ce qui concerne l'emploi de cette force publique, ne peut s'exercer que par des réquisitions. Ces réquisitions ne doivent contenir aucuns termes impératifs, tels que *ordonnons, voulons, enjoignons, mandons,* etc.

### Art. 53.

Les réquisitions sont toujours adressées au commandant de la gendarmerie du lieu où elles doivent recevoir leur exécution, et, en cas de refus, à l'officier sous les ordres duquel est immédiatement placé celui qui n'a pas obtempéré à ces réquisitions.

Elles ne peuvent être données ni exécutées que *dans l'arrondissement de celui qui les donne et de celui qui les exécute.*

### Art. 54.

La main forte est accordée toutes les fois qu'elle est requise par ceux à qui la loi ou nos ordonnances donnent le droit de requérir.

### Art. L.

Les commandants de gendarmerie, mis à la disposition des présidents des colléges électoraux, ne doivent plus leur faire de visite. (Circ. des 31 mai et 6 juin 1834.)

### Art. LI.

La garde nationale est mise de préférence à la disposition des présidents. (Note ministérielle du 31 mai 1834.)

S'il ne se trouvait pas un officier en résidence dans le lieu de réunion du collége électoral, il en serait envoyé un pour que le service soit toujours commandé par un officier. (Circ. du 10 avril 1821.)

### Art. LII.

Les officiers doivent faire une étude approfondie de l'ensemble des opérations de l'arme, s'attacher surtout à bien connaître la nature et les limites de leurs rapports avec les autorités militaires, en ce qui concerne le service personnel du corps et l'étendue que peut avoir l'action des autorités judiciaires et administratives sur la gendarmerie, par le droit de réquisition que les lois ont conféré à ces autorités. L'ordonnance, s'appuyant sur les mêmes lois, ne permet pas que les officiers, sous-officiers et gendarmes aient à souffrir des exigences personnelles, et soient forcés de déférer à des demandes qui ne seraient pas légales; elle a encore défendu, dans les réquisitions adressées à la gendarmerie, toutes formules peu conformes à la position militaire du corps, et qui porteraient atteinte à la considération et au rang dont i jouit dans l'armée. (Circ. du 10 avril 1821.)

Les brigades apportent un soin particulier à obtempérer aux réquisitions des autorités. Elles suivent scrupuleusement les règles rappelées dans le cours de cette ordonnance pour la recherche et l'arrestation des personnes signalées et leur conduite devant l'autorité. (Même circ.)

Les gardes champêtres et forestiers, bien qu'officiers de police judiciaire, ne peuvent cependant requérir *directement* la force publique; ils doivent s'adresser, à cet effet, au *maire* ou à l'*adjoint*. Elle ne doit pas être requise, *non plus*, lorsqu'il ne s'agit que d'une simple contravention qui ne peut emporter la peine d'*emprisonnement*. (Art. 16 du Code d'inst. criminelle.)

### Art. LIII.

Dans les lieux où les réquisitions doivent recevoir leur exécution, le commandant de la gendarmerie est le militaire le plus élevé en grade. *Les chefs de légion exceptés.* (Art. 143 de cette ord.)

La gendarmerie ne pourra être requise par les administrations centrales, municipales et par les commissaires du Directoire, près ces administrations, que dans l'étendue de leur territoire. (Art. 143 de la loi du 28 germinal an VI.)

Voir les art. 188 et suivants de cette ordonnance. La gendarmerie peut encore être requise pour l'exécution des jugements des conseils de discipline de la garde nationale; les *maires* remettront le jugement *aux agents de la force publique* et les requerront d'en assurer l'exécution, selon les formes ordinaires. (Inst. du 26 mars 1832.)

### Art. 55.

Les cas où la gendarmerie peut être requise, sont tous ceux prévus par les lois et les règlements, ou spécifiés par les ordres particuliers du service.

### Art. 56.

Les réquisitions doivent énoncer la loi qui les autorise, le motif, l'ordre, le jugement ou l'acte administratif en vertu desquels la gendarmerie est requise.

### Art. 57.

Les autorités civiles peuvent indiquer les mesures d'exécution ; mais elles ne doivent s'immiscer, en aucune manière, dans les opérations militaires dont la direction appartient au commandant de la gendarmerie.

### Art. 58.

Les réquisitions sont faites par écrit, signées, datées, et dans la forme ci-après :

**DE PAR LE ROI.**

Conformément à l'ordonnance sur le service de la gendarmerie, en vertu d
(*loi, arrêté, règlement*), nous requérons le (*grade et lieu de la résidence*) de commander faire
se transporter                      arrêter, etc.;

et qu'il nous fasse part (*si c'est un officier*)                    et qu'il nous rende compte (*si c'est un sous-officier*)                    de l'exécution de ce qui est par nous requis au nom de Sa Majesté
Fait à

### Art. 59.

Lorsque la gendarmerie est légalement requise pour assister l'autorité dans l'exécution d'un acte ou d'une mesure quelconque, elle ne doit être employée que pour assurer l'effet de la réquisition, et pour faire cesser, au besoin, les obstacles ou empêchements.

L'expédition d'un jugement de cette nature revêtue de la forme exécutoire, portant réquisition du *rap-porteur* pour l'arrestation, a en lui la force nécessaire pour qu'il y soit obtempéré; la simple transmission de cette pièce, par l'autorité municipale, doit suffire à la gendarmerie, sans qu'elle ait besoin d'une *réqui-sition directe de cette autorité.* (Circ. du ministre de la guerre du 21 avril 1832.)

La gendarmerie ne peut également se refuser à porter les citations à comparaître devant le conseil de discipline. (Art. 111 de la loi du 22 mars 1831.)

Un commissaire de police qui, par une mission particulière, hors de son arrondissement, est dans la nécessité de réclamer l'appui de la gendarmerie ; cette dernière ne doit déférer à la réquisition de ce magistrat qu'autant que la réquisition écrite sera visée par le préfet, le sous-préfet ou le maire de la commune où se présente ce commissaire. (Circ. du min. de la police générale du 10 mai 1808.)

### Art. LV.

Ainsi, lorsqu'il n'existe pas de lois, règlements ou ordres particuliers de service, la gendarmerie ne peut se prêter, hors le cas de flagrant délit, à des actes individuels. Dans le cas de flagrant délit, ce qui requiert la gendarmerie, c'est *le délit lui-même :* tout individu a, alors dans ce moment, le droit de requérir.

### Art. LVI.

Défenses sont faites à la gendarmerie de mettre à exécution les réquisitions qui ne seraient pas revêtues de ces formalités, sous peine d'être poursuivie comme coupable d'actes illégaux et arbitraires. (Loi du 3 août 1791, art. 147 de celle du 28 germinal an VI.)

« Pour que l'acte qui ordonne l'arrestation d'une personne puisse être exécuté, il faut : 1° *qu'il exprime « formellement le motif de l'arrestation et la loi en exécution de laquelle elle est ordonnée ; 2° qu'il émane « d'un fonctionnaire à qui la loi ait donné formellement ce pouvoir ; 3° qu'il soit notifié à la personne « arrêtée, et qu'il lui en soit laissé copie.* » (Art. 77 de l'acte du 13 décembre 1799.)

« Un gardien ou un geôlier ne peut recevoir ou détenir aucune personne sans avoir transcrit sur son « registre l'acte qui ordonne l'arrestation : cet acte doit être un mandat donné dans les formes prescrites « par l'article précédent, ou une ordonnance de prise de corps, ou un décret d'accusation, ou un jugement. » (Art. 78 de la même loi.)

Une circulaire du 12 août 1837, relative au service à faire par la gendarmerie auprès des conseils de révision, contient les dispositions suivantes :

« On s'est plaint avec raison que des gendarmes, appelés auprès des conseils de révision, ont été chargés « de faire l'*appel des jeunes gens, de les faire déshabiller, de les toiser* et de porter soit *des dépêches,* soit « des *lettres particulières.*

« Pour détruire ces abus, je rappelle à MM. les présidents des conseils de révision que la gendarmerie « qu'ils devront requérir, ne saurait être employée qu'afin de *maintenir l'ordre* ou *de prêter main forte* « pour l'exécution de la loi.

« Je recommande à MM. les officiers qui assistent aux opérations du conseil de révision, de ne point « perdre de vue les principes rappelés ci-dessus, et, *au besoin, de faire à l'autorité* des représentations « convenables, si elle prétendait charger la gendarmerie de quelques soins ou de quelques services qui ne « soient pas dans ses devoirs. »

Une circulaire subséquente du 7 mai 1838, maintenant toutes les prohibitions de celle du 12 août, fait cependant rentrer l'*appel des jeunes gens* dans les devoirs de la gendarmerie. Un gendarme pourra donc être chargé de cette opération sur la demande du président du conseil.

### Art. LVIII.

L'ordonnance exige que la rédaction des réquisitions adressées à la gendarmerie soit toujours en harmonie avec la position militaire du corps. Elle défend toute formule qui porterait atteinte à la considération et au rang dont la gendarmerie jouit dans l'armée. (Circ. du 10 avril 1821.)

### Art. LIX.

Lorsque les huissiers sont chargés de conduire les détenus de la maison de justice à l'audience, et *vice versa,* ce sont les gendarmes qui doivent, s'il y a lieu, mettre et ôter les menottes aux prévenus. (Décision de M. le garde des sceaux, du 30 juillet 1828, concertée avec M. le ministre de la guerre.) Cette décision est fondée sur ce que les gendarmes, prêtant main forte à l'huissier, deviennent responsables de l'évasion ; ils doivent donc être seuls juges des moyens à employer pour la prévenir. (Arrêt de la Cour de cassation du 12 juillet 1826.)

### Art. 60.

La gendarmerie ne doit pas être distraite de son service, ni détournée de ses fonctions pour porter les dépêches des autorités civiles ou militaires. Néanmoins, si des événements d'un intérêt majeur exigeaient la transmission d'un avis urgent et officiel à l'autorité civile ou militaire, qui ne pourrait en être informée assez promptement par une autre voie, la gendarmerie sera tenue de porter les dépêches ; mais il sera rendu compte de ce déplacement à nos ministres de la guerre et de l'intérieur.

### Art. 61.

La gendarmerie doit communiquer sur-le-champ aux autorités civiles les renseignements qu'elle reçoit et qui intéressent l'ordre public. Les autorités civiles lui font les communications et réquisitions qu'elles reconnaissent utiles au bien du service.

### Art. 62.

Les communications entre les magistrats, les administrateurs et la gendarmerie s'établissent par écrit ; elles sont signées et datées.

### Art. 63.

Les premiers présidents de nos cours royales, nos procureurs généraux, les préfets et nos procureurs ordinaires peuvent appeler auprès d'eux le commandant de la gendarmerie du département, toutes les fois qu'ils jugent utile de conférer avec cet officier pour des objets de service.

Si nos cours royales et nos cours d'assises ne siégent pas au chef-lieu du département, nos premiers présidents et nos procureurs généraux et ordinaires ne peuvent appeler auprès d'eux que l'officier commandant la gendarmerie de l'arrondissement.

Les sous-préfets peuvent également appeler auprès d'eux, pour des objets de service, le lieutenant de la gendarmerie en résidence dans le chef-lieu de leur sous-préfecture.

Lorsque les officiers de gendarmerie sont dans le cas de consulter les autorités, ils se rendent chez les fonctionnaires compétents.

### Art. 64.

Les communications, par écrit ou verbales, de la part des autorités civiles, pour un objet de service déterminé, sont toujours faites au commandant de la gendarmerie du lieu ou de l'arrondissement. Ces autorités ne peuvent s'adresser à l'officier supérieur en grade que dans le cas où elles auraient à se plaindre du retard ou de la négligence.

### Art. 65.

Il est rendu compte à nos ministres de la guerre et de l'intérieur des contraventions aux dispositions ci-dessus.

Le principe émis dans l'art. 59 ne saurait recevoir d'autres exceptions que celles qui sont établies par un texte précis : aucune disposition de loi ni de règlement n'autorise les magistrats à charger les gendarmes de l'*extraction des accusés* de la maison de justice pour être conduits devant les cours d'assises, ni de leur *réintégration* dans cette maison ; et, en pareil cas, la gendarmerie ne doit être requise que pour prêter main forte aux huissiers. (Règlement sur les frais de justice en matière criminelle du 18 juin 1811.)

### Art. LX.

Ces dispositions sont rappelées par les instructions sur les revues de 1838 et 1839, et par une circulaire du 20 mars 1831, ainsi conçue :

« Je suis informé que, dans plusieurs départements, les gendarmes sont souvent distraits des fonctions « qu'ils ont à remplir, dans l'intérêt de l'ordre public, pour *porter les dépêches des fonctionnaires civils ou* « *militaires.*

« Aux termes de l'ordonnance du 29 octobre 1820, ce n'est que dans des cas d'*extrême urgence, et quand* « *l'emploi des moyens ordinaires pourrait amener des retards préjudiciables aux affaires,* que les auto- « rités peuvent recourir à la gendarmerie pour les communications de service qu'elles ont à faire ; mais, « hors ces circonstances *très-rares,* il ne leur est point permis de la détourner des fonctions qui sont l'objet « principal de son institution, par des réquisitions abusives, qui fatiguent inutilement les hommes et les « chevaux, et sont souvent onéreuses pour le Trésor, à raison des frais de déplacement auxquels elles « donnent lieu. »

### Art. LXIII.

Les présidents des cours d'assises et de la Cour de justice criminelle, en Corse, ont le même droit. Ces magistrats ne doivent, au surplus, s'adresser qu'au commandant de la gendarmerie des lieux où se trouvent les cours (circ. du 10 avril 1821). Les officiers de gendarmerie se rendant chez les autorités, doivent toujours être en uniforme. (Art. 176 de cette ord.)

Les communications avec les autorités ont toujours un objet déterminé du service. Elles n'imposent nullement à la gendarmerie l'obligation de se déplacer chaque jour pour les informer du service qui pourrait être requis. Dans les cas extraordinaires, les chefs doivent, par zèle, prévenir les demandes des autorités, et se rendre chez elles aussi fréquemment que l'urgence des circonstances peut le commander. (Circ. du 10 avril 1821.)

## SECTION II.

*Relations de la gendarmerie avec les autorités judiciaires.*

### Art. 66.

Les chefs d'escadron et capitaines commandant la gendarmerie des départements informent sur-le-champ nos procureurs généraux, près nos cours royales, de tous les événements qui sont de nature à donner lieu à des poursuites judiciaires.

Ces officiers, ainsi que les lieutenants, informent également sur-le-champ nos procureurs royaux, et, à défaut, leurs substituts, des événements de même nature qui surviennent dans le ressort du tribunal près duquel ils exercent leurs fonctions.

Ces officiers ne sont point tenus à faire des rapports négatifs.

### Art. 67.

Les mandements de justice peuvent être notifiés aux prévenus et mis à exécution par les gendarmes.

### Art. 68.

La gendarmerie ne peut être employée à porter des citations que dans le cas d'une nécessité urgente et absolue.

### Art. 69.

Les détachements de gendarmerie qui sont requis lors des exécutions des criminels condamnés par nos cours d'assises, ne doivent servir que comme garde de police et main forte à la justice, uniquement préposées pour maintenir l'ordre, prévenir et empêcher les émeutes, et garantir du trouble dans leurs fonctions les officiers de justice chargés de faire mettre à exécution les jugements de condamnation.

## SECTION III.

*Relations de la gendarmerie avec les autorités administratives.*

### Art. 70.

Les commandants des compagnies adressent, chaque jour, au préfet, le rapport de tous les événements qui peuvent intéresser l'ordre public; ils lui communiquent également les renseignements que leur fournit la correspondance des brigades, lorsque ces renseignements ont pour objet le maintien de l'ordre, et qu'ils peuvent donner lieu à des mesures de précaution ou de répression.

Les commandants des compagnies donnent pareillement connaissance aux commissaires généraux de police de tout ce qui peut intéresser l'ordre public.

Les mêmes rapports et communications sont adressés aux sous-préfets par les lieutenants de gendarmerie.

### Art. 71.

Les lieutenants de gendarmerie adressent, en outre, tous les cinq jours, aux sous-préfets, un tableau contenant une simple indication de tous les délits et de toutes les arrestations dont la connaissance leur est parvenue par les rapports des brigades.

Ce tableau, en ce qui concerne l'arrondissement du chef-lieu de chaque département, est remis au préfet par le commandant de la compagnie.

### Art. 72.

Les commandants de compagnies et les lieutenants de gendarmerie ne sont pas tenus

### Art. LXVIII.

Cet article ne déroge pas cependant à la loi du 5 pluviôse an XIII, et à l'art. 72 du Code d'instruction criminelle, qui charge de la remise des citations les huissiers et agents de la force publique ; cependant, il importe que les gendarmes ne soient pas détournés de leurs fonctions pour ce service, s'il peut être exécuté par les huissiers ou autres agents; si des difficultés s'élèvent, elles sont soumises au ministre, et ne motivent de la part de la gendarmerie aucun refus jusqu'à nouvel ordre. (Circ. du 10 avril 1821.)

Les magistrats qui sont dans le cas de faire donner *citations* aux militaires du corps de la gendarmerie, sont dans l'obligation de prévenir, vingt-quatre heures avant la notification de la citation, l'officier qui commande l'arme au chef-lieu de l'arrondissement dans lequel le témoin sera appelé, ou celui sous les ordres duquel il se trouvera. (Circ. du 13 septembre 1820.)

Les gendarmes sont tenus de porter les citations aux citoyens appelés à former le jury (art. 389 du Code d'instruction criminelle), ainsi que celles des décisions des préfets, relatives aux droits électoraux. (Art. 21 de la loi du 15 avril 1831.)

Lorsque les gendarmes sont chargés de notifier des cédules à des témoins en activité de service, logés dans les casernes, s'ils ne les trouvent pas, ils laissent copie à l'adjudant de service qui vise l'original; il est fait mention de cette circonstance dans l'acte de notification.

Cette marche a pour but d'éviter aux notificateurs des recherches qui leur feraient perdre beaucoup de temps ; elle est la plus naturelle et la plus constamment suivie. Au surplus, les gendarmes peuvent, s'ils le préfèrent, se rendre auprès de chaque militaire signalé dans la cédule à lui notifiée, et en rapporter un reçu.

### Art. LXIX.

Cette règle ne saurait recevoir d'autres exceptions que celles qui sont établies par un texte précis. Aucune disposition de loi ni de règlement n'autorise les magistrats à charger les gendarmes de l'extraction des accusés de la maison de justice pour être conduits devant la Cour d'assises ni de leur réintégration dans cette maison; et, en pareil cas, la gendarmerie ne doit être requise que pour prêter main forte aux huissiers. (Art. 71, n° 7, du règlement sur les frais de justice criminelle du 18 juin 1811.)

à fournir des rapports ou tableaux négatifs, lorsque la correspondance des brigades ne donne lieu à aucune communication.

### Art. 73.

Si les rapports du service font craindre quelque émeute populaire ou attroupement séditieux, les préfets, après s'être concertés avec l'officier général commandant le département, s'il est présent, et avec l'officier le plus élevé en grade de la gendarmerie, en résidence au chef-lieu du département, peuvent ordonner la réunion, sur le point menacé du nombre de brigades nécessaires au rétablissement de l'ordre.

Il en est rendu compte sur-le-champ à notre ministre de l'intérieur par le préfet, et par l'officier général à notre ministre de la guerre.

### Art. 74.

Dans les cas urgents, les sous-préfets peuvent requérir, du lieutenant commandant la gendarmerie de l'arrondissement, le rassemblement de plusieurs brigades, à la charge d'en informer sur-le-champ le préfet du département, qui, pour les mesures ultérieures, se concerte avec l'officier général et le chef de la gendarmerie, comme il est dit en l'article précédent.

### Art. 75.

Néanmoins, si des brigands attroupés et organisés en bandes apparaissaient sur quelque point, les officiers de gendarmerie devront aussitôt se mettre à leur poursuite : *ils pourront réunir des gendarmes de plusieurs brigades,* et ils en rendront compte aux autorités civiles et militaires du département.

### Art. 76.

Dans le cas où les brigades, poursuivant de près des voleurs ou assassins, parviendraient aux extrémités du département sans les avoir arrêtés, elles se porteront sur le territoire du département limitrophe pour les atteindre, s'il est possible, ou prévenir les brigades les plus rapprochées de la direction qu'ils auraient prise.

Il en sera rendu compte sur-le-champ aux préfets des départements respectifs, ainsi qu'aux commandants militaires de ces départements.

### Art. LXXIII.

Toutes les personnes qui formeront des attroupements sur les places ou sur la voie publique, seront tenues de se disperser à la première sommation *des préfets, sous-préfets, maires, adjoints de maires, ou de tous autres magistrats et officiers civils* chargés de la police judiciaire, autres que les *gardes champêtres et gardes forestiers.* (Art. 1er de la loi du 10 avril 1831, sur les attroupements.)

Si l'attroupement ne se disperse pas, les sommations seront renouvelées trois fois. Chacune d'elles sera précédée *d'un roulement de tambour* ou d'un *son de trompe.* Si les trois sommations sont demeurées inutiles, il pourra être fait emploi de la force, conformément à la loi du 3 août 1791. (Même art.)

Après cette sommation trois fois réitérée, si les personnes attroupées ne se retirent pas, la force des armes sera à l'instant déployée contre les séditieux, sans aucune responsabilité des événements, et ceux qui pourront être saisis ensuite seront livrés aux officiers de police. (Art. 27 de la loi du 3 août 1791.)

Aucun corps ou détachement de troupes de ligne ne pourra agir sans réquisition légale, sous les peines établies par la loi. (Art. 20 de la même loi.)

Les réquisitions adressées aux commandants, soit des troupes de ligne, soit des gardes nationales, soit de la gendarmerie, seront faites par écrit. (Art. 22 de la même loi.)

Les magistrats chargés de faire les sommations, seront décorés d'une écharpe tricolore. (Art. 1er de la loi du 10 avril 1831.)

Tout individu qui aura fabriqué, débité ou distribué des armes prohibées par la loi ou par les réglements d'administration publique, sera puni d'un emprisonnement d'un *mois* à un *an*, et d'une amende de 16 fr. à 500 fr. (Art. 1er de la loi du 24 mai 1834, sur les détenteurs d'armes ou munitions de guerre.)

Celui qui sera porteur desdites armes sera puni d'un emprisonnement de *six* jours à *six* mois, et d'une amende de 16 fr. à 200 fr. (Même art.)

Tout individu qui, sans y être légalement autorisé, aura fabriqué, débité ou distribué de la poudre, ou sera détenteur d'une quantité quelconque de poudre de guerre, ou de *deux* kilogrammes de toute autre poudre, sera puni d'un emprisonnement d'*un* mois à *deux* ans. (Art. 2 de la même loi.)

Tout individu qui, sans y être légalement autorisé, aura *fabriqué* ou *confectionné, débité* ou *distribué* des *armes de guerre,* des *cartouches* et autres *munitions de guerre,* ou sera détenteur d'*armes de guerre,* *cartouches* ou *munitions de guerre,* ou d'un *dépôt* d'armes quelconques, sera puni d'un emprisonnement d'*un* mois à *deux* ans, et d'une amende de 16 fr. à 1,000 fr. (Art. 3 de la même loi.)

La présente disposition n'est point applicable aux professions d'armurier et fabricant d'armes de *commerce*, lesquelles resteront seulement assujetties aux lois et réglements particuliers qui les concernent. (Même art.)

Seront réputés armes prohibées : les *poignards, couteaux* en forme de *poignards, cannes à dard, bâtons ferrés* ailleurs que par le bout, les *fusils* et *pistolets à vent,* les *pistolets* de poche, *stilets, tromblons* et autres armes offensives, dangereuses, cachées et secrètes; enfin tous les instruments ou ustensiles tranchants, perçants ou contondants employés pour produire l'effet prévu. (Art. 101 et 394 du Code pénal, décrets du 23 décembre 1805 et du 12 mars 1806.)

Les officiers de la gendarmerie ne sont point appelés à discuter sur les mesures que les préfets ont à prescrire; ils désignent les points qui ne pourraient être dégarnis sans danger, et communiquent les renseignement convenables sur la force des brigades disponibles, leur formation en détachement, et sur les moyens de suppléer à leur service pendant leur absence. (Circ. du 10 avril 1821.)

## SECTION IV.

*Des rapports de la gendarmerie avec la troupe de ligne et la garde nationale.*

### Art. 77.

Les officiers de gendarmerie sont subordonnés aux généraux commandant les divisions militaires et les départements; ceux qui résident dans les places où il y a état-major, sont aussi subordonnés aux lieutenants de roi pour l'ordre établi dans ces places.

Ces généraux et les lieutenants de roi reçoivent, dans les cinq premiers jours de chaque mois, les états de situation numérique de la gendarmerie comprise dans l'arrondissement de leur commandement. Ces états sont adressés, savoir : aux généraux commandant les subdivisions militaires ou les départements, par les commandants des compagnies, et aux lieutenants de roi, par l'officier ou sous-officier commandant la gendarmerie dans la place.

Les colonels des légions sont tenus d'informer les lieutenants généraux commandant les divisions militaires des mutations qui surviennent parmi les officiers de tout grade de la gendarmerie employée dans ces divisions.

### Art. 78.

La subordination de service s'établit ainsi qu'il suit :

1° Dans l'*état de paix*, les officiers de gendarmerie sont subordonnés aux lieutenants de roi pour les objets qui concernent le service particulier des places, sans, néanmoins, être tenus de rendre aucun compte du service spécial de la gendarmerie, ni de l'exécution d'ordres autres que ceux qui seraient relatifs au service particulier des places et à leur sûreté.

2° Dans l'*état de guerre*, les officiers de gendarmerie des arrondissements militaires et des places de guerre dépendent, dans l'exercice de leurs fonctions habituelles, des lieutenants généraux et maréchaux de camp ; et ils sont tenus, en outre, de se conformer aux mesures d'ordre et de police qui intéressent la sûreté des places et postes militaires.

3° Dans l'*état de siége*, toute l'autorité résidant dans les mains du commandant militaire, est exercée par lui sur la gendarmerie comme sur les autres corps. .

### Art. 79.

La gendarmerie ayant des fonctions essentiellement distinctes du service purement militaire des troupes en garnison, l'état de siége excepté, elle ne peut être regardée comme portion de la garnison des places dans lesquelles elle est répartie. En conséquence, les généraux et commandants militaires ne passent point de revue de la gendarmerie, ne l'appellent point à la parade, et ne peuvent la réunir pour des objets étrangers à ses fonctions.

### Art. 80.

Dans les places et villes de garnison, le mot d'ordre est envoyé au commandant de la gendarmerie, en suivant le mode prescrit par l'art. 29. titre XIII de l'ordonnance de 1768. sur le service des places.

### Art. LXVII.

Nul officier de gendarmerie ne peut quitter sa résidence, soit pour les tournées périodiques que prescrivent les règlements, ou que nécessite son service; soit pour affaires personnelles; soit quand il a obtenu un congé, etc., sans avoir préalablement et hiérarchiquement prévenu l'officier général commandant le département de l'absence qu'il doit faire, et lui en avoir indiqué la durée déterminée ou probable, et lui avoir fait connaître son remplaçant. (Circ. du 19 juillet 1831.)

Les colonels de gendarmerie *informent seuls* les lieutenants généraux des mutations et mouvements qui sont effectués dans leur légion, des congés ou permissions, de leur durée, et des remplacements provisoires auxquels ils donnent lieu. (Circ. du 12 mai 1828.)

### Art. LXXX.

L'art. 29, titre XIII de l'ord. de 1768, sur le service des places, est ainsi conçu : « Le major de la « place enverra le mot d'ordre à l'ingénieur en chef, au commandant de l'artillerie et aux commissaires « des guerres, par un des sergents de la garnison: ces sous-officiers le leur porteront chacun à leur tour.»

## Art. 81.

Dans les places de guerre, les commandants de la gendarmerie sont autorisés, pour les cas urgents et extraordinaires, et lorsque les dispositions du service l'exigent, à demander l'ouverture des portes, tant pour leur sortie que pour leur rentrée. Ils s'adressent, à cet effet, aux lieutenants de roi.

Les demandes sont toujours faites par écrit, signées, datées, et dans la forme ci-après :

### SERVICE EXTRAORDINAIRE DE LA GENDARMERIE.

BRIGADE D

En exécution (de l'ordre *ou* de la réquisition) qui nous a été donné par (*indiquer ici l'autorité*), nous　　　　　commandant la brigade d demandons que la porte d　　　　　nous soit ouverte à　　　　heure, pour notre service, avec　　　gendarmes de la brigade sous nos ordres, et qu'elle nous soit pareillement ouverte pour notre rentrée.

Fait à　　　　　　le

Les lieutenants de roi sont tenus, sous leur responsabilité, de déférer à ces réquisitions.

## Art. LXXXI.

### EXTRAIT

*de l'ordonnance du 3 mai 1832, sur le service*

*des armées en campagne.*

#### TITRE XVII.

##### ATTRIBUTIONS GÉNÉRALES.

Art. 169. La gendarmerie remplit à l'armée des fonctions analogues à celles qu'elle exerce dans l'intérieur. La surveillance des délits, la rédaction des procès-verbaux, la poursuite et l'arrestation des coupables, la police, le maintien de l'ordre, sont de sa compétence et constituent ses devoirs.

Elle n'est employée au service d'escorte et d'ordonnance que dans le cas de la plus absolue nécessité.

Les officiers et les sous-officiers des troupes sont tenus de déférer à la demande de la gendarmerie, lorsqu'elle croit avoir besoin d'appui.

##### GRANDS PRÉVÔTS ET PRÉVÔTS.

Art. 170. Le commandant de la gendarmerie d'une armée est appelé *grand prévôt;* le commandant de la gendarmerie d'une division est appelé simplement *prévôt.*

##### ATTRIBUTIONS SPÉCIALES.

Art. 171. Les attributions du grand prévôt embrassent tout ce qui est relatif aux crimes et délits commis dans l'arrondissement de l'armée : son devoir est surtout de protéger les habitants du pays contre le pillage ou toute autre violence.

Les prévôts ont les mêmes attributions, chacun dans l'arrondissement de la division à laquelle il est attaché.

Tout militaire employé à l'armée, qui a connaissance d'un crime ou délit, doit en donner sur-le-champ avis au grand prévôt, ou à un prévôt, ou à quelque autre officier de gendarmerie; il est tenu de répondre catégoriquement à toutes les questions que lui adressent les prévôts.

Le grand prévôt, ou le prévôt, dès qu'il a eu l'éveil d'un crime ou délit, commence les informations nécessaires, et, dans le cas de flagrant délit entraînant peine afflictive ou infamante, il se transporte immédiatement sur les lieux; il y opère la saisie des pièces de conviction, et y dresse procès-verbal de toutes les dispositions et de tous les renseignements qu'il peut recueillir.

Il fait procéder à la recherche et à l'arrestation des prévenus, et, dans ce dernier cas, les fait conduire devant le général commandant la division à laquelle ils appartiennent.

Il donne aux rapporteurs des conseils de guerre tous les documents que ceux-ci lui demandent et qu'il est en son pouvoir de leur procurer; il est tenu de déférer à la réquisition de comparaître comme témoin, quand elle lui est faite régulièrement.

Il visite fréquemment les lieux qu'il juge avoir plus spécialement besoin de sa surveillance; il informe de son itinéraire les généraux près desquels il est placé.

##### GARDE ET ESCORTE D'HONNEUR DES PRÉVÔTS.

Art. 172. Le grand prévôt a une garde à son logement. Dans les marches et dans ses tournées, il est escorté de deux brigades de gendarmerie. Un prévôt, dans le même cas, est accompagné d'une brigade.

##### INDIVIDUS NON MILITAIRES.

Art. 173. La police relative aux individus non militaires, aux marchands à la suite de l'armée, aux vivandières et aux domestiques, entre plus spécialement dans les attributions de la gendarmerie.

En conséquence, les généraux et les fonctionnaires de l'armée qui ont à leur suite des secrétaires, des interprètes, etc., sont tenus d'en faire connaître les noms, les prénoms, le lieu de naissance et le signalement au grand prévôt, et au prévôt de division.

Les personnes qui veulent exercer une profession quelconque à la suite de l'armée, se font inscrire chez le grand prévôt pour obtenir une permission de recevoir une patente. Elles sont obligées de justifier de leur bonne conduite, de leurs facultés, et de déclarer à quel genre d'industrie elles veulent se livrer. Celles qui sont trouvées à la suite des troupes sans en avoir obtenu l'autorisation, sont traduites devant le prévôt de la division, qui, après les avoir condamnées, s'il y a lieu, à une amende de 50 fr., les renvoie de l'armée, sans préjudice de plus fortes peines, s'il est reconnu qu'elles s'y soient introduites avec de mauvaises intentions.

La gendarmerie signale au chef de l'état-major les employés d'administration qui ne portent pas habituellement le costume que leur affectent les règlements.

##### VIVANDIERS, CANTINIERS ET MARCHANDS.

Art. 174. Les vivandiers des quartiers généraux ont des patentes qui leur sont délivrées par les prévôts, sous l'approbation des chefs de l'état-major. Les cantiniers des régiments reçoivent les leurs des conseils d'administration, et sont tenus de les faire viser par le prévôt de la division.

Les vivandiers et cantiniers reçoivent en outre une plaque portant l'exergue *vivandiers* ou *cantiniers*, et le numéro d'enregistrement de leur patente. Ils sont tenus de porter cette plaque d'une manière ostensible, et d'en avoir à leurs voitures une autre portant leur nom, le numéro de leur patente et l'indication du quartier général ou du régiment auxquels ils appartiennent.

Les chefs d'état-major, les chefs du corps et la gendarmerie exigent que les comestibles et les liquides, dont les vivandiers et les cantiniers doivent être pourvus, soient toujours de bonne qualité, en quantité suffisante et au moindre prix possible. Ils se règlent, à ce dernier égard, sur ce que les localités et les circonstances présentent de favorable pour les approvisionnements.

Il est souvent fait des perquisitions dans les voitures des marchands vivandiers et cantiniers, pour empêcher qu'elles ne servent à transporter d'autres objets que ceux qu'elles doivent contenir. Les chefs de bataillon, les adjudants-majors et les adjudants sont plus spécialement chargés d'user de sévérité, à cet égard, envers les cantiniers des corps.

### PUNITIONS POUR CONTRAVENTIONS; AMENDES.

Art. 175. Les officiers et les sous-officiers de gendarmerie vérifient souvent les poids et mesures; ils confisquent, conformément aux lois, ceux qui ne sont point étalonnés. Le grand prévôt inflige aux contrevenants la peine disciplinaire qu'il juge applicable à leur délit; il les prive pour un temps de leur patente, et peut, en cas de récidive, les renvoyer de l'armée, le tout sans préjudice des restitutions auxquelles ils peuvent être obligés, ni les autres châtiments qu'ils peuvent avoir encourus pour fraude.

Le grand prévôt et les prévôts peuvent infliger des amendes aux personnes qui suivent l'armée sans permission, aux vivandiers, cantiniers et marchands qui se servent de poids et mesures non étalonnés, ou qui contreviennent aux réglements de police de l'armée. Le produit de ces amendes, dont aucune ne peut excéder 100 fr., est mis à la disposition du grand prévôt, qui l'emploie pour les besoins de son service, sous l'approbation du chef de l'état-major général.

### DOMESTIQUES.

Art. 176. Les domestiques des officiers et des employés de l'armée sont tenus d'avoir une attestation signée de leur maître, et constatant qu'ils sont à son service; cette attestation est visée, dans les corps par les colonels, dans les états-majors et les administrations par le prévôt. Les domestiques la représentent toutes les fois qu'ils en sont requis; leurs congés sont visés de la même manière. Il est défendu de prendre à l'armée un domestique qui ne soit pas porteur d'un congé en règle.

Un domestique qui abandonne son maître pendant la campagne, est réputé vagabond et arrêté comme tel.

### PRISONS.

Art. 177. Des prisons destinées à recevoir les militaires de tout grade, les gens sans aveu ou suspects, etc., sont établies dans les quartiers généraux de divisions, par les soins des prévôts. Elles sont sous l'autorisation de ces officiers et sous la surveillance des commandants des quartiers généraux.

### MILITAIRES ARRÊTÉS OU EN DÉSERTION.

Art. 178. Les militaires arrêtés par la gendarmerie sont reconduits par elle à leur corps, à moins que l'inculpation élevée contre eux ne soit de la compétence des conseils de guerre. Dans ces derniers cas, les pièces de convictions sont remises au chef d'état-major de la division, qui prend les ordres du général pour faire informer.

Le signalement des déserteurs et des prisonniers évadés est envoyé, dans les vingt-quatre heures au plus tard, au prévôt de la division, qui prend les mesures nécessaires pour leur arrestation.

### FONCTIONS DE LA GENDARMERIE DANS LES MARCHES.

Art. 179. Dans les marchés, la gendarmerie suit les colonnes, arrête les pillards, et fait rejoindre les traînards; elle fournit des détachements aux équipages pour y maintenir une police sévère, pour s'assurer si les individus qui s'y trouvent ont le droit d'y être, et, même, d'être à l'armée.

### VOITURES DU PAYS.

Art. 180. Aucun officier, aucun employé de l'armée ne peut, sans autorisation, requérir ni voitures ni chevaux. La gendarmerie est chargée de recevoir les plaintes des propriétaires, tant sur cet objet que sur tout autre, et, au besoin, d'y donner suite.

### CHASSE, JEUX, FILLES DE MAUVAISE VIE.

Art. 181. A la guerre, la chasse est défendue aux militaires de tout grade. Dans les cantonnements, les officiers ne peuvent chasser qu'avec la permission des propriétaires et l'autorisation du général commandant les lieux.

Les jeux de hasard sont défendus. Les prévôts et autres officiers de gendarmerie sont spécialement chargés de faire observer cette défense. Les individus qui se livrent à ces jeux sont punis sévèrement; ceux qui les tiennent, s'ils ne sont pas militaires, sont chassés de l'armée.

La gendarmerie écarte de l'armée les femmes de mauvaise vie.

### CHEVAUX PRIS SUR L'ENNEMI.

Art. 182. Les chevaux enlevés à l'ennemi sont laissés dans les régiments qui les ont pris, s'ils conviennent à l'arme, et si ces régiments en ont besoin; dans le cas contraire, ils sont envoyés par les chefs d'état-major aux régiments auxquels ils sont propres. Les officiers auxquels il manque des chevaux sont autorisés, en commençant par les moins élevés en grade, et dans chaque grade par les plus anciens, à en choisir parmi ceux qu'on a conquis sur l'ennemi. Le général de brigade procède à la répartition de ces chevaux, et certifie l'état signalétique qui en est dressé. Ils sont payés par les officiers qui les achètent ou par les régiments qui les reçoivent, d'après le tarif arrêté par le général en chef. Le prix en est distribué aux hommes qui les ont pris.

## Art. 82.

Les colonels de la gendarmerie informent les lieutenants généraux commandant les divisions militaires des événements extraordinaires qui peuvent donner lieu, de la part de ces généraux, à des dispositions particulières de service.

Ces événements sont :

Les émeutes populaires et attroupements armés ou non armés, qualifiés séditieux par la loi ;

Les attaques dirigées ou exécutées contre la force armée ;

Les excursions et attaques de brigands réunis en bandes ;

Les arrestations de provocateurs à la désertion, d'embaucheurs ou d'espions employés à lever le plan des places, ou à se procurer des renseignements sur la force ou le mouvement des troupes ;

Les découvertes de dépôts d'armes et de munitions de guerre :

Les attaques de convois et de munitions de guerre :

Le pillage des magasins militaires ;

Tous délits ou crimes commis par des militaires. ou dont ils seraient soupçonnés d'être les auteurs ou complices ;

Les rixes des militaires entre eux ou avec des individus non militaires, les insultes et voies de fait de la part des militaires envers les citoyens.

Les mêmes rapports sont faits aux généraux commandant les subdivisions militaires ou les départements par les chefs des compagnies. qui sont, en outre, tenus de leur adresser journellement l'état des arrestations militaires dont la connaissance leur est parvenue par la correspondance des brigades.

## Art. 83.

Les lieutenants de la gendarmerie en résidence dans les places où il y a état-major,

### DÉSERTEURS ENNEMIS.

**Art. 183.** On achète pour le compte du gouvernement, au prix que le commandant en chef a fixé d'avance pour toute la campagne, les chevaux des déserteurs jugés propres au service de la cavalerie et à celui de l'artillerie. Le général de division fait vendre les autres à l'enchère, après en avoir donné avis par l'ordre de la division.

Les déserteurs sont dirigés sur le grand quartier général. Leurs armes sont remises au commandant de l'artillerie de la division, leurs buffleteries à l'intendant.

### CHEVAUX D'INCONNUS ET CHEVAUX VOLÉS.

**Art. 184.** Il est défendu d'acheter des chevaux des personnes inconnues ; ceux qu'on trouve sans maître sont conduits au prévôt. Il les fait rendre si on les réclame ; dans le cas contraire, ils sont remis, d'après l'ordre du chef d'état-major, à l'arme à laquelle ils conviennent.

Les chevaux volés ou trouvés sont rendus à leur propriétaire quand il est connu.

### CONSEILS DE GUERRE.

**Art. 185.** Les généraux de division convoquent les conseils de guerre toutes les fois qu'ils le jugent nécessaire.

### RAPPORTS DES PRÉVÔTS.

**Art. 186.** Indépendamment des rapports que les prévôts doivent au grand prévôt sur tous les objets de leur service, ils en font journellement aux généraux commandant le corps de troupe auquel ils sont attachés. Ils les informent surtout des ordres du commandant en chef, en ce qui concerne la police.

Ils reçoivent des ordres des généraux et des chefs d'état-major pour leur service journalier ; ils leur rendent compte. Dans une brigade détachée, le commandant de la gendarmerie remplit les mêmes devoirs envers le maréchal de camp.

Le grand prévôt transmet, en y joignant ses propres instructions, les ordres qu'il reçoit du commandant en chef ou du chef de l'état-major général, aux prévôts et aux autres officiers de gendarmerie répartis dans les divisions. Les uns et les autres sont tenus de les exécuter et d'en informer le chef d'état-major de la division.

Le grand prévôt rend compte chaque jour au commandant en chef et prend ses ordres : tous les huit jours, et plus souvent, s'il y a lieu, il présente un rapport général sur son service au chef de l'état-major général, qui le soumet au commandant en chef.

### Art. LXXXIII.

Les officiers de gendarmerie ne concourent point au commandement militaire des places, attendu que leurs fonctions sont essentiellement distinctes du service purement militaire. (Loi du 10 juillet 1791.)

font connaître au lieutenant de roi les événements qui peuvent compromettre la tranquillité ou la sûreté de la place.

### Art. 84.

Dans les cas prévus par l'art. 75, si le rétablissement de l'ordre ne peut être assuré qu'en déployant une plus grande force sur les points menacés, les lieutenants généraux et maréchaux de camp commandant les divisions et subdivisions militaires, indépendamment de l'emploi des troupes de ligne disponibles, ordonnent, sur la réquisition des préfets, la formation des détachements de gendarmerie qu'exigent les besoins du service.

Ces détachements peuvent être composés d'hommes extraits des compagnies environnantes et faisant partie de la division militaire ; mais, à moins d'ordres formels du ministre de la guerre, concertés avec le ministre de l'intérieur, les lieutenants généraux et les maréchaux de camp ne peuvent rassembler la totalité des brigades d'une compagnie pour les porter d'un département dans un autre.

Ils préviennent de ces mouvements les préfets des départements respectifs.

### Art. 85.

Les ordres que, dans les cas ci-dessus spécifiés, les généraux commandant les divisions militaires ou les départements ont à donner aux officiers de gendarmerie, leur sont adressés directement par écrit.

### Art. 86.

Toutes les fois qu'un ordre adressé par ces généraux à un officier de gendarmerie, paraît à celui-ci de nature à compromettre le service auquel ses subordonnés sont spécialement affectés, il est autorisé à faire des représentations motivées. Si le général croit devoir maintenir son ordre, l'officier de la gendarmerie est tenu de l'exécuter ; mais il en est rendu compte à notre ministre de la guerre.

### Art. 87.

Les commandants de la gendarmerie sont tenus de rendre compte aux généraux des fautes graves contre la discipline qui les auraient mis dans le cas d'infliger à leurs subordonnés les arrêts forcés ou la prison.

### Art. 88.

Lors de l'exécution des jugements des tribunaux militaires, soit dans les divisions, soit dans les camps ou dans les armées, la gendarmerie, s'il y en a, ne peut être commandée que pour veiller au maintien de l'ordre.

Un détachement de nos troupes de ligne est toujours chargé de conduire les condamnés au lieu de l'exécution ; et, si la peine que doivent subir ces condamnés n'est pas capitale, ils sont, après que le jugement a reçu son effet, remis à la gendarmerie, qui requiert qu'une portion du détachement lui prête main forte, pour assurer le transfèrement et la réintégration des condamnés dans la prison militaire.

### Art. 89.

Les commandants des corps de ligne ou de la garde nationale ne peuvent s'immiscer, en aucune manière, dans le service de la gendarmerie.

### Art. LXXXVIII.

La gendarmerie doit rester étrangère au *fait même* de l'exécution. Au mois de mai 1830, à l'exécution du nommé *Debuire*, soldat au 50ᵉ de ligne, convaincu d'assassinat sur la personne de son sergent-major, un officier d'état-major ordonnait à un gendarme *d'accompagner le condamné* devant le piquet d'exécution pour lui *bander les yeux* ; le gendarme se refusant à accomplir cette pénible fonction, attendait pour obéir les ordres du chef de son arme qui en référa à l'instant au comte de Wall, maréchal de camp commandant la place. Celui-ci déclara que ce devoir était celui d'un caporal du régiment dont faisait partie le condamné.

### Art. LXXXIX.

Ceux des militaires qui sont prévenus de *délits* du ressort des *tribunaux,* sont remis à la gendarmerie ; en attendant, ils peuvent être attachés, si cette mesure est nécessaire (art. 442 du règlement du 2 novembre 1833, sur le service intérieur des troupes à cheval). (Art. 366 du même règlement sur l'infanterie.)

Hors ce cas, qui évidemment doit s'entendre des *crimes* ou *délits commis chez les habitants* par une troupe en marche, les officiers ou commandants de brigade ne recevront des chefs de corps ou de détachements, en marche ou en garnison, aucun militaire pour être conduit sous l'escorte de la gendarmerie, sans un ordre écrit de M. le lieutenant général commandant la division militaire, ou de M. le maréchal de camp commandant le département. (Circ. du 22 décembre 1818.) Plusieurs ordres pour l'observation de ce principe

### Art. 90.

Si les officiers de gendarmerie reconnaissent qu'une force supplétive leur soit nécessaire pour dissoudre un rassemblement séditieux, réprimer des délits, transférer un nombre trop considérable de prisonniers, enfin pour assurer l'exécution des réquisitions de l'autorité civile, ils en préviennent sur-le-champ les préfets ou les sous-préfets. lesquels requièrent, soit le commandant du département, soit le lieutenant de roi, de faire appuyer l'action de la gendarmerie par un nombre suffisant de troupes de ligne placées sous ses ordres.

Les demandes des officiers de la gendarmerie contiennent l'extrait de l'ordre ou de la réquisition, et les motifs pour lesquels la main forte est réclamée.

### Art. 91.

Lorsqu'un *détachement de troupes de ligne est employé conjointement avec la gendarmerie*, le commandement appartient, à grade égal, à l'officier de gendarmerie.

Si le chef du détachement est d'un grade supérieur à celui dont l'officier de gendarmerie est titulaire, il prend le commandement ; mais il est obligé de se conformer aux réquisitions qui lui sont faites, par écrit, par l'officier de gendarmerie, lequel demeure responsable de l'exécution de son mandat, lorsque l'officier auxiliaire s'est conformé à la réquisition.

### Art. 92.

À défaut, ou en cas d'insuffisance de la troupe de ligne, les commandants de la gendarmerie requièrent main forte de la garde nationale ; à cet effet, ils s'adressent aux autorités locales.

### Art. 93.

Les détachements de la garde nationale *requis* sont toujours aux ordres du commandant de la gendarmerie qui fait la réquisition.

SECTION V.

*Règles générales.*

### Art. 94.

En plaçant la gendarmerie royale auprès des diverses autorités, pour assurer l'exécution des lois et de nos ordonnances, notre intention est que ces autorités, dans leurs relations et dans leur correspondance avec la gendarmerie, s'abstiennent de formes et d'expressions qui s'écarteraient des règles et des principes posés dans les articles ci-dessus, et qu'elles ne puissent, dans aucun cas, prétendre exercer un pouvoir exclusif sur cette troupe, ni s'immiscer dans les détails intérieurs de son service.

Nous voulons également que les militaires de tout grade de la gendarmerie demeurent constamment dans la ligne de leurs obligations envers lesdites autorités, et observent toujours, dans leurs rapports avec elles, les égards et la déférence qui leur sont dus.

*Honneurs à rendre par la gendarmerie.*

### Art. 95.

Lors de nos voyages dans les départements, les détachements de gendarmerie sont consacré par l'art. 77 de la présente ordonnance, ont été successivement donnés par MM. les commandants des divisions militaires, entre autres celui de M. le lieutenant général commandant la 1re division militaire, en date du 9 octobre 1824, qui s'exprime ainsi : « A l'avenir, tout chef de corps ou de détache« ment qui requerrait la gendarmerie pour recevoir un ou plusieurs militaires, à l'effet de les faire conduire « de brigade en brigade au lieu de leur destination ou partout ailleurs, devra être porteur d'un ordre « émanant du lieutenant général commandant la division, ou du maréchal de camp commandant le « département. »

### Art. LXXXXI.

Une décision royale du 28 août 1837 paraît avoir modifié cette disposition en donnant, à grade égal, le commandement à l'officier le plus ancien de grade.

### Art. LXXXXII.

La garde nationale est placée sous l'autorité des *préfets, sous-préfets* et *maires;* elle est requise par les premiers dans toute l'étendue du département, par les seconds dans toute l'étendue de l'arrondissement, en cas d'*urgence*, par le maire d'une commune en danger. (Art. 22 et 128 de la loi du 22 mars 1831.)

### Art. LXXXXIV.

Voir la note à l'art. 52.

### Art. LXXXXV.

Le commandant de l'escorte se tient à gauche, immédiatement après les officiers généraux ; et, lorsqu'il n'existe ni officiers appartenant au personnage escorté, ni autorités militaires ou civiles accompagnant, le commandant de l'escorte se place à la portière droite, et le gros de l'escorte suit immédiatement la voiture. Toute la *troupe*, à moins d'ordres contraires, a le sabre à la main placés sur la route que nous devons parcourir, pour faire partie de nos escortes ; les colonels des légions reçoivent, à cet égard, des ordres particuliers.

Il en est de même lors des voyages des princes de notre famille.

### Art. 96.

Quand nos ministres se rendent dans les départements, et que leur voyage est annoncé, chaque commandant de la gendarmerie, en résidence dans les communes situées sur la route, se trouve au relais des postes pour recevoir leurs ordres. A l'arrivée de nos ministres au lieu de leur mission, l'officier commandant la gendarmerie du département, ou de l'arrondissement, si ce n'est pas un chef-lieu, se porte à leur rencontre, à deux kilomètres de la place, avec cinq brigades, pour les escorter jusqu'au logement qui leur est préparé, et où doit se rendre le colonel de la légion. Il leur est fourni un gendarme de planton.

Les mêmes honneurs sont rendus à nos ministres pour leur retour.

### Art. 97.

Lorsque les maréchaux de France, gouverneurs des divisions militaires, se rendent pour la première fois dans leur gouvernement, le commandant de la gendarmerie du département se porte à leur rencontre, à un kilomètre de la place, avec cinq brigades, et les escorte jusqu'à l'hôtel du gouvernement, où doit se trouver le colonel de la légion, s'il réside sur ce point.

Ces honneurs leur sont également rendus à leur départ.

Les maréchaux de France qui sont envoyés en mission pour notre service, reçoivent ces mêmes honneurs à leur arrivée au lieu de leur destination, ainsi qu'à leur départ.

### Art. 98.

Lors de la première entrée des lieutenants généraux dans les chefs-lieux des divisions militaires, pour le commandement desquelles ils ont des lettres de service, s'ils ont la qualité de gouverneur, les commandants de la gendarmerie vont à leur rencontre, à un kilomètre de la place, avec quatre brigades, et les escortent jusqu'à l'hôtel du gouvernement ; si ces lieutenants généraux ne sont pas gouverneurs, les commandants de gendarmerie se portent à leur rencontre avec trois brigades seulement, et les escortent jusqu'à leur logement.

### Art. 99.

Les *inspecteurs généraux* de la gendarmerie, pendant le temps de leurs revues, reçoivent chacun, suivant son grade, et dans l'arrondissement d'inspection qui lui est assigné, les mêmes honneurs militaires qui sont accordés par les règlements aux lieutenants généraux et maréchaux de camp.

### Art. XCIX.

Le décret du 24 messidor an XII a statué que les honneurs militaires accordés aux lieutenants généraux et maréchaux de camp, *employés*, étaient également dus aux inspecteurs généraux d'armes.

Dans les villes où il n'y a pas de troupe de ligne, la gendarmerie fournit les gardes d'honneur aux inspecteurs généraux *du corps*, mais avec les restrictions que la position des brigades commande, ainsi qu'il a été prévu, par l'art. 8 du titre XXV du décret du 24 messidor an XII, pour les cas d'insuffisance de troupes ou de convenances de service. (Circ. du 10 avril 1821.)

Cet art. 8 est ainsi conçu : « Dans le cas où la garnison ne serait pas assez nombreuse pour fournir des « gardes aux officiers généraux, *employés*, ou lorsque lesdits officiers généraux jugeront à propos de ne « pas conserver leur garde en entier, on mettra seulement des sentinelles à la porte de leur logis, savoir : « des sentinelles tirées des grenadiers, à la porte d'un général de division, et deux tirées des fusiliers, à la « porte d'un général de brigade. »

Dans le cas contraire, ces honneurs sont :

Si c'est un lieutenant général, il aura une garde de trente hommes commandée par un lieutenant. Le tambour rappellera. (Art. 16 du décret du 24 messidor an XII, titre XIV.)

Les gardes ou postes des places prendront les armes ou monteront à cheval quand ils passeront devant eux ; les tambours ou trompettes desdites gardes rappelleront. (Art. 19 du même décret.)

Il lui sera fait des visites de corps en grande tenue, et le mot d'ordre lui sera apporté par un officier de la place ;

Si c'est un maréchal de camp, il aura une garde de quinze hommes commandée par un sergent ; un tambour conduira cette garde, mais ne restera point. (Art. 6, titre XV du décret du 24 messidor an XII.)

Les gardes de la place prendront et porteront les armes, ou monteront à cheval et mettront le sabre à la main : les tambours ou trompettes seront prêts à battre ou à sonner. (Même art.)

Il aura une sentinelle tirée des fusiliers. Il lui sera fait des visites de corps. (Même art.)

Le mot d'ordre lui sera apporté par un sergent. (Même art.)

### Art. 100.

Lors de la première entrée des *maréchaux de camp* commandant les départements, les commandants de la gendarmerie vont à leur rencontre, à un kilomètre de la place, avec deux brigades, et les escortent jusqu'à leur logement.

### Art. 101.

Lors de la première entrée des *préfets* dans le chef-lieu de leur département, les commandants de la gendarmerie vont à leur rencontre, à un kilomètre de la ville, avec deux brigades et les escortent jusqu'à l'hôtel de la préfecture.

### Art. 102.

Lorsque les préfets font des *tournées* dans les départements, la gendarmerie des lieux où ils passent, exécute ou fait exécuter ce qui lui est demandé par ces préfets pour la sûreté de leurs opérations et le maintien du bon ordre. En conséquence, les lieutenants et commandants de brigade qui auront été prévenus de l'arrivée des préfets. seront tenus de se trouver au logement qui leur sera destiné, pour savoir si le service de la gendarmerie leur est nécessaire.

### Art. 103.

La gendarmerie, pour les honneurs à rendre, est toujours en grande tenue.

*Cérémonies publiques, préséance.*

### Art. 104.

Lorsque la gendarmerie accompagne le Saint-Sacrement aux processions de la Fête-Dieu, elle est en grande tenue et en armes : deux sous-officiers ou gendarmes suivent immédiatement le dais, se plaçant sur les deux côtés ; le surplus du détachement marche entre les fonctionnaires publics et les assistants.

### Art. 105.

Dans les fêtes et cérémonies publiques, lorsqu'à défaut d'autres troupes la gendarmerie est dans le cas de fournir des gardes d'honneur, les diverses autorités se concertent avec l'officier de gendarmerie de la résidence pour les escortes à donner; elles ne peuvent être prises que dans la résidence même.

### Art. 106.

Dans ces fêtes et cérémonies, les colonels de la gendarmerie prennent rang, suivant leur grade, avec les officiers appartenant aux états-majors des divisions militaires;

Le chef d'escadron, ou capitaine commandant la gendarmerie, prend rang, suivant son grade, dans le corps des officiers de toutes armes attachés au département;

Les lieutenants avec l'état-major de la place.

*Obligations personnelles et respectives.*

### Art. 107.

Toutes les fois qu'un officier de gendarmerie prend possession de son emploi, il fait,

Les lieutenants généraux inspecteurs, à leur arrivée au chef-lieu du département, en donneront avis au préfet, qui sera tenu de leur faire la première visite. Ils rendront cette visite dans les vingt-quatre heures. (Ord. royale du 21 juin 1836 et note ministérielle du 26 juillet suivant.)

### Art. CII.

Lors des tournées des préfets, la gendarmerie fournira *deux* gendarmes d'escorte lorsque ces magistrats *feront des réquisitions pour ce service.* (Circ. du 10 avril 1821.)

### Art. CIII.

Une brigade de gendarmerie se portera, à cent pas au delà des portes de la ville, au-devant du président de la Cour d'assises, et l'escortera jusqu'à son domicile; une brigade de gendarmerie l'escortera de même à son départ. (Art. 3 du décret du 27 février 1811.)

Il aura, pendant tout le temps de sa résidence, à sa porte, une sentinelle fournie soit par la compagnie de réserve, soit par la garde nationale. (Art. 5 du même décret.)

Les corps militaires qui se trouvent dans la ville, enverront visiter, en leur nom, le président de la Cour d'assises, par un officier supérieur et un officier de chaque grade : *tous les officiers supérieurs et autres de gendarmerie* lui rendront visite. (Art. 6 du même décret.)

Le président de la Cour d'assises fera la visite au préfet, qui la lui rendra dans les vingt-quatre heures. (Art. 7 du même décret.)

### Art. CIV.

Cet article est implicitement abrogé par la Charte de 1830.

### Art. CV.

A défaut de troupes de ligne, la gendarmerie fournit aux Cours royales *deux* brigades; aux Cours d'assises *une* brigade; aux tribunaux de première instance *deux* gendarmes. (Art. 8, titre XX du décret du 24 messidor an XII.)

### Art. CVI.

Si, de fait, il n'existait pas dans les chefs-lieux de légion, de compagnie ou de lieutenance, d'états-majors de division, de subdivision ou de place, les officiers de gendarmerie, considérés comme faisant partie de ce corps, n'en auraient pas moins le droit de prendre place dans le rang que tiendraient ces états-majors eux-mêmes, s'il en existait dans ces résidences. (Circ. du 10 avril 1821.)

Les officiers en retraite ou en non activité ne peuvent, quel que soit leur grade, prendre rang qu'après tous les officiers en activité. (Même circ.)

dans les vingt-quatre heures de sa réception, sa visite, en grande tenue, aux fonctionnaires civils et militaires du lieu de sa résidence, qui sont dénommés avant lui dans l'ordre des préséances.

Dans les places de guerre, les lieutenants de roi, quel que soit leur grade, sont compris dans le nombre des fonctionnaires militaires auxquels il est dû une première visite;

Les officiers de gendarmerie reçoivent les visites des fonctionnaires classés après eux dans l'ordre des préséances, et les rendent dans les vingt-quatre heures.

### Art. 108.

Il est expressément défendu à la gendarmerie de rendre d'autres honneurs que ceux ci-dessus déterminés, et dans les cas qui y sont spécifiés, ni de fournir des escortes personnelles, sous quelque prétexte que ce puisse être.

# CHAPITRE II.

## DU SERVICE.

*Attributions et fonctions des inspecteurs généraux.*

### Art. 109.

Les inspecteurs généraux de la gendarmerie royale ont pour attribution spéciale de faire annuellement l'inspection des légions de gendarmerie dans les arrondissements qui leur sont assignés; ils reçoivent, à cet effet, des instructions du ministre de la guerre. Cette inspection a lieu, par lieutenance, dans le chef-lieu ou sur le point le plus central des brigades de l'arrondissement.

L'officier commandant la compagnie est tenu d'assister à ces inspections.

### Art. 110.

Les inspecteurs généraux préviennent des époques de leur inspection les gouverneurs généraux ayant des lettres de service, les lieutenants généraux et maréchaux

### Art. CVIII.

Sauf les cas *expressément* déterminés par les règlements, les *gardes* et *escortes d'honneur* pour les autorités ne sont fournies par la gendarmerie qu'à défaut de troupes de ligne, et ayant toujours égard aux besoins du service de sûreté publique. Si les réquisitions pour cet objet paraissent mal fondées, les chefs du corps feront les représentations convenables, et avec tous les ménagements dus aux autorités pour le maintien de la bonne harmonie. Si leurs représentations ne sont pas écoutées, ils obtempéreront aux réquisitions, sauf à m'en rendre compte pour faire redresser les irrégularités qui auraient eu lieu. (Circ. du 10 avril 1821.)

### Art. CIX.

Dans aucun cas les brigades des lieutenances ne doivent être déplacées de leurs arrondissements respectifs, et réunis sur un même point. (Instr. du 30 juin 1827.)

Les inspections générales n'ont plus lieu à des époques *périodiques*. MM. les inspecteurs généraux se rendent près des corps lorsque le ministre de la guerre leur en donne l'ordre ou l'autorisation. (Ord. du 19 août 1836.)

Les lieutenants, commandant par intérim les compagnies, et accompagnant les inspecteurs généraux dans leur inspection de *compagnie*, ont droit à une indemnité de 50 fr. sur la production d'un certificat de l'inspecteur général constatant que cet officier l'a assisté dans chaque lieutenance. (Circ. du 5 octobre 1827.)

de camp commandant les divisions et subdivisions militaires, ainsi que les préfets des départements dans lesquels ils se rendent ; ils donnent un semblable avis aux intendants ou commissaires généraux de la marine, pour ce qui concerne les compagnies maritimes.

Ils informent également les intendants militaires du jour de la convocation du conseil d'administration de chaque compagnie, afin que le sous-intendant, qui en a la police administrative, puisse être présent aux vérifications et arrêtés de comptabilités.

Ils adressent aussi leur itinéraire à chaque colonel de légion, en indiquant les époques et les lieux de réunion des brigades.

### Art. 111.

Les inspections ont essentiellement pour objet de constater la situation réelle du corps, au personnel et au matériel, et de vérifier si le service se fait avec exactitude, et si l'administration présente dans toutes ses parties l'ordre et la régularité convenables.

### Art. 112.

Les inspecteurs généraux prennent des informations, près les différentes autorités civiles et militaires, sur la conduite et la manière de servir des officiers, sous-officiers et gendarmes.

Pour se former une opinion indépendante des rapports qu'ils reçoivent, ou des notes inscrites au registre de discipline, et pour connaître le degré d'instruction de ces militaires, ils les interrogent sur leurs fonctions et les devoirs de leur état : s'ils croient devoir prendre des renseignements plus détaillés sur leur compte, ils leur donnent l'ordre de se rendre chez eux après la revue pour les entendre séparément, et rectifier, s'il y a lieu, les notes portées au registre de discipline.

Ils se font présenter particulièrement les hommes admis depuis la dernière inspection ; ils examinent avec le plus grand soin s'ils réunissent l'ensemble des conditions prescrites pour le service de la gendarmerie. Ils se font rendre compte des raisons qui auraient empêché des officiers, sous-officiers et gendarmes de paraître à la revue : si c'est pour cause de maladie, ils exigent des certificats des officiers de santé, et prennent les informations nécessaires pour s'assurer si les hommes seront susceptibles de continuer leur activité.

### Art. 113.

Les inspecteurs généraux portent leur attention spéciale sur l'instruction militaire du corps, et donnent les ordres propres à diriger cette instruction et en assurer les progrès, sous le double rapport des exercices militaires et des fonctions de l'arme.

### Art. 114.

Ils procèdent à l'inspection de l'habillement, de l'équipement et du harnachement ; ils voient si les fournitures sont conformes aux échantillons, si elles sont de bonne qualité, et si tous les effets sont confectionnés avec soin et d'après les modèles.

Ils se font représenter les livrets des gendarmes, et vérifient si les prix des fournitures, qui y sont portés, n'excèdent pas ceux fixés par les règlements. Dans le cas où ils remarqueraient que ces fournitures ne sont pas d'une bonne qualité, ou que les effets ont été mal confectionnés, ils devront entendre les conseils d'administration, et

### Art. CXIV.

Les inspecteurs généraux insistent pour obtenir une belle tenue militaire ; ils savent qu'elle est un moyen d'influence sur les populations. (Instr. sur les inspections générales du 29 juin 1834 et 1839.)

proposer, s'il y a lieu, les remplacements à la charge de ces conseils, soit pour défaut de surveillance, soit pour cause d'incurie.

Les inspecteurs généraux examinent si les armes sont en bon état et bien entretenues ; ils autorisent les demandes en remplacement, et ordonnent les réparations au compte des sous-officiers et gendarmes, si les dégradations proviennent de leur fait.

Enfin ils prescrivent des mesures pour que la tenue militaire soit rigoureusement observée dans tous les points, et ils rendent les officiers particulièrement responsables de toute infraction aux règles établies pour ce qui est relatif à l'uniforme.

### Art. 115.

Les inspecteurs généraux vérifient, avec le plus grand soin, si les chevaux sont bons. bien nourris et entretenus. et s'ils conviennent à l'arme ; ils s'assurent s'ils n'ont point été changés, sans permission, dans l'intervalle des revues, et si leurs signalements, les dates et prix d'acquisition sont exactement portés sur les contrôles.

Ils déterminent les époques de remplacement des chevaux susceptibles de réforme, et passent ensuite à l'examen des chevaux reçus depuis la dernière revue, afin de voir s'ils sont d'un bon choix, et si le prix d'acquisition n'excède pas leur valeur réelle.

### Art. 116.

Ils se font rendre compte si les approvisionnements de fourrages sont assurés, s'ils ont été faits en temps opportun, dans les quantités déterminées, et s'ils sont de bonne qualité.

### Art. 117.

La situation du casernement doit aussi fixer l'attention particulière des inspecteurs généraux ; ils descendent dans tous les détails propres à leur faire connaître si les casernes ou maisons, qui en tiennent lieu, sont convenables sous tous les rapports, et ils se concertent avec les préfets pour toutes les améliorations dont cette partie du service leur paraît susceptible.

### Art. 118.

Lors de l'inspection des brigades, les inspecteurs généraux reçoivent les réclamations des officiers, sous-officiers et gendarmes ; ils prennent note de celles qu'ils jugent fondées, pour qu'il y soit fait droit.

### Art. 119.

Aussitôt après l'inspection de chaque compagnie, les inspecteurs généraux, en présence du sous-intendant militaire, vérifient la comptabilité, ainsi que les comptes individuels des sous-officiers et gendarmes ; ils examinent si les registres sont bien tenus ; ils constatent la situation de la caisse et celle des différentes masses.

Ils autorisent, sur la proposition des conseils d'administration et d'après l'avis des colonels, les répartitions de fonds de la masse de secours, à titre d'indemnité, en faveur des sous-officiers et gendarmes, et ils approuvent en même temps les allocations extraordinaires qui auraient été faites sur cette masse depuis la dernière inspection, après avoir vérifié si elles ont été accordées pour des motifs urgents.

Ces différentes opérations sont consignées dans un procès-verbal, qui est inscrit au registre des délibérations du conseil : il en est adressé une copie au ministre de la guerre.

## Art. 120.

Les inspecteurs généraux établissent aux chefs-lieux des légions les contrôles de leurs revues ; ils font connaître aux colonels les abus qu'ils ont remarqués, et les ordres qu'ils ont donnés pour leur répression.

Ils font dresser des mémoires de proposition pour les officiers, sous-officiers et gendarmes qui sont susceptibles d'être admis à la retraite ou dans les compagnies sédentaires ; ils forment des états particuliers des hommes qui doivent être congédiés, et de ceux auxquels il convient d'assigner d'autres résidences.

Immédiatement après l'inspection de chaque légion, ils envoient leur travail à notre ministre de la guerre.

## RETRAITE.
### Art. CXX.

Tout militaire admis d'*office* à faire valoir ses droits à la retraite *doit en être informé et mis en demeure d'établir, par une demande régulièrement instruite, les bases de liquidation de sa pension;* s'il se refuse à former cette demande, le fait doit être constaté par un certificat du conseil d'administration. Il est alors passé outre, d'après les documents que l'on peut réunir sur les services de l'intéressé. (Circ. du 20 septembre 1831.)

L'admission à l'hôtel royal des Invalides devant toujours être précédée de l'obtention de la pension de retraite, il n'est pas fait de mémoire de proposition pour l'admission aux Invalides.

Sauf le cas de blessures très-graves, équivalentes au moins à la perte absolue de l'usage d'un membre, ne pourront être désignés que les militaires qui auront perdu un ou plusieurs membres ou la vue, et ceux qui auront *trente* années de service *effectif* et *soixante* ans d'âge. (Art. 14, loi du 21 avril 1803.)

#### RÉFORME POUR INFIRMITÉS INCURABLES.

En exécution des art. 9, 10 et 11 de la loi du 19 mai 1834, les officiers qui, n'ayant pas trente ans de service, seraient reconnus atteints d'*infirmités incurables*, dont les causes ne rentreraient pas précisément, dans les circonstances spécifiées par la loi du 11 avril 1831, pour le droit à la pension de retraite, pourront être proposés pour la réforme.

La nature de ces infirmités est constatée dans les formes déterminées, en vertu de la loi du 11 avril 1831, par l'ordonnance du 2 juillet de la même année, portant règlement d'administration publique.

Leur incurabilité est prononcée par les officiers de santé auxquels l'art. 3 dudit règlement en attribue l'appréciation. Cette déclaration doit précéder les examens prescrits par les art. 10 et 13 du même règlement, et contenir des explications, tant sur le traitement auquel les infirmités ont été préalablement soumises que sur l'inefficacité des moyens employés.

Leur gravité doit être telle qu'il en résulte l'incapacité, non-seulement de rester en activité, mais encore d'y entrer ultérieurement. Cette gravité sera établie et vérifiée, par procès-verbaux, dans la forme indiquée par les modèles annexés au même règlement du 2 juillet 1831, sauf la modification de ce qui, dans ces modèles, se rapporte exclusivement à la pension de retraite.

#### MISE EN NON ACTIVITÉ POUR DES OFFICIERS A TITRE D'INFIRMITÉS TEMPORAIRES.

Conformément à l'art. 5 de la loi du 19 mai 1834, l'inspecteur général peut proposer pour la NON ACTIVITÉ, à titre d'*infirmités temporaires,* les officiers qui ne seraient plus en état de service activement, ou ne paraîtraient pas susceptibles de continuer à remplir utilement les fonctions de leur emploi.

Chaque proposition doit être accompagnée :

1° D'un rapport du commandant de compagnie (s'il s'agit d'un commandant de lieutenance ou d'un trésorier), faisant connaître le temps passé aux *eaux,* soit en *congé de convalescence,* soit à l'*hôpital* ou à la *chambre,* par l'officier qui en est l'objet ;

2° D'un rapport détaillé du chef de légion, faisant suite à celui du commandant de compagnie, dans le cas qui vient d'être prévu, ou contenant les mêmes explications s'il s'agit d'un capitaine commandant ou d'un chef d'escadron;

3° De certificats de visite et contre-visite, constatant la nature des infirmités, et attestant qu'elles ne sont pas incurables, mais qu'un congé de six mois serait *insuffisant* pour obtenir leur guérison. Ces certificats sont délivrés par les officiers de santé désignés dans le Manuel des pensions. La contre-visite a lieu en présence de l'inspecteur général. Avant de prononcer sur ces propositions, le ministre prend l'avis du conseil de santé des armées. (Art. 26 du règlement d'administration publique du 2 juillet 1831.)

#### RÉFORME DES OFFICIERS PAR MESURE DE DISCIPLINE.

Un officier en activité peut être mis à *la réforme par mesure de discipline;* mais cette réforme ne peut être prononcée que sur l'avis d'un conseil d'enquête, dont la composition et les formes ont été déterminées par l'ordonnance du 21 mai 1836. Ces motifs sont : *inconduite habituelle, fautes graves dans le service ou contre la discipline, fautes contre l'honneur, prolongation au delà de trois ans de la position de non activité.* (Art. 12 de la loi du 19 mai 1834.) Lorsque, d'après l'avis du conseil d'enquête, il aura été reconnu non susceptible d'être rappelé à l'activité (art. 13, § II de la même loi), ainsi que tout officier condamné, par jugement, à un emprisonnement de *six* mois, sera suspendu de son emploi ou mis à la réforme. (Art. 27 de la même loi.)

Lorsqu'un officier est, pour l'une des causes qui se trouvent spécifiées aux articles précités, dans le cas d'être envoyé devant un conseil d'enquête, l'inspecteur général doit, conformément à l'art. 7 de ladite ordonnance, transmettre au ministre les pièces indiquées dans cet article.

#### MISE EN NON ACTIVITÉ PAR RETRAIT D'EMPLOI.

La loi du 19 mai 1834 n'a point déterminé les causes qui peuvent motiver la mise en non activité *par retrait d'emploi,* c'est-à-dire l'exclusion temporaire du service. Ces causes, nécessairement moins graves que celles qui entraînent la réforme ou l'exclusion définitive des rangs de l'armée, sont laissées à l'appréciation de l'autorité militaire supérieure.

#### DÉMISSIONS.

Les officiers que des convenances personnelles obligent à quitter le service, ne peuvent, sous aucun prétexte, être mis en *non activité;* ils doivent donner leurs démissions. (Voir la forme de ces démissions à l'art. 291 de la présente ordonnance.)

#### ADMISSION DANS LES COMPAGNIES DE GENDARMES-VÉTÉRANS.

Deux compagnies de gendarmes-vétérans, stationnées à Riom (Puy-de-Dôme), sont spécialement destinées à recevoir les officiers, sous-officiers et gendarmes *en activité* qui se trouvent hors d'état de supporter les fatigues du service avant d'avoir acquis des droits à la retraite.

Les conditions à remplir pour passer dans ces compagnies sont déterminées par l'ordonnance du 16

### Art. 121.

A moins d'un ordre formel de notre ministre de la guerre, les inspecteurs généraux ne peuvent prendre le commandement ou la direction du service, leurs fonctions étant essentiellement restreintes à l'inspection de la troupe.

### Art. 122.

Les inspecteurs généraux de la gendarmerie qui ont reçu des lettres de service pour faire partie du comité consultatif de cette arme, créé par notre ordonnance du 31 mars dernier, n'ont à s'occuper que de l'examen et de la discussion des projets, propositions, affaires générales et particulières dont le renvoi est fait à ce comité par notre ministre de la guerre.

#### FONCTIONS DES OFFICIERS DE TOUT GRADE.

##### SECTION 1<sup>re</sup>.

*Des colonels.*

### Art. 123.

Les colonels de la gendarmerie royale surveillent l'ensemble du service, de l'administration et de la comptabilité de leur légion.

### Art. 124.

Ils ne s'occupent point des détails du service, qui doit être réglé par le commandant de chaque compagnie ; cependant, s'ils s'aperçoivent de quelques négligences et inexactitudes, ou s'ils reçoivent des plaintes, ils se font rendre compte de la situation du service, réforment les abus qui s'y sont introduits, et donnent tous les ordres et instructions propres à assurer aux brigades une meilleure direction.

### Art. 125.

Les colonels de la gendarmerie font une revue annuelle des brigades de leur légion par lieutenance ; cette revue commence en avril. Tous les ans ils changent les points mars 1838 (titre XV, chap. 1 et V). Hors le cas prévu par l'art. 306 de cette ordonnance, nul ne peut être admis dans les vétérans s'il ne compte quinze ans d'activité, et s'il est trop âgé pour pouvoir compléter, à soixante ans au plus tard, le temps de service nécessaire pour obtenir la pension de retraite. (Voir la note à l'art. 36.)

### RÉINTÉGRATION DANS LES CORPS DE LA LIGNE.

Quant aux militaires de la gendarmerie qui ont été précédemment pourvus d'emplois de sous-officiers dans la ligne, les adhésions doivent faire connaître s'ils peuvent être reçus dans les régiments *en leur ancienne qualité*. Il importe avant tout que ces militaires soient encore susceptibles de contracter un engagement volontaire, dans le cas où ils ne se trouveraient plus tenus au service. (Instr. sur les inspections générales de 1839.)

### PASSAGE DANS LES BRIGADES A CHEVAL DE SOUS-OFFICIERS ET GENDARMES A PIED.

Les chefs de légion proposent, sur la présentation des commandants de compagnie, le passage dans les brigades à cheval des sous-officiers et gendarmes à pied qui en ont fait la demande, et qui, ayant au moins 1 mètre 732 millimètres de taille, possèdent d'ailleurs l'aptitude convenable pour faire immédiatement de bons cavaliers.

L'inspecteur général, après avoir examiné ces militaires, et les avoir fait exercer en sa présence, donne son avis sur chacun d'eux. (Instr. sur les inspections générales de 1839.)

### FILS DE MILITAIRES DE LA GENDARMERIE A PROPOSER POUR ÉLÈVES TROMPETTES.

L'escadron des élèves trompettes à l'école de cavalerie se recrute parmi les enfants de troupe de toutes armes et parmi les enfants du corps de la gendarmerie, âgés de quatorze ans au moins et de dix-sept ans au plus (déc. min. du 24 mars 1835). Les enfants des militaires, admis à l'école de cavalerie comme *élèves trompettes*, sont tenus de verser au trésor une somme de 30 fr. à titre de première mise. (Déc. min. du 9 juillet 1835.)

Les candidats nommés auront à produire à leur arrivée à Saumur :

1° Leur acte de naissance ;

2° Un certificat de bonne conduite délivré par l'autorité civile ;

3° Une déclaration d'officier de santé attaché à un hospice civil ou militaire, constatant qu'ils ont eu la petite vérole ou ont été vaccinés, et qu'ils ne sont atteints d'aucune infirmité ou maladie contagieuse, et qu'ils sont d'une bonne constitution ;

4° Le consentement de leur père, mère ou tuteur.

Les fils de gendarmes, désignés pour l'école des trompettes, ont droit aux indemnités de route et aux moyens de transport. (Instr. sur les inspections générales de 1839.)

## Art. CXXV.

Par arrêté du 1er vendémiaire an XII, le titre de colonel a été donné aux chefs de légion de gendarmerie. Il résulte des termes de l'art. 9 du Code d'instruction criminelle, qu'ils sont officiers de police judiciaire.

L'autorité du colonel doit se faire bien plus sentir par une impulsion régulatrice que par une action imde réunion des brigades, afin de pouvoir visiter successivement, et autant que possible, chaque brigade dans le lieu de sa résidence ordinaire.

### Art. 126.

Avant d'ordonner aucun mouvement, ils informent les gouvernements généraux, les lieutenants généraux et les maréchaux de camp commandant les divisions et subdivisions militaires, ainsi que les préfets des départements dans lesquels ils se rendent, des époques de la revue de chaque compagnie et des lieux de rassemblement des brigades. Ils en informent également les intendants ou commissaires généraux de la marine, pour ce qui concerne les compagnies maritimes, et ils préviennent les sous-intendants militaires des jours où ils seront rendus au chef-lieu de chaque compagnie pour vérifier tous les détails de l'administration et des comptabilités.

### Art. 127.

Lors des revues, les colonels s'informent, près les différentes autorités, si le service se fait avec exactitude, si les militaires de tout grade font preuve de zèle et de dévouement, et s'ils tiennent dans leur résidence une conduite exempte de reproche.

Il font avec le plus grand soin l'inspection des hommes, s'assurent s'ils connaissent les devoirs de leur état, et s'ils ont l'instruction nécessaire pour les bien remplir. Ils examinent si les chevaux sont bien nourris et en bon état, et si ceux admis en remplacement dans l'année sont d'un bon choix et réunissent les qualités exigées. Ils examinent aussi l'état de l'habillement, de l'équipement et de l'armement; ils voient si le tout est complet, uniforme et bien entretenu, et si l'on a fait les réparations et remplacements que l'inspecteur général a pu ordonner à sa revue d'inspection.

Ils profitent de la réunion des brigades pour leur recommander l'observation des devoirs que leurs fonctions leur imposent, le zèle le plus actif pour le service et la pratique de tout ce qui est prescrit au chapitre *de la police, discipline et ordre intérieur* ; il donnent des éloges à ceux qui se sont distingués par leur conduite et leur bon service, et ils en font une mention particulière sur le contrôle de revue.

Les colonels réprimandent les hommes qui ont donné lieu à des plaintes fondées, et prononcent sur-le-champ les punitions que les officiers, sous-officiers et gendarmes auraient encourues.

### Art. 128.

Les approvisionnements de fourrages sont encore l'objet de l'examen des colonels. Ces officiers supérieurs se font représenter les marchés passés par les brigades, et entrent dans tous les détails nécessaires pour connaître si les dispositions des règlements sur cette partie du service sont strictement observées.

### Art. 129.

Ils se font rendre compte de l'état du casernement : les réparations et améliorations

médiate ; elle doit être le recours et l'appui de tous. (Art. 1er de l'ord. du 2 novembre 1833.)

Lorsque le commandement d'une subdivision autre que celui du chef-lieu de la division est vacant, le concours pour le commandement s'établit entre le colonel chef de légion de gendarmerie, résidant dans la division, et ayant dans sa juridiction le département vacant, et les colonels du corps de toutes armes, stationnés dans l'étendue de la subdivision : le commandement intérimaire est conféré au plus ancien de ces officiers supérieurs. (Décision royale du 27 août 1837.)

A défaut de colonels exerçant dans la subdivision les fonctions ci-dessus énoncées, l'officier général commandant la division pourvoit à l'intérim en réunissant le commandement vacant, soit à celui d'un autre département, soit à celui de la division, conformément aux dispositions de l'art. 30 du décret du 24 décembre 1811. (Même décision.)

Les inspecteurs généraux d'armes, les officiers généraux de l'artillerie et du génie et les colonels d'état-major de ces deux armes ne concourent point pour le commandement intérimaire des divisions et subdivisions. (Décision royale du 15 février 1837.)

## Art. CXXIX.

Les commandants de compagnie adressent au chef de légion les états descriptifs des lieux et les autres renseignements nécessaires, immédiatement après la passation ou le renouvellement des baux ; ce dernier les fait parvenir, avec son avis, au ministre, sans attendre sa demande, de manière que Son Excellence puisse les recevoir en même temps que les baux soumis à son approbation. (Circ. du 14 décembre 1830.)

qu'ils jugent indispensables, motivent, de leur part, des observations aux autorités administratives, auxquelles ils indiquent aussi les moyens de pourvoir au casernement des brigades dont les hommes seraient logés isolément.

Ces observations sont consignées dans le rapport que le colonel remet à l'inspecteur général sur la situation de la légion.

### Art. 130.

Ils s'assurent de l'instruction militaire des brigades ; ils donnent des ordres pour que les hommes qui ne seraient pas suffisamment instruits, soient exercés dans leur résidence aussi fréquemment que le service peut le permettre.

### Art. 131.

Les colonels inscrivent sur des registres particuliers :

L'extrait des lettres et des ordres qu'ils reçoivent, ainsi que les minutes des lettres et des ordres qu'ils adressent pour tout ce qui concerne le service ;

Les bonnes et mauvaises notes qu'ils recueillent sur leurs subordonnés de tout grade ;

Les punitions qu'ils sont dans le cas d'infliger, et les motifs de ces punitions.

Ces lettres, ordres et minutes de correspondance sont classés par ordre numérique.

Lorsqu'un colonel quitte le commandement d'une légion, ces pièces et les registres, dont il est fait inventaire, sont toujours remis à l'officier qui le remplace.

#### SECTION II.

*Des chefs d'escadron et capitaines commandant les compagnies.*

### Art. 132.

Les chefs d'escadron et les capitaines commandant les compagnies de la gendarmerie royale sont spécialement chargés de la direction et des détails du service dont ils surveillent l'exécution ; ils entretiennent, à cet effet, une correspondance directe avec les autorités.

### Art. 133.

Ils font deux tournées par an pour l'inspection de leurs brigades : l'une commence en février, l'autre a lieu en septembre.

Ils vérifient, avec le plus grand soin, si les sous-officiers et gendarmes font exactement leur service ; s'ils vivent en bonne police et discipline dans leur résidence , et n'y contractent point de dettes qui occasionneraient des réclamations ; si, dans leurs courses, ils se comportent avec décence et honnêteté ; s'ils ne donnent pas lieu à quelques plaintes par des vexations, violences, abus de pouvoir ou excès commis sous prétexte de leurs fonctions.

Ils s'assurent également si les brigades prêtent main forte dans les cas prévus par la présente ordonnance ; si l'on se conforme aux règles qui y sont établies pour les réquisitions ; s'il n'y aurait point de prétentions, d'exigence ou d'opposition de la part des diverses autorités ou des lieutenants et commandants de brigade ; si les gendarmes ne seraient point employés à des services qui leur sont étrangers, où s'ils ne se refuseraient pas à ceux qu'on est en droit d'exiger d'eux.

Les plaintes et les réclamations, adressées à ce sujet, sont vérifiées par les chefs

### Art. CXXXI.

Se reporter à l'instruction du 15 septembre 1837, à la note ministérielle du 2 octobre, même année, sur a formation, la conservation et le remplacement des archives des légions, et sur les objets indispensables, dont l'existence doit avoir lieu dans les archives de chaque légion, pour y être conservés jusqu'à leur abrogation. Ces objets sont: 1° *Un atlas communal; — 2° Une carte du département; — 3° Un tableau statistique des communes de la circonscription respective; — 4° Bulletin des lois; — 5° l'Annuaire militaire; — 6° Journal militaire; — 7° Livret d'emplacement des troupes de la gendarmerie; — 8° Ordonnance du 29 octobre 1820; — 9° Instruction du 15 juin 1829 sur l'organisation; — 10° Règlement du 21 novembre 1823 sur l'administration; — 11° Instruction du 18 avril 1836 sur l'uniforme de la gendarmerie; — 12° Un modèle du registre d'habillement; — 13° Instruction du 15 juillet 1835; — 14° Instruction du 3 février 1836 sur l'exercice du mousqueton; — 15° Ordonnance du 3 mai 1832 sur le service des troupes en campagne; — 16° Ordonnance du 2 novembre 1833 sur le service intérieur des troupes à pied et à cheval; — 17° Ordonnance du 6 décembre 1829 sur les évolutions de la cavalerie; — 18° Règlement de 1831 sur le service des hôpitaux; — 19° Manuel des pensions de retraite; — 20° Ordonnance du 16 juillet 1828 sur la police des voitures publiques; — 21° Instruction du 29 mars 1832 (Service des postes); — 22° Dictionnaire de la Gendarmerie,* par M. de Savigny.

Il appartient aux chefs de légion seulement de tracer, par des circulaires ou des ordres du jour détaillés, la marche à suivre pour l'exécution, tant *des lois, ordonnances, règlements, instructions, décisions* à intervenir sur le service de la gendarmerie, que des anciens règlements dont ils s'apercevraient que l'on s'écarte dans les compagnies près desquelles ils sont placés comme inspecteurs permanents ; à moins d'urgence absolue, les *circulaires* ou *ordres du jour* des compagnies, sur des matières politiques ou d'intérêt général, doivent être soumis à MM. les chefs de légion, et visés par eux avant d'être adressés aux lieutenants. (*Circ. du 29 octobre 1835 sur l'étendue du droit que peuvent avoir respectivement les colonels, chefs d'escadron et capitaines d'adresser des ordres du jour.*)

Les commandants de compagnie conservent la faculté de rappeler directement à leurs subordonnés, par des ordres du jour, lorsqu'ils en reconnaissent la nécessité, les dispositions des règlements généraux, en ce qui concerne les détails du service, l'administration et la comptabilité dont ils sont personnellement responsables. (Même circ.)

### Art. CXXXII.

Les officiers appelés provisoirement aux fonctions du grade supérieur, ne peuvent conserver les prérogatives du commandement et les attributions du grade dont ils sont titulaires. En conséquence, dans cette position, les chefs d'escadron ou capitaines ne peuvent conserver le commandement de leurs compagnies, et les lieutenants celui de leurs lieutenances. (Circ. du 11 juillet 1826.)

Les commandants de compagnie conservent la faculté de rappeler directement à leurs subordonnés, par des ordres du jour, lorsqu'ils en reconnaissent la nécessité, les dispositions des règlements généraux, en ce qui concerne les détails du service, l'administration et la comptabilité dont ils sont personnellement responsables. (*Circ. du 29 octobre 1835 sur l'étendue du droit que peuvent avoir respectivement les colonels, chefs d'escadron et capitaines d'adresser des ordres du jour.*)

d'escadron et capitaines, qui font des réprimandes ou infligent des punitions, s'il y a lieu, à leurs subordonnés, et en rendent compte aux colonels.

### Art. 134.

Les chefs d'escadron et capitaines visitent les casernes, et voient si elles sont tenues dans le meilleur état de propreté, s'il ne s'y commet point de dégradations, et si le logement de chaque homme est convenable. Ils voient les chevaux aux écuries, s'assurent s'ils sont bien nourris, régulièrement pansés et ferrés ; enfin, ils examinent l'état de l'habillement, de l'équipement et de l'armement, ordonnent les réparations à y faire, et prennent des notes sur tous ces objets, pour les comprendre dans le rapport qu'ils doivent adresser au colonel de la légion, sur l'ensemble de leur tournée.

### Art. 135.

Les chefs d'escadron et capitaines s'informent si la solde parvient régulièrement aux brigades, si elle n'éprouve point de retard, et si chaque homme reçoit exactement ce qui lui revient, et n'a pas de réclamations à faire.

### Art. 136.

Ils se font représenter, par les commandants de brigade, les divers registres ou journaux qui servent à constater l'exécution de tous les services ordinaires et extraordinaires ; ils réprimandent et punissent les sous-officiers qui ne tiennent pas ces registres avec exactitude.

Ils voient si les registres que doivent avoir les lieutenants, sont tenus avec ordre et méthode.

### Art. 137.

Les chefs d'escadron et capitaines doivent avoir, dans leur bureau particulier, des registres pour l'inscription :

Des ordres qu'ils donnent ou transmettent concernant le service ;

De leur correspondance avec les différentes autorités ;

Des rapports et renseignements qu'ils reçoivent sur tous les objets qui peuvent intéresser l'ordre public.

Les lettres, ordres et minutes de correspondance sont classés par ordre numérique.

En cas de changement du commandant d'une compagnie, les pièces et les registres, dont il est fait inventaire, sont toujours remis par cet officier à celui qui le remplace.

#### SECTION III.

*Des lieutenants.*

### Art. 138.

Les lieutenants de la gendarmerie royale ont la surveillance de tous les devoirs habituels des brigades ; ils entretiennent une correspondance suivie avec le commandant de la compagnie, auquel ils font connaître les obstacles qui pourraient se rencontrer dans l'exécution du service.

S'il survient quelque événement extraordinaire dans l'arrondissement de leur lieutenance, ils se transportent sur les lieux, en rendent compte au commandant de la compagnie, et si les événements sont de nature à nécessiter de promptes mesures, ils l'informent des dispositions qu'ils ont faites en attendant des ordres.

### Art. CXXXVII.

Se reporter à l'instruction du 15 septembre 1837, à la note ministérielle du 2 octobre, même année, sur la formation, la conservation et le remplacement des archives des compagnies, et sur les objets indispensables, dont l'existence doit avoir lieu dans les archives de chaque compagnie, pour y être conservés jusqu'à leur abrogation. Ces objets sont: 1° *Carte du département;* — 2° *Tableau statistique des communes de la circonscription respective;* — 3° *Journal militaire;* — 4° *Ordonnance du 29 octobre 1820;* — 5° *Règlement du 21 novembre 1823 sur l'administration;* — 6° *Instruction du 18 avril 1836 sur l'uniforme* — 7° *Modèle du registre d'habillement;* — 8° *Gravures coloriées de l'ancien uniforme;* — 9° *Tracés d'habillement sur carton, au nombre de neuf;* — 10° *Instruction du 15 juillet 1835 sur les remontes;* — 11° *Instruction du 3 février 1836 sur l'exercice du mousqueton;* — 12° *Ordonnance du 3 mai 1832 sur le service des troupes en campagne;* — 13° *Ordonnance du 2 novembre 1833 sur le service intérieur des troupes à pied et à cheval;* — 14° *Ordonnance du 6 décembre 1829 sur les évolutions de la cavalerie;* — 15° *Règlement de 1831 sur le service des hôpitaux;* — 16° *Manuel des pensions de retraite;* — 17° *Ordonnance du 16 juillet 1828 sur la police des voitures publiques;* — 18° *Instruction du 29 mars 1832 sur le service des postes;* — 19° *Dictionnaire de la Gendarmerie,* par M. de Savigny.

Voir, pour le nombre des registres à tenir par les commandants de brigade, la circulaire du 5 septembre 1831, et, pour leur remplacement, leur volume et les visas que MM. les commandants de compagn et de lieutenance doivent y apposer. (Circ. du 29 mai 1835.)

En cas de changement, une expédition de l'inventaire est adressée au conseil d'administration avec le récépissé du successeur. (Circ. minist. du 30 juillet 1837.)

### Art. 139.

Les lieutenants font annuellement six tournées pour la revue de leurs brigades, savoir : dans les mois de janvier, mars, mai, juillet, septembre et novembre.

### Art. 140.

Dans leurs tournées, les lieutenants s'informent si le service est fait sur tous les points avec exactitude et activité, si les brigades visitent au moins deux fois par mois toutes les communes de leur arrondissement, si elles surveillent les vagabonds et repris de justice qui pourraient s'y trouver, et si elles recherchent les déserteurs et tous autres individus signalés.

### Art. 141.

Les tournées des lieutenants ne peuvent être un motif ni un prétexte d'interrompre ou de retarder l'exécution du service. Les commandants de brigade, nonobstant l'avis donné par les lieutenants de leur arrivée pour la revue, n'en doivent pas moins déférer aux réquisitions qui leur sont faites, et envoyer aux correspondances les hommes qu'ils sont tenus d'y fournir.

Dans l'intervalle des tournées, les lieutenants doivent se porter sur les divers lieux où les brigades correspondent entre elles, afin de connaître si elles font avec ponctualité le service de correspondance, et si les gendarmes sont dans une bonne tenue.

### Art. 142.

Ils font l'inspection des casernes et des chevaux, s'assurent de la qualité des fourrages, et examinent dans le plus grand détail l'habillement, l'équipement et le harnachement; ils rendent compte au commandant de la compagnie des abus qu'ils auraient découverts, et des ordres qu'ils ont donnés pour les réprimer.

### Art. 143.

Les lieutenants inscrivent sur des registres particuliers :

Les ordres qu'ils donnent ou transmettent concernant le service;

L'extrait des rapports et procès-verbaux qu'ils reçoivent des brigades ;

Les renseignements qui leur sont donnés sur tous les objets susceptibles d'intéresser l'ordre public.

Les ordres et les pièces de correspondance sont classés par ordre numérique.

En cas de changement d'un lieutenant, les pièces et les registres sont remis, sur inventaire, à l'officier qui le remplace.

#### SECTION IV.

*Des trésoriers.*

### Art. 144.

Les trésoriers de la gendarmerie royale remplissent les fonctions de secrétaire près des conseils d'administration; ils suivent, sous la direction et la surveillance de ces conseils, tous les détails de la comptabilité.

### Art. 145.

Ils sont spécialement chargés d'établir les contrôles de revues, et de tenir les re-

### Art. CXXXIX.

Les lieutenants qui suppléent les commandants de compagnie dans leurs tournées, ne peuvent prétendre à une double indemnité. (Circ. du 5 octobre 1827.)

### Art. CXLIII.

Se reporter à l'instruction du 15 septembre 1837, et à la note ministérielle du 2 octobre, même année, sur la formation, la conservation et le remplacement des archives dans chaque lieutenance, et sur les objets indispensables, dont l'existence doit avoir lieu dans les archives de chacune d'elles, pour y être conservés jusqu'à leur abrogation. Ces objets sont :

1° *Tableau statistique de la circonscription respective ; —* 2° *Ordonnance du 29 octobre 1820 sur le service de l'arme ; —* 3° *Instruction du 18 avril 1836 sur l'uniforme ; —* 4° *Règlement du 21 novembre 1828 sur l'administration ; —* 5° *Instruction du 15 juillet 1835 sur les remontes ; —* 6° *Instruction du 3 février 1836 sur l'exercice du mousqueton ; —* 7° *Ordonnance du 16 juillet 1828 sur la police des voitures publiques ; —* 8° *Instruction du 29 mars 1832 sur le service des postes ; —* 9° *Dictionnaire de la Gendarmerie*, par M. de Savigny.

En cas de changement, une expédition de l'inventaire est adressée avec le récépissé du successeur au conseil d'administration. (Circ. minist. du 30 juillet 1837.)

Les lieutenants sont pourvus d'un registre de punitions. (Circ. du 29 mai 1835.)

### Art. CXLIV.

Par une décision ministérielle du 12 septembre 1835, les trésoriers font partie du conseil d'administration ; ils y ont voix délibérative.

Ils sont responsables envers le conseil d'administration de la conservation des effets, modèles types et des objets de toute nature qui composent le magasin. (Circ. du 14 novembre 1835.)

### Art. CXLV.

En leur qualité de secrétaire du conseil d'administration, et au nom du conseil seulement, ils peuvent correspondre directement avec les commandants de lieutenance et de brigade, pour transmettre et réclamer des pièces comptables ; mais tous les avis et renseignements quelconques, et qui auraient pour but de signaler des *mutations* à l'administration, doivent être adressés au commandant de la compagnie, qui convoque et prend l'avis du conseil, à cet égard, s'il y a lieu. (Art. 272 et 273 du règlement d'administration du 21 novembre 1823.)

gistres-matricules des compagnies, sur lesquels ils inscrivent les services de chaque homme et les mutations. Ils ne procèdent à l'inscription des services que sur la présentation d'actes civils réguliers et de brevets, ou titres originaux.

Les conseils d'administration et les sous-intendants militaires veillent à ce que cette obligation soit ponctuellement remplie : les sous-intendants signent et paraphent chaque feuillet du registre-matricule.

## Art. 146.

Les trésoriers tiennent un registre analytique des procès-verbaux que reçoit le commandant de la compagnie : ces procès-verbaux sont classés par ordre de dates, et déposés dans les archives, afin qu'on puisse y recourir au besoin.

## Art. 147.

Ils ne s'occupent point des détails du service, à moins qu'ils ne se trouvent les seuls officiers présents à la résidence.

### SECTION V.

*Des officiers de gendarmerie considérés comme officiers de police auxiliaires.*

## Art. 148.

Les officiers de la gendarmerie royale, en leur qualité d'officiers de police auxiliaires, se transportent dans les lieux où ils exercent leurs fonctions habituelles, pour recevoir les plaintes et les dénonciations, constater les délits et les crimes, et recueillir toutes les preuves qui pourraient en faire connaître les auteurs ; mais, pour se renfermer exactement dans le cercle de leurs attributions et les dispositions précises de la loi, ils doivent bien se pénétrer des caractères qui distinguent les *crimes*, les *délits* et les simples *contraventions* de police :

L'infraction que les lois punissent de peines de police, est une *contravention* ;

L'infraction que les lois punissent de peines correctionnelles, est un *délit* ;

L'infraction que les lois punissent d'une peine afflictive ou infamante, est un *crime*. (*Code pnéal.*)

## Art. 149.

Toutes les fois que la peine prononcée par la loi pour une infraction n'excède pas *cinq jours d'emprisonnement et 15 fr. d'amende*, c'est une simple contravention de police (*Code pénal*). Les officiers de gendarmerie ne peuvent, à raison de leur qualité d'officiers de police auxiliaires, recevoir les plaintes ou les dénonciations de ces sortes d'infractions ; ils doivent renvoyer les plaignants ou les dénonciateurs par-devant le commissaire de police, le maire ou l'adjoint du maire, qui sont les officiers de police chargés de recevoir les plaintes et les dénonciations de cette nature. (*Code d'instruction criminelle.*)

## Art. 150.

Lorsque les infractions sont punissables de peines *correctionnelles, afflictives* ou *infamantes*, les officiers de gendarmerie, en leur qualité d'officiers de police auxiliaires, reçoivent les plaintes et les dénonciations qui leur sont faites de ces infractions, mais seulement lorsque les délits ou les crimes ont été commis dans l'étendue de l'arrondissement où ils exercent leurs fonctions habituelles.

S'il s'agit d'une plainte, ils ne peuvent la recevoir qu'autant que la partie plaignante est effectivement celle qui souffre du délit ou du crime.

### Art. CXLVIII.

Par cette expression générique, dont se sert le Code d'instruction criminelle à l'art. 9, la loi entend tous les officiers de gendarmerie quel que soit leur grade. C'est une extension à la loi du 3 brumaire an IV, art. 23, qui ne donnait le caractère d'officier de police auxiliaire qu'aux capitaines et aux lieutenants ; mais les officiers seuls sont compris dans les dispositions de la loi : les mêmes attributions n'appartiennent donc pas aux sous-officiers, et bien moins encore aux simples gendarmes. Si donc on leur présente des *plaintes* ou *dénonciations* autres que des déclarations, ils doivent envoyer les *plaignants* ou *dénonciateurs*, soit au procureur du roi, juge de paix, officier de gendarmerie, commissaire de police, maire ou adjoint.

La police judiciaire est une des fonctions les plus importantes des officiers de gendarmerie. Pour être en état de répondre au vœu de la loi, ils doivent se bien pénétrer de ses dispositions ; c'est ainsi qu'ils sauront en atteindre le but sans le dépasser, et qu'en remplissant leurs devoirs avec zèle, ils se tiendront en même temps renfermés dans le cercle de leurs attributions. (Instr. du 19 août 1813.)

Les officiers de gendarmerie exécutent les commissions rogatoires, en vertu des art. 90 et 283 du Code d'instruction criminelle, qui leur sont adressées, par les procureurs du roi ou juges d'instruction, et celles qui leur sont envoyées par les commandants rapporteurs près les conseils de guerre. (Loi du 18 prairial an II.)

### Art. CXLIX.

Cette abstention de ne pas connaître des contraventions n'est pas tellement absolue, que les officiers de gendarmerie ne doivent intervenir quand les contraventions, qui portent toujours préjudice à l'intérêt général ou particulier, ne peuvent être signalées sans le concours et l'action de la gendarmerie. (Circ. du 10 avril 1821.)

Si c'est une dénonciation, tous ceux qui ont vu commettre le délit ou le crime, ou qui savent qu'il a été commis, ont pouvoir de le dénoncer. (*Code d'instruction criminelle.*)

### Art. 151.

La plainte ou la dénonciation doit être rédigée par le plaignant, par le dénonciateur ou par un fondé de procuration spéciale, ou par les officiers de gendarmerie, s'ils en sont requis.

La plainte ou la dénonciation doit toujours être signée, à chaque feuillet, par l'officier de gendarmerie qui la reçoit, et par le plaignant ou le dénonciateur, ou le fondé de pouvoir.

L'officier paraphe et fait parapher les renvois et les ratures par le plaignant, le dénonciateur ou le fondé de pouvoir.

Si le plaignant, le dénonciateur ou le fondé de pouvoir ne sait ou ne veut pas signer, il en est fait mention.

La procuration est toujours annexée à la plainte ou à la dénonciation. (*Code d'instruction criminelle.*)

### Art. 152.

Les officiers de gendarmerie ne peuvent recevoir une plainte ou une dénonciation qui leur est présentée par un fondé de pouvoir, qu'autant que la procuration dont il est porteur, exprime, d'une manière expresse et positive, l'autorisation de dénoncer le délit qui fait l'objet de la plainte ou de la dénonciation. (*Code d'instruction criminelle.*)

### Art. 153.

Lorsque la plainte ou la dénonciation est remise toute rédigée à l'officier de gendarmerie, il n'y peut rien ajouter ni faire ajouter, et il doit se borner à la signer à chaque feuillet, ainsi qu'il est dit art. 151.

Si la plainte ou la dénonciation est présentée signée, l'officier de gendarmerie s'assure que la signature est bien celle du plaignant, du dénonciateur ou du fondé de pouvoir.

### Art. 154.

L'officier de gendarmerie qui est requis de rédiger lui-même une plainte ou une dénonciation, doit énoncer clairement le délit avec toutes les circonstances qui peuvent l'atténuer ou l'aggraver, et faire découvrir les coupables. Il signe et fait signer cette plainte ou dénonciation, comme il est dit art. 151.

### Art. 155.

Les officiers de gendarmerie sont tenus de renvoyer, sans délai, à notre procureur royal, les plaintes et les dénonciations qu'ils ont reçues en leur qualité d'officiers de police auxiliaires. Leur compétence ne s'étend pas au delà : *ils ne peuvent faire aucune instruction préliminaire que dans le cas de flagrant délit, ou lorsque, s'agissant d'un crime ou d'un délit, même non flagrant, commis dans l'intérieur d'une maison, le chef de cette maison les requiert de le constater.* (Idem.)

### Art. CLIII.

Il est du devoir d'un officier de police judiciaire d'inviter le plaignant à donner à sa dénonciation tous es développements propres à compléter la connaissance des faits dont l'omission serait évidente. (Circ. du 10 avril 1821.)

### Art. CLIV.

Le dénonciateur peut se faire délivrer, à ses frais, copie de la dénonciation. (Art. 31 du Code d'inst. crim.)

### Art. 156.

Il y a flagrant délit :

Lorsque le crime se commet actuellement ;

Lorsqu'il vient de se commettre ;

Lorsque le prévenu est poursuivi par la clameur publique ;

Lorsque, dans un temps voisin du délit, le prévenu est trouvé saisi d'instruments, d'armes, d'effets ou de papiers faisant présumer qu'il en est *auteur* ou *complice*. (*Code d'instr. criminelle.*)

### Art. 157.

Toute infraction qui, par sa nature, est seulement punissable de peines correction-nelles, ne peut constituer un flagrant délit. Les officiers de gendarmerie ne sont point autorisés à faire des instructions préliminaires pour la recherche de ces infractions.

Le flagrant délit doit être un véritable crime, c'est-à-dire une infraction contre la-quelle une peine afflictive ou infamante est prononcée.

### Art. 158.

Lorsqu'il y a *flagrant délit,* les officiers de gendarmerie se transportent sans retard sur le lieu pour y dresser les procès-verbaux, à l'effet de constater le corps du délit, son état, l'état des lieux, et pour recevoir les déclarations des habitants, des voisins, et même des parents et domestiques, enfin de toutes les personnes qui auraient des renseignements à donner. (Idem.)

Ils informent aussitôt de leur transport notre procureur royal. (Idem.)

Ils peuvent se faire assister d'un écrivain qui leur sert de greffier ; ils lui font prêter serment d'en bien et fidèlement remplir les fonctions. Leur procès-verbal en fait men-tion. (Idem.)

### Art. 159.

Les officiers de gendarmerie signent et paraphent les déclarations qu'ils ont reçues ; ils les font signer et parapher par les personnes qui les ont faites. Si elles refusent de signer, il en est fait mention dans le procès-verbal.

Ils peuvent défendre que qui que ce soit sorte de la maison ou s'éloigne du lieu jus-qu'après la clôture du procès-verbal. Ils font saisir et déposer dans la maison d'arrêt ceux qui contreviendraient à cette défense ; mais ils ne peuvent prononcer contre eux aucune peine. Ils en réfèrent sur-le-champ à notre procureur royal.

Ils se saisissent aussi des effets, des armes et de tout ce qui peut servir à la décou-verte et à la manifestation de la vérité ; ils doivent les représenter au prévenu, l'inter-peller de s'expliquer, lui faire signer le procès-verbal, ou faire mention de son refus. (Idem.)

### Art. 160.

Si la nature du crime est telle, que la preuve puisse vraisemblablement être acquise par les papiers ou autres pièces et effets en la possession du prévenu, les officiers de gendarmerie se transportent de suite dans son domicile pour y faire la perquisition des objets qu'ils jugent utiles à la manifestation de la vérité ; mais il leur est formellement interdit d'y pénétrer pendant le temps de nuit réglé par l'art. 184. Ils doivent se bor-ner à prendre les mesures de précaution prescrites par l'art. 185.

### Art. 161.

S'il existe dans le domicile du prévenu des papiers ou effets qui puissent servir à

### Art. CLVI.

Des magistrats pensent que ces mots s'appliquent aux faits accomplis dans les vingt-quatre heures, du moment où l'officier de police judiciaire est informé, s'il réside dans la commune, où s'est commis le crime, et qu'on peut augmenter ce délai selon la distance.

### Art. CLVIII.

Lorsqu'en vertu de commissions rogatoires, émanées des magistrats de l'ordre judiciaire, les officiers se transportent à plus de 5 kilomètres de leur résidence, il leur est accordé l'indemnité de déplacement. (Art. 176 du règlement du 21 novembre 1823.) A plus forte raison, s'ils se transportaient d'office, ou s'ils étaient dans l'obligation de *découcher*, cette indemnité leur serait allouée sur un certificat du maire de la commune où le transport aurait eu lieu.

Tout officier, quel que soit son grade, qui se déplace pour être entendu par un conseil d'enquête, a droit à l'indemnité de route pour se rendre au lieu où siége le conseil ; il a également droit à cette indemnité pour le retour à son poste, s'il y est renvoyé, même s'il doit subir une punition. (Décision ministérielle du 14 avril 1834.)

### Art. CLIX.

Les officiers de police judiciaire ne peuvent infliger aucune peine aux contrevenants; mais ils peuvent les faire arrêter et déposer dans la maison d'arrêt, à la disposition du procureur du roi. (Art. 34 du Code d'instr. crim.)

Toutes les questions que l'on adresse aux prévenus doivent être claires et précises. Ce n'est pas par des moyens détournés que les magistrats doivent rechercher les coupables et les atteindre. Si la présence d'esprit et l'adresse sont des qualités désirables dans un juge, la ruse et la surprise dégraderaient la dignité de son caractère. (Legraverend.)

Presser l'inculpé de questions est un devoir ; mais il faut l'interroger loyalement. (Démolènes.)

Il importe surtout d'éviter des questions captieuses et équivoques, parce qu'elles sont de nature à faire faire à l'inculpé, contrairement à son intention, des déclarations qui pourraient être considérées comme des aveux. (Jacquinot-Pampelune.)

### Art. CLX.

La visite des papiers n'est autorisée par la loi que lorsqu'il existe une prévention grave déjà établie. Il semble donc que jamais la gendarmerie ne doit s'immiscer dans cette perquisition, qui est remise à la conscience des juges. (Legraverend.)

### Art. CLXI.

La gendarmerie et tous autres militaires ne peuvent être employés à la garde des scellés. (Loi du 11 pluviôse an 11.)

conviction ou à décharge, ils en dressent procès-verbal, et se saisissent de ces effets ou de ces papiers.

Ils doivent clore et cacheter les objets qu'ils ont saisis ; et, si ces objets n'étaient pas susceptibles de recevoir l'empreinte de l'écriture, ils sont mis dans un vase ou dans un sac sur lequel ils attachent une bande de papier qu'ils scellent de leur sceau, et de celui du prévenu, s'il veut y mettre son cachet.

Si les objets sont d'un trop grand volume pour être à l'instant déplacés, ils peuvent les mettre sous la surveillance d'un gardien auquel ils font prêter serment.

### Art. 162.

Il est expressément défendu aux officiers de gendarmerie de s'introduire dans une maison qui ne serait pas celle où le prévenu aurait son domicile, à moins que ce soit une auberge, un cabaret ou tout autre logis ouvert au public, où ils sont autorisés à se transporter, même pendant la nuit, jusqu'à l'heure où ces lieux doivent être fermés d'après les règlements de police.

### Art. 163.

Dans le cas où les officiers de gendarmerie soupçonneraient qu'on pût trouver dans une maison autre que celle du domicile du prévenu les pièces ou effets qui pourraient servir à conviction ou à décharge, ils doivent en instruire aussitôt notre procureur royal.

### Art. 164.

Lorsque la maison d'un prévenu est située hors de l'arrondissement où ils exercent leurs fonctions habituelles, les officiers de gendarmerie ne peuvent y faire de visites; ils se bornent à en informer notre procureur royal.

### Art. 165.

Toutes les opérations dont il est ci-dessus question sont faites en présence du prévenu, s'il a été arrêté ; ou, en présence d'un fondé de pouvoir, si le prévenu ne veut ou ne peut y assister. Les objets lui sont présentés à l'effet de les reconnaître ou de les désavouer, et de les parapher, s'il y a lieu ; en cas de refus, il en est fait mention dans le procès-verbal. A défaut de fondé de pouvoir, l'assistance de deux témoins devient indispensable.

### Art. 166.

S'il existe des indices graves contre le prévenu, les officiers de gendarmerie le font arrêter ; si le prévenu n'est pas présent, ils rendent une ordonnance pour le faire comparaître. Cette ordonnance s'appelle *mandat d'amener;* elle doit être revêtue de la signature et même du sceau de l'officier qui la rend, et elle doit désigner le plus exactement possible le prévenu pour en assurer l'arrestation et pour éviter les méprises.

La dénonciation ou la plainte ne constitue pas seule une présomption suffisante pour décerner un mandat d'amener contre un individu ayant domicile. Il ne doit être arrêté, s'il est présent; et l'ordonnance pour le faire comparaître, s'il est absent, ne doit être rendue que lorsque des présomptions fortes s'élèvent contre lui.

Si le prévenu est absent, le mandat d'amener doit porter l'ordre de le conduire, en cas d'arrestation, devant le juge d'instruction ou notre procureur royal. *La loi n'autorise pas l'officier de police auxiliaire à continuer l'instruction après l'instant du flagrant délit.*

### Art. CLXII.

Le temps de nuit est ainsi réglé : du 1er octobre au 31 mars, depuis *six* heures du soir jusqu'à *six* heures du matin ; du 1er avril au 30 septembre, depuis *neuf* heures du soir à *quatre* heures du matin. (Art. 1037 du Code de procédure civile.)

### Art. CLXIII.

Il le peut cependant, et même il doit s'y rendre, ou déléguer quelqu'un, par commission rogatoire, pour le suppléer dans cette opération , puisque cette circonstance serait caractéristique du *flagrant délit* suivant la définition de la loi, et qu'il est expressément chargé par elle de faire, dans le premier moment, *tous* les actes qui peuvent servir à préparer la conviction du coupable : il peut, dans ce cas, se faire assister du maire ou de l'adjoint. (Legraverend.) Ce n'est cependant qu'une opinion qui ne peut détruire ni la lettre ni l'esprit de l'article du texte.

### Art. CLXVI.

L'arrestation sans mandat n'est autorisée par la loi que dans le cas de flagrant délit et dans les cas qui lui sont assimilés.

Il y a quatre espèces de mandats :

Le mandat de *comparution*, le mandat d'*amener*, le mandat de *dépôt*, le mandat d'*arrêt*.

Le mandat de *comparution* est une intimation à l'inculpé de comparaître librement devant le juge mandant.

Le mandat d'*amener* est un ordre au prévenu de comparaître devant l'officier de police judiciaire mandant. La force est employée en cas de refus.

Le mandat de *dépôt* est un ordre de retenir provisoirement en prison le prévenu.

Le mandat d'*arrêt* est un ordre d'écrouer définitivement le prévenu. Il doit indispensablement contenir les conclusions du procureur du roi (art. 94 du Code d'instr. crim.), et, de plus, l'*énonciation du fait pour lequel il est décerné, et la citation de la loi qui déclare que ce fait est un crime ou délit.* (Art. 96 du même code.)

L'officier de gendarmerie ne peut, en cas de flagrant délit, décerner que le mandat d'amener ; les autres sont décernés par le juge d'instruction.

On appelle *inculpé* l'individu qui est appelé par un mandat de comparution, ou qui se justifie, ou qui n'est accusé que d'une contravention.

On appelle *prévenu* celui qui est sous les liens des autres mandats, ou auquel on impute un crime ou un délit.

On nomme *accusé* celui contre qui est intervenu une ordonnance de la chambre des mises en *accusation*, qui le renvoie devant la Cour d'assises.

La clameur *appelle, avertit* ; la rumeur publique *accuse* ; la notoriété publique *connaît, répand* ; la vindicte publique *poursuit, et met sous le coup de la justice.*

Les officiers de gendarmerie doivent apporter beaucoup de réserve dans l'exercice de leurs droits de décerner des *mandats d'amener.* (Circ. du 19 août 1813.) Ils ne sont pas obligés à la même circonspection envers les *vagabonds, les gens sans aveu ou repris de justice.* (Art. 179 de la présente ordonnance.)

Quant aux vagabonds, gens sans aveu ou repris de justice, la plainte ou la dénonciation peut suffire pour les faire arrêter, ou faire décerner contre eux des mandats d'amener.

### Art. 167.

Les officiers de gendarmerie doivent interroger sur-le-champ le prévenu amené devant eux.

### Art. 168.

Ils se font assister, dans toutes les opérations mentionnées aux art. 158, 159, 160, 161, 165, 166 et 167, par le commissaire de police du lieu, ou, à défaut, par le maire ou son adjoint, et, en cas de leur absence, par deux habitants domiciliés dans la même commune.

Ils n'en dressent pas moins leurs procès-verbaux sans l'assistance de témoins, s'ils n'ont pas eu la possibilité de s'en procurer.

Ils doivent signer et faire signer leurs procès-verbaux, à chaque feuillet, par les personnes qui y ont assisté; en cas de refus ou d'impossibilité de signer de la part de ces personnes, il en est fait mention.

### Art. 169.

S'il s'agit d'un crime qui exige des connaissances particulières pour être constaté, telle qu'une effraction, une blessure grave, une mort violente, etc., les officiers de gendarmerie doivent faire appeler des personnes présumées, par leur art ou leur profession, capables d'en apprécier la nature et les circonstances; ils leur font prêter serment de faire leur rapport et de donner leur avis en leur honneur et conscience. Ils ne doivent négliger aucune des mesures ci-dessus prescrites, et ils recueillent avec soin tous les renseignements qui peuvent conduire à la découverte de la vérité.

### Art. 170.

Toutes les fois que les officiers de gendarmerie *sont requis* de constater un crime ou un délit, *même non flagrant*, commis dans l'intérieur d'une maison, ils procèdent aux recherches et à l'instruction, dans les mêmes formes que ci-dessus pour le flagrant délit, mais avec cette distinction que, dans ce cas, il n'est pas besoin que l'infraction qu'ils sont appelés à constater dans l'intérieur d'une maison, soit punissable d'une peine afflictive ou infamante ; il suffit qu'elle soit soumise à une peine correctionnelle.

### Art. 171.

Les officiers de gendarmerie défèrent à la réquisition qui leur est faite, soit par le propriétaire de la maison, soit par le principal locataire ou par le chef d'un appartement.

### Art. 172.

Les officiers de gendarmerie n'étant, dans l'exercice des fonctions judiciaires, que des officiers de police auxiliaires de notre procureur royal, si, dans le cours de leurs opérations pour la recherche d'un flagrant délit ou d'un crime, ou délit commis dans l'intérieur d'une maison, notre procureur royal se présente, c'est lui qui doit continuer les actes attribués à la police judiciaire.

Notre procureur royal, s'il a été prévenu, peut les autoriser à continuer la procédure ; et, si lui-même l'a commencée, il peut les charger d'une partie des actes de sa compétence.

### Art. 173.

Lorsque les officiers de gendarmerie ont terminé les actes d'instruction préliminaire

### Art. CLXVIII.

Tous les procès-verbaux et actes des officiers de police, à l'exception de ceux rédigés par les gardes forestiers, peuvent être débattus par *preuves contraires*. (Art. 154 du Code d'instr. crim.; Cour de cassation des 30 janvier 1817 et 28 octobre 1818.)

qu'ils sont autorisés à faire dans le cas de flagrant délit ou de crime, ou délit commis dans l'intérieur d'une maison, ils doivent transmettre sur-le-champ à notre procureur royal les procès-verbaux et tous les actes qu'ils ont faits, les papiers et tous les effets qu'ils ont saisis, ou lui donner avis des mesures prises pour la garde et la conservation des objets.

<h3 style="text-align:center">Art. 174.</h3>

Les officiers de gendarmerie, en ce qui concerne l'exercice de la police judiciaire, sont placés par la loi sous la surveillance des juges d'instruction, de nos procureurs royaux et de nos procureurs généraux.

<h3 style="text-align:center">Art. 175.</h3>

Le service de la gendarmerie royale ayant pour but spécial d'assurer le maintien de l'ordre et l'exécution des lois, les officiers de ce corps doivent, indépendamment des attributions qu'ils exercent en leur qualité d'officiers de police auxiliaires, transmettre sans délai à notre procureur royal les procès-verbaux que les sous-officiers et gendarmes ont dressés dans l'exécution de leur service, pour constater les crimes et délits qui laissent des traces après eux ; ils y joignent les renseignements que ces militaires ont recueillis pour en découvrir les auteurs ou complices. Ils transmettent pareillement aux commissaires de police et aux maires des lieux où de simples contraventions auraient été commises, les procès-verbaux et renseignements qui concernent les prévenus de ces contraventions.

## OBSERVATIONS GÉNÉRALES
### sur la recherche des crimes et délits.

### Art. CLXXV.

Les plaintes et dénonciations relatives aux crimes et délits doivent être, s'il est possible, encore plus claires, plus précises, plus complètes que celles qui concernent les contraventions. On doit y trouver tous les renseignements nécessaires sur les faits, sur leur nature et leurs circonstances, sur les *noms, prénoms, professions* et *demeures* des parties et des témoins, s'ils sont connus, etc. (Jacquinot-Pampelune.)

#### OBLIGATION DE RECEVOIR LES PLAINTES ET DÉNONCIATIONS.

Hors le cas où, *très-évidemment*, la dénonciation ou la plainte n'énoncerait aucun fait réputé par la loi du crime, délit ou contravention, l'officier de police est tenu de la recevoir: refuser serait un véritable déni de justice. S'il est douteux que les faits articulés constituent un délit, c'est à la justice *seule* qu'il appartient de lever ce doute. (Le même.)

#### FLAGRANT DÉLIT ET CAS ASSIMILÉS AU FLAGRANT DÉLIT.

Dans tous les cas de flagrant délit, et dans tous ceux assimilés au flagrant délit, la loi impose l'obligation de dresser un procès-verbal, parce que la base de presque toute procédure criminelle ou correctionnelle est un procès-verbal constatant les traces du crime ou du délit. (Le même.)

#### PREMIÈRES RECHERCHES.

Les recherches les plus promptes sont les plus fructueuses. Le moindre retard peut faire disparaître des indices souvent fugitifs. Lorsque l'officier de police auxiliaire a négligé de constater le fait, ou qu'en le constatant il a omis de recueillir des indices essentiels, cette omission est presque toujours sans remède. (Le même.)

Un crime ou un délit qui a le caractère du crime, est-il déféré à un officier de police auxiliaire, il doit se transporter sur les lieux pour y faire les actes d'instruction prescrits par la loi, faire comparaître devant lui le prévenu, *en vertu d'un mandat d'amener*, s'il est connu ou suffisamment désigné, et procéder à son interrogatoire; faire sans délai perquisition dans ses divers domiciles, dans ceux de ses concubines ou affidés, et de prendre les précautions convenables pour que rien n'échappe aux investigations de l'officier de police. (Le même.) Si le prévenu était domicilié ou réfugié hors de l'arrondissement, *décerner un mandat d'amener* et de *perquisition*, s'il est besoin. (Le même.)

#### CÉLÉRITÉ INDISPENSABLE.

En se livrant aux opérations que la loi leur confie, les officiers de police auxiliaires ne doivent pas oublier que c'est dans le premier moment du délit que la vérité tout entière se manifeste habituellement. Le plaignant, dans l'émotion causée par le tort qu'il vient d'éprouver; les témoins, dans l'indignation dont le fait les pénètre, s'expliquent avec franchise et véracité. Quant au prévenu, interrogé sur-le-champ, dans le trouble inséparable de son arrestation, il n'a ni la faculté, ni le temps de résister à l'ascendant de la justice, de préparer une défense artificieuse ou de se concerter avec ses complices. Ils doivent, sans aucune remise, entendre le *dénonciateur* ou le *plaignant*, les *témoins*, le *prévenu*, ne pas désemparer que cette opération ne soit consommée. (Le même.)

#### CRIMES CONTRE LA SÛRETÉ DE L'ÉTAT.

Dans les crimes qui menacent la sûreté intérieure ou extérieure de l'État, l'officier de police auxiliaire ne doit pas prendre sur lui seul l'événement de la *recherche* et de *l'arrestation* des coupables; il doit procéder avec la plus grande circonspection pour ne pas laisser perdre la trace du fait, et il doit, *sans le plus léger retard, avertir l'autorité supérieure.* (Le même.)

#### CRIS ET ACTES SÉDITIEUX.

Ces infractions, qui, sans avoir le même degré d'importance et de gravité que les crimes contre la sûreté de l'État, n'en doivent pas moins éveiller l'attention des officiers de police auxiliaires, en ce qu'ils sont de

nature à troubler la tranquillité publique, ébranler la fidélité des citoyens aux institutions et à leur atta-
chement au Gouvernement. Ils ne sauraient donc déployer contre les coupables une trop active répression,
et s'attacher, dans leurs procès-verbaux, à constater et à caractériser le fait. (Le même.)

# HOMICIDE.

## HOMICIDE INVOLONTAIRE, HOMICIDE VOLONTAIRE OU MEURTRE, HOMICIDE PRÉMÉDITÉ DE GUET-APENS QUALIFIÉ ASSASSINAT.

### ÉTAT DU CADAVRE, DES LIEUX, DES PIÈCES DE CONVICTION, ETC.

Les homicides, par leur gravité, sont ceux des faits dont la recherche commande le plus de zèle. En cas
d'homicide ou de mort violente ou subite, pouvant faire soupçonner un homicide, l'officier de police doit
en tout point se conformer et se renfermer dans les prescriptions des art. 158 et suivants de la présente
ordonnance, qui ne sont autres que la reproduction des art. 29 et suivants du Code d'instruction criminelle.

Ils ne doivent pas omettre de rechercher et de constater les vols ou autres crimes ou délits dont le
meurtre ou l'assassinat aurait précédé, accompagné ou suivi, parce que la complication du fait le rend
plus grave, et détermine, en cas de meurtre, une peine différente et plus forte. (Le même.)

Quand on le peut, il faut confronter au cadavre le prévenu ou les individus soupçonnés. Cette mesure
est commune aux cas d'infanticide et d'empoisonnement. (Le même.)

### INFANTICIDE.

L'infanticide est un crime très-difficile à constater et qui exige l'attention la plus rigoureuse.

Les hommes de l'art ont à examiner si l'enfant est né *à terme*, s'il a *vécu*, de quel genre de mort il a
péri. L'officier de police doit aussi faire vérifier si la prévenue est accouchée, et si le temps de cet accouchement se rapporte à celui de la naissance et de la mort de l'enfant. Il doit rechercher si l'on a entendu
les vagissements de l'enfant ; il doit saisir *dans le domicile de la prévenue* tous les objets annonçant un
accouchement récent, etc. Enfin, il est nécessaire encore de vérifier si quelque parent de la prévenue ou
toute autre personne ne l'aurait pas provoquée au crime, ou, même, ne l'aurait pas aidée ou assistée. (Le
même.)

La recherche de l'empoisonnement veut aussi une très-grande sagacité. Il faut que l'officier de police
s'attache à connaître par qui les *poisons*, les *mets* ou *liqueurs empoisonnées* ont pu être fournis ou administrés à la personne empoisonnée ; qu'il s'empare de tous les *mets*, *liqueurs*, etc., infectés de poison
ou soupçonnés de l'être, des *vases* non encore nettoyés qui les ont contenus, et des matières déjetées par
la personne à qui le poison a été donné. S'il y a lieu de procéder à l'ouverture du cadavre, après *l'autorisation du procureur du roi*, l'officier de police devra se saisir des matières solides et liquides renfermées
dans l'estomac et les intestins, etc., le tout dans des vases hermétiquement fermés et scellés de son sceau.
L'officier de police ne doit pas souffrir que l'ouverture et l'inspection du cadavre se fassent hors de sa
présence. Il doit également faire procéder, en sa présence, et par des experts habiles, à l'examen des objets
soumis à l'analyse chimique, avec le soin, autant que possible, de conserver une partie du poison ou des
matières, afin que l'on puisse, au besoin, géminer les expériences lors de l'instruction ultérieure ou du
jugement. (Le même.)

Si une mort violente paraît avoir été l'effet d'un suicide, il n'en faut pas moins recueillir avec soin les
circonstances qui ont *précédé, accompagné* ou *suivi* cette mort. L'état du cadavre, la description des instruments qui ont procuré la mort, la déposition des témoins, toutes les preuves enfin doivent être consignées dans le procès-verbal comme en cas d'homicide. (Le même.)

### MORT PUREMENT ACCIDENTELLE OU SUBITE.

Dans le cas où l'officier de police auxiliaire est appelé à constater une mort que l'on considère comme
purement accidentelle ou subite, il doit s'attacher toujours à décrire l'état du cadavre, se faire assister par
des gens de l'art, recevoir leur rapport, veiller à ce qu'ils examinent si le cadavre ne présenterait pas
quelques lésions extérieures ou autres signes de mort violente, etc.; en un mot, ne rien négliger pour
qu'à la vue du procès-verbal le procureur du roi puisse permettre l'inhumation, ou prescrire les opérations supplétives.

### RECONNAISSANCE DU CADAVRE.

Ainsi, quelle que soit la cause de la mort, pour assurer l'identité de la personne décédée, l'officier de
police doit faire reconnaître le cadavre par ses parents, ou par les personnes qui l'ont connue.

Lorsque la personne *homicidée, empoisonnée, suicidée, morte accidentellement*, est inconnue, l'officier
de police doit décrire avec le plus minutieux détail toutes les circonstances qui pourraient par la suite
servir à la reconnaissance de cette personne. (Le même.)

### INHUMATIONS PRÉCIPITÉES OU SANS AUTORISATION.

Quand l'inhumation a eu lieu, il faut vérifier si elle a été faite après le délai fixé par l'art. 77 du Code
civil (ce délai est de vingt-quatre heures), et avec l'autorisation du procureur du roi. (Le même.)

## Art. 176.

Les officiers de tout grade de la gendarmerie doivent toujours être en tenue militaire, lors de leurs revues et tournées, et toutes les fois qu'ils ont à conférer avec les autorités pour des objets de service.

### BLESSURES.

L'officier de police auxiliaire doit procéder avec une grande exactitude à l'examen des blessures dont la loi punit les auteurs. Si le blessé est en danger imminent, il faut se hâter de l'entendre avec les précautions et les ménagements que commande son état : si cette audition pouvait aggraver sa position, il faudrait temporiser. On doit, comme en cas d'homicide, recueillir, constater les faits ou indices d'*imprudence, négligence* ou *inobservation* des règlements de police, de *volonté*, de *préméditation* ou de *guet-apens*, de *légitime défense* ou d'*excuse*. Toutes ces choses sont essentielles à constater. En effet, si les blessures ont causé une maladie ou une incapacité de travail personnel pendant plus de *vingt jours*, elles constituent un crime; si elles approchent de ce caractère de gravité, le tribunal correctionnel peut appliquer le maximum de la peine ; si elles sont légères, il appliquera, selon les circonstances, une peine moins forte. (Jacquinot-Pampelune.)

### VIOL.

Dans la recherche du viol, et en constatant les traces de ce crime, l'officier de police doit, autant que possible, éviter les termes obscènes. Ce n'est aussi que dans le cas d'une absolue nécessité qu'il faut faire visiter, par des hommes de l'art, les enfants qui auraient été victimes de cet attentat ; on doit surtout interpeller ces enfants avec les plus grands ménagements, en respectant leur pudeur. (Le même.)

### INCENDIE.

Après les attentats contre les personnes, l'un des crimes qui intéressent le plus la sûreté publique, c'est l'incendie, en recueillant les circonstances matérielles du fait, et en recevant les déclarations des personnes habitant la maison incendiée. L'officier de police doit constater à quelle heure, de quelle manière et dans quelle partie de la maison incendiée le feu s'est manifesté, et en rechercher les causes avec beaucoup de sagacité. Si l'incendie est présumé être le fait de la vengeance ou de tout autre motif criminel, il sera essentiel de recueillir les matières que l'on présumerait avoir servi à mettre le feu ; de les représenter à ceux qui pourraient les reconnaître pour appartenir au prévenu ou avoir été en sa possession.

Dans tous les cas, le procès-verbal qui constate l'incendie doit être soumis au procureur du roi, comme celui d'homicide ou de levée de cadavre, parce que tout incendie emporte la présomption d'une infraction, et que tout fait de cette nature doit être vérifié par la justice. (Le même.)

### VOLS. — CIRCONSTANCES AGGRAVANTES.

Les vols s'aggravent par les circonstances de lieu ; par celles de temps ; par les circonstances matérielles ou autres qui les ont précédés, accompagnés ou suivis ; par les circonstances cumulatives de la nature des objets volés et du lieu du vol; enfin, par les circonstances de la qualité ou du nombre des coupables. (Le même.)

### CIRCONSTANCES DE LIEU.

Il y a circonstance aggravante de lieu, lorsque les lieux où le vol a été commis, sont les *archives, greffes* ou *dépôts publics*, des *grands chemins*, des *maisons habitées* ou *servant à l'habitation*, etc. (Le même.)

### CIRCONSTANCES DE TEMPS.

La circonstance aggravante de temps est la *nuit*, c'est-à-dire le temps qui s'écoule depuis le *coucher* jusqu'au *lever du soleil*. (C'est du moins l'interprétation que la Cour de cassation a donnée par induction de l'art. 1037 du Code de proc. civ.) (Le même.)

### CIRCONSTANCES MATÉRIELLES OU AUTRES QUI ONT PRÉCÉDÉ, ACCOMPAGNÉ OU SUIVI LE VOL.

Les circonstances matérielles ou autres qui peuvent précéder, accompagner ou suivre les vols, sont : les violences envers les personnes, *port d'armes apparentes* ou *cachées*, l'*usage* ou *la menace de faire usage de ces armes* ; les *fausses clefs*; l'*effraction, l'escalade; l'enlèvement* ou le *déplacement de bornes* servant de séparation aux propriétés ; l'emploi de *faux titres de fonctionnaires* ou *officier civil* ou *militaire* ; l'*emploi de l'uniforme ou du costume de ces fonctionnaires* ; enfin, l'usage d'un *faux ordre* de l'autorité publique. (Le même.)

### Art. CLXXVI.

On ne peut appliquer les dispositions de la loi relative au crime de rébellion, au cas de violences exercées contre des gendarmes ne portant aucune *marque distinctive* de leur qualité, encore qu'ils l'aient *verbalement déclarée*. (Cour de cassation du 29 octobre 1805.)

Les violences et voies de fait exercées contre des gendarmes *déguisés*, ne sont pas considérées comme rébellion à la force publique. (Cour de cassation du 6 août 1806, et du 19 mars 1828.)

Il est interdit à la gendarmerie tout espèce de *déguisement*, même pour des opérations importantes et déterminées. A plus forte raison ne saurait-il *être exigé* pour un service *occulte* auquel la gendarmerie n'est point affectée : service de nature à déconsidérer les hommes à leurs propres yeux, tout en attirant sur eux l'animadversion populaire. (Circ. minist. des 11 juin 1835 et 12 mai 1837; instruction sur les revues de 1836, 1838 et 1839.)

La tenue de société n'est cependant pas défendue aux militaires du corps (surtout aux officiers), dans le

### Art. 177.

Il est expressément défendu aux officiers de tout grade de la gendarmerie, lors de leurs revues, d'accepter ni logement ni repas chez leurs inférieurs.

### Art. 178.

Lors des vacances d'emplois, et en cas d'absence ou de maladie, les remplacements ont lieu provisoirement pour chaque grade d'officier ainsi qu'il suit :
Le colonel, par le chef d'escadron ;
Le commandant de compagnie, par le plus ancien des lieutenants de la compagnie ;
Le lieutenant, par le plus ancien maréchal des logis de la lieutenance ;
Le trésorier, par un sous-officier de la compagnie : ce sous-officier est désigné au colonel par le conseil d'administration, d'après l'avis du sous-intendant militaire.
S'il en résulte un déplacement, l'officier ou le sous-officier reçoit, pendant la durée de son commandement provisoire, et selon son grade, l'indemnité de service extraordinaire attribuée à la gendarmerie par les règlements.

### Art. 179.

Les fonctions habituelles et ordinaires des brigades de la gendarmerie royale sont :
1° De faire des tournées, courses et patrouilles sur les grandes routes, traverses, chemins vicinaux, et dans tous les lieux de leurs arrondissements respectifs ; de les faire constater jour par jour, sur les feuilles mensuelles de service, par les maires, leurs adjoints ou autres personnes notables ;
2° De recueillir et prendre tous les renseignements possibles sur les crimes et les délits de toute nature, ainsi que sur leurs auteurs et complices, et d'en donner connaissance aux autorités compétentes ;
3° De rechercher et poursuivre les malfaiteurs ;
4° De saisir toutes personnes surprises en flagrant délit, ou poursuivies par la clameur publique ;
5° De saisir tous gens trouvés avec des armes ensanglantées ou d'autres indices faisant présumer le crime ;
6° De dresser des procès-verbaux des déclarations faites par les habitants, voisins, parents, amis et autres personnes en état de fournir des indices, preuves et renseignements sur les auteurs des crimes et délits, et sur leurs complices ;

7° De dresser pareillement des procès-verbaux des incendies, effractions, assassinats, et de tous les crimes qui laissent des traces après eux ;

cas où les habitudes civiles semblent la rendre convenable; mais le séjour des troupes en garnison dans les résidences de la gendarmerie peut nécessiter quelques restrictions : l'usage en est réglé par les *colonels*, sous *l'approbation* des lieutenants généraux ou des maréchaux de camp commandant les subdivisions militaires, suivant les circonstances et les lieux. (Circ. des 10 avril 1821, 27 mai 1830, 11 juin 1835 et 9 septembre 1837.)

### Art. CLXXVII.

Ces revues, à moins de circonstances d'un service *imprévu* et *urgent* qui doit être justifié de la manière la plus évidente, et dont il est rendu compte au ministre, doivent rigoureusement avoir lieu aux époques prescrites, qui ne sauraient être changées pour convenance personnelle. (Circ. du 11 juillet 1826.)

### Art. CLXXVIII.

Le colonel ne peut être suppléé dans les revues et tournées par le chef d'escadron que sur une autorisation ministérielle. (Circ. du 11 juillet 1826.)

Le chef d'escadron appelé au commandement intérimaire de la légion ne peut conserver, sous aucun prétexte, celui de la compagnie ni ajourner ses tournées; il est suppléé dans cette position par le capitaine ou le lieutenant. (Même circ.)

Tout lieutenant ou maréchal des logis chargé par le colonel de faire les tournées des officiers absents, reçoit l'indemnité qui lui est attribuée; mais le lieutenant ne peut la cumuler à celle de son grade. (Même circ.)

Toutefois, les sous-officiers ne peuvent suppléer les officiers comme officiers de police judiciaire. (Art. 9 du Code d'instr. crim.)

L'indemnité accordée en cas de déplacement ne peut se prolonger au delà de *trois* mois. (Art. 67 du règlement du 21 novembre 1823, et décision minist. du 15 février 1832.)

### Art. CLXXIX.

Le service de la gendarmerie est particulièrement destiné à la sûreté des campagnes et des grandes routes. (Art. 3 de la loi du 28 germinal an VI.)

Les procès-verbaux que les officiers, sous-officiers et gendarmes ont à dresser, sont de trois espèces, savoir : 1° ceux qui font foi jusqu'à inscription de faux; 2° ceux qui ne font foi jusqu'à preuve contraire; 3° ceux qui n'ont d'autre caractère que celui de *dénonciations* officielles.

Sont classés dans la première catégorie : les procès-verbaux en matière de *douane*, lorsque les contraventions ont été commises sur la frontière ou dans le rayon de la douane. (Art. 1er et 25 de la loi des 25 germinal an VI, 9 floréal an VII, arrêt de la Cour de cassation du 5 septembre 1813.)

Sont rangés dans la seconde : tous les procès-verbaux constatant les infractions exprimées aux §§ 5 et suivants des art. 125 de la loi du 28 germinal an VI, 179 de la présente ordonnance, 471 et suivants du Code pénal, et lois spéciales, tels que les lois et décrets sur la chasse, les ordonnances, décrets et lois sur la police du roulage, etc., qui donnent caractère à la gendarmerie de constater.

Appartiennent à la troisième classe : tous les procès-verbaux que la gendarmerie n'a pas mission spéciale de constater, tels que les contraventions à la fermeture des lieux publics, bals, cabarets, etc.

§ 6. Les militaires de la gendarmerie n'ayant pas qualité d'*officiers de police judiciaire*, ne peuvent citer des témoins à comparaître devant eux pour recevoir leurs déclarations; mais ils recueillent tous les renseignements possibles en recevant les déclarations qui leur sont faites *volontairement*, et en engageant les témoins à les signer. Il est un fait essentiel à observer, c'est de faire en sorte de découvrir les principaux témoins des faits et de les désigner à la justice.

Les procès-verbaux des sous-officiers et gendarmes font foi jusqu'à preuve contraire. (Cour de cassation des 4 décembre 1813 et 30 juillet 1825.)

Ils ne sont assujettis à aucune forme particulière (Cour de cassation du 20 juillet 1825), et, à l'exception d'un très-petit nombre de cas prévus par des lois spéciales, leurs procès-verbaux ne sont considérés par le législateur que comme dénonciations officielles. (Cour de cassation du 13 février 1820.)

Un gendarme peut verbaliser seul, et son procès-verbal n'en est pas moins valable. (Cour de cassation du 24 mai 1821.)

Tous les procès-verbaux en matière de simple police, et ceux constatant des infractions pour délits ou contraventions aux règlements généraux de police, sont enregistrés et visés pour timbre. (Ordonn. du 22 mai 1816, loi du 25 mars 1817, et loi du 22 frimaire an VII.)

8° De dresser de même les procès-verbaux de tous les cadavres trouvés sur les chemins, dans les campagnes, ou retirés de l'eau; d'en prévenir les autorités compétentes ou le lieutenant de la gendarmerie de l'arrondissement, qui, dans ce cas, est tenu de se transporter en personne sur les lieux, dès qu'il lui en est donné avis;

9° De réprimer la contrebande, de saisir les marchandises transportées en fraude, de dresser des procès-verbaux de ces saisies, d'arrêter et de traduire devant les autorités compétentes les contrebandiers et autres délinquants de ce genre;

10° De dissiper tout attroupement armé, et de saisir tous individus coupables de rébellion;

11° De dissiper tous les attroupements qualifiés séditieux par les lois, et d'arrêter tous individus qui en feraient partie;

12° De dissiper tout attroupement tumultueux, même non armé, d'abord par les voies de persuasion, ensuite par commandement verbal, et enfin, s'il est nécessaire, par le développement de la force armée, graduée suivant l'exigence des cas;

13° De saisir tous ceux qui porteraient atteinte à la tranquillité publique, en troublant les citoyens dans le libre exercice de leur culte;

14° De saisir tous ceux qui seraient trouvés exerçant des voies de fait ou violences contre la sûreté des personnes et des propriétés;

15° De saisir les dévastateurs des bois, des récoltes, les chasseurs masqués, lorsqu'ils seraient pris sur le fait;

16° De dresser des procès-verbaux contre tous individus en contravention aux lois et règlements sur la chasse;

§ 9. Les capitaines et les lieutenants participent aux produits des saisies avec les sous-officiers et gendarmes, lors même qu'ils n'y sont pas présents, de manière que deux sixièmes sont partagés par égale portion entre le capitaine et le lieutenant dans l'arrondissement duquel la saisie a été faite. Les quatre sixièmes restants sont distribués également entre les sous-officiers et gendarmes saisissant, de manière, toutefois, que le commandant du détachement ait une part et demie. (Décision du ministre des finances du 25 mai 1818, et arrêt du 9 fructidor an v.)

Sans préjudice de la prime de 15 fr. pour arrestation d'un colporteur de tissus de fabrique étrangère. (Arrêté du ministre des finances du 16 juin 1817.)

Pour les boissons, cartes à jouer et tabacs, consulter l'arrêté du ministre des finances du 17 octobre 1816, et l'ordonnance du 31 décembre 1817.

Les préposés étrangers à la régie, ayant droit de verbaliser, jouissent de la moitié du produit des amendes et confiscations. (Même arrêté, art. 1 et 3.) Un tiers net est alloué aux indicateurs. (Même arrêté, art. 7.)

Lorsque les officiers supérieurs auront, dans des cas extraordinaires, agi directement pour assurer la répression de la fraude et assurer le succès d'une opération majeure, il sera pris une décision spéciale pour régler la part à laquelle ils auront droit. (Décision du ministre des finances du 25 mai 1818.)

Le ministre des finances est seul chargé de faire établir, dans tous les cas, le montant net de la part afférente à la gendarmerie. (*Ibid.*)

Les procès verbaux sont adressés au directeur des douanes ou des contributions indirectes, après avoir été affirmés (décret du 16 décembre 1811), et enregistrés et visés pour timbre. (Loi du 22 frimaire an vii.)

§§ 10, 11 et 12. Tout rassemblement de personnes s'opposant à l'exécution d'une *loi*, d'une *contrainte*, d'un *jugement*, toute *émeute* populaire contre la sûreté des personnes, contre les *autorités municipales administratives* ou *judiciaires*, les *tribunaux civils, criminels* ou de *police*, pour la délivrance des *prisonniers* ou *condamnés*, contre la *liberté absolue des subsistances*, contre celle du *travail* et de l'*industrie*, pour l'invasion des *propriétés publiques*, le *pillage* et la *dévastation* des propriétés particulières. (Art. de 9 à 13, loi du 3 août 1781, loi du 7 germinal an iv.) Les sommations sont préalablement faites par les autorités civiles, à l'exception des gardes champêtres et des gardes forestiers. (Loi du 10 avril 1831.)


§ 15. Si le chasseur refusait de se faire connaître, l'exhibition de ses papiers lui serait demandée; sur son refus, il serait arrêté et conduit devant le maire de la commune. (Art. 7 de la loi du 30 avril 1790.)

§ 16. Il est expressément défendu de désarmer un chasseur; on doit se contenter de lui déclarer saisie de ses armes en l'en constituant dépositaire pour les représenter en justice. (Art. 5 de la loi du 30 avril 1790, et art. 3 du décret du 4 mai 1812.)

La gendarmerie ne peut dresser procès-verbal que dans trois cas: 1° chasser sans *port d'armes* (décret du 4 mai 1812); 2° chasser en temps *prohibé*, avec ou sans *port d'armes;* 3° chasser sur un terrain *couvert de récoltes*. (Art. 1er de la loi du 30 avril 1790.)

La gendarmerie peut également constater tous les délits de chasse sur l'invitation du propriétaire; mais les poursuites n'ont lieu que s'il se rend partie civile.

Les délits de chasse sont de la compétence des *tribunaux correctionnels*. (Cour de cassation du 15 mars 1820.)

La compétence de ces tribunaux s'étend même aux militaires en *activité* de service et *présents* sous les drapeaux. (Avis du conseil d'État du 30 frimaire an iv et du 14 janvier 1806.)

Le défaut de port d'armes n'est *délit* que lorsque le fait de chasse est constant. (Cour de cassation du 18 août 1821.)

Toute action pour délit de chasse se prescrit par un mois, à compter du *jour* où le délit aura été commis (art. 12 de la loi du 30 avril 1790), et par trois mois s'il a eu lieu dans les forêts royales. (Cour de cassation du 27 juin 1817.) Le procès-verbal doit être affirmé dans les vingt-quatre heures (art. 10 de la loi du 30 avril 1790); il doit être enregistré et visé pour timbre. (Loi du 22 frimaire an vii.)

Il y a récidive au délit de chasse sans *port d'armes* qu'autant que les faits *antérieurs* auront été commis dans la même année. (Cour de cassation du 24 juillet 1834.)

Le fait de chasse existe du moment où l'on est trouvé armé d'un fusil, dans l'attitude d'un chasseur épiant, guettant ou cherchant le gibier que l'on sait ou non accompagné de chiens. (Cour de cassation du 13 novembre 1818.)

Le permis de port d'armes se périme par *un an;* mais il peut servir dans toute la France, pourvu qu'il soit visé et confirmé par le préfet de chaque département où l'on veut chasser. (Décret du 11 juillet 1810, instruction du ministre des finances du 20 septembre 1820, Cour de cassation du 17 mai 1828.)

Une gratification de 5 fr. est accordée à tout *gendarme, garde champêtre* ou *forestier*, qui constate des contraventions aux lois et règlements sur la chasse (art. de l'ord. du 17 juillet 1816), et dont il sera intervenu condamnation. (Instr. du ministre des finances du 20 septembre 1820.)

Il y a déchéance après *douze* mois, à partir de la date du jugement définitif. (Art. 20 de l'ord. du 14 septembre 1822.)

12

17° De faire la police sur les grandes routes, d'y maintenir les communications et les passages libres; à cet effet, de dresser des procès-verbaux des contraventions en matière de grande voirie, tels qu'anticipations, dépôts de fumiers ou d'autres objets, et toute espèce de détériorations commises sur les grandes routes, sur les arbres qui les bordent, sur les fossés, ouvrages d'art et matériaux destinés à leur entretien; de dénoncer à l'autorité compétente les auteurs de ces contraventions ou délits;

18' De surveiller l'exécution des règlements sur la police des fleuves et rivières navigables et flottables, des bacs et bateaux de passage, des canaux de navigation ou d'irrigation, des desséchements généraux ou particuliers, des plantations pour la fixation des dunes, des ports maritimes de commerce; de dresser des procès-verbaux des contraventions à ces règlements, d'en faire connaître les auteurs aux autorités compétentes;

19° D'arrêter tous ceux qui seraient trouvés coupant ou dégradant, d'une manière quelconque, les arbres plantés sur les chemins vicinaux, promenades publiques, fortifications et ouvrages extérieurs des places, ou détériorant les monuments qui s'y trouvent;

20° De contraindre les voituriers, charretiers et tous conducteurs de voitures de se tenir à côté de leurs chevaux; en cas de résistance, de saisir ceux qui obstruraient les passages, et de les conduire devant le maire ou l'adjoint du lieu;

### GRANDE VOIRIE.

§§ 17 et 18. Les lois du 22 septembre 1789 et du 7 octobre 1790 attribuent l'administration de la grande voirie au préfet de chaque département.

La grande voirie comprend *les routes royales et départementales, les fleuves, les rivières et les canaux navigables ou flottables, les chemins de halage, les rues qui sont grandes routes, les rues faisant le prolongement des grandes routes, et toute partie de territoire à la charge* de l'État. (Loi du 29 floréal an x.)

Les procès-verbaux seront adressés au sous-préfet. (Art. 3 de la loi du 29 floréal an x.) Il est statue définitivement en conseil de préfecture. (Art. 4, *ibid.*) Ils seront affirmés. (Art. 2 du décret du 18 août 1810 et du 16 décembre 1811.) Dans le délai de trois jours, à partir de la date de la rédaction du procès-verbal (ord. du 26 mai 1837), ils sont soumis à la formalité du timbre et de l'enregistrement. (Circ. du 31 décembre 1808 du ministre de l'intérieur.) Il y a récidive lorsqu'il s'est écoulé quatre jours depuis l'époque de la contravention constatée. (Art. 31 du décret du 23 juin 1806.)

Le tiers de toutes les amendes prononcées par le conseil de préfecture, en matière de grande voirie, appartient aux gardes verbalisant. (Décret du 16 décembre 1811 et du 29 août 1813.)

Indépendamment des dommages et intérêts, et des poursuites du ministère public pour outrages envers les gendarmes dans l'exercice de leurs fonctions, le conseil de préfecture peut condamner les délinquants à une amende de 100 fr. (Art. 23 du décret du 23 juin 1806.)

Les contraventions de grande voirie se prescrivent par le délai d'*un* mois. (Art. 26 de la loi du 14 brumaire an VII.)

### PETITE VOIRIE.

Les lois du 24 août 1790 et du 22 juillet 1791 attribuent l'administration de la petite voirie à l'autorité municipale et au commissaire de police.

Les chemins publics et la voie publique sont deux choses différentes : par les premiers on entend les communications de *ville* à *ville*, de *village* à *village*, ou servant à l'*exploitation* des *propriétés rurales*; par voie publique on entend les *rues, places*, etc., des villes et villages.

La petite voirie se divise en deux classes : la première classe, les *rues, places, quais* et *promenades* publiques ne faisant pas partie des routes royales et départementales; enfin toutes les voies et places concentrées dans les villes et communes, mais hors du passage des grandes routes et de leur prolongement : la deuxième classe comprend tous les *chemins publics vicinaux* conduisant d'une commune à une autre, à un *hameau* ou à *une route*, ainsi que les *canaux* et les *ruisseaux flottables* appartenant aux communes.

La gendarmerie n'a aucune part dans les amendes en police rurale et municipale. (Ord. du 30 décembre 1823.)

Les procès-verbaux sont visés pour timbre et enregistrés en débet (art. 70 de la loi du 22 frimaire an VII), et adressés au commissaire de police; à défaut de ce dernier, au juge de paix.

Les procès-verbaux, en matière de petite voirie, se prescrivent par un *an*. (Art. 640, Code d'inst. crim.)

### VOITURES PUBLIQUES.

§ 20. (Ord. du 16 juillet 1828, art. 4, 5, 6, 9, 14, 16, 17 et 27.) Les procès-verbaux sont enregistrés. etc. (Art. 70 de la loi du 22 frimaire an VII.)

Les gendarmes sont tenus de prêter main forte aux préposés des ponts à bascule, et de recevoir les procès-verbaux par eux *affirmés*. (Art. 21 de l'ordonnance du 16 juillet.)

En conséquence, il est ordonné à tout gendarme en fonctions de s'arrêter dans sa tournée à chaque pont à bascule pour y recevoir leurs déclarations, et de se charger des procès-verbaux des *délits* qui auraient été commis contre ces proposés pour les déposer aux greffes. (Art. 22 de la même ordonnance.)

### ROULAGES.

Les roues des voitures *employées* au roulage, et attelées de plus d'un cheval, seront construites avec des jantes dont le minimum de la largeur est fixé à 11 centimètres. (Art. 2 de la loi du 7 ventôse an XII.)

Il est accordé une tolérance de *un* centimètre sur les voitures de roulage, et de *un et demi* sur les voitures messageries. (Art. 20 du décret du 23 juin 1806.)

Les contraventions sont décidées par voie administrative. Les contrevenants sont condamnés à payer 50 fr. d'amende, à titre de dommages; la moitié de cette somme appartiendra au verbalisant. (Art. 3 de de la loi du 7 ventôse an XII, et arrêt du conseil d'État du 4 décembre 1837.)

Ne sont pas considérées comme voitures de roulage les voitures employées à la culture des terres, au transport des récoltes et à l'exploitation des fermes; enfin celles qui n'emprunteront les grandes routes que pour un très-court parcours. (Art. 8 de la même loi.) Mais elles ne pourront, dans aucun cas, excéder 4,000 kilogrammes, chargement compris. (Art. 8 du décret du 23 juin 1806.)

Les procès-verbaux seront affirmés (art. 3 de la loi du 27 ventôse an XII, et 32 du décret du 3 juin 1806) dans le délai de trois jours, à partir de la date du procès-verbal. (Ord. du 26 mai 1837.)

Ils sont exempts de la formalité de l'enregistrement. (Déc. du ministre des finances du 14 mai 1835, décret du 23 juin 1806, art. 38, et ord. du 30 décembre 1822.)

Tout propriétaire de voitures de roulage sera tenu de faire *peindre, graver* ou *frapper* sur une plaque de métal, en *caractères apparents*, son nom et son domicile. Cette plaque sera fixée en avant de la roue et au côté gauche de la voiture, sous peine de 25 fr. d'amende. L'amende sera double si la plaque portait soit un *nom*, soit un domicile *faux* ou *supposé*. (Art. 34 du décret du 23 juin 1807.)

La longueur des essieux de *toute espèce de voitures*, même de *culture*, ne pourra jamais excéder 2 mètres 50 centimètres. (Art. 16 du même décret.)

Les contraventions à la longueur des essieux qui sailliraient de plus 0,06 mètres, seront punies d'une amende de 15 fr. (Art. 28 du même décret.)

Si la voiture de roulage est rencontrée sans plaque dans un lieu ne faisant pas partie de la grande voirie, la contravention est du ressort de la police municipale. (Arrêt du conseil d'État du 21 mars 1821.)

21° D'arrêter tous individus qui, par imprudence, par négligence, par la rapidité de leurs chevaux, ou de toute autre manière, auraient blessé quelqu'un, ou commis quelques dégâts sur les routes, dans les rues ou voies publiques ;

22° De protéger l'agriculture, et saisir tous individus commettant des dégâts dans les champs et les bois, dégradant la clôture des murs, haies et fossés, encore que ces délits ne soient pas accompagnés de vols ; de saisir pareillement tous ceux qui seraient surpris commettant des larcins de fruits ou d'autres productions d'un terrain cultivé ;

23° De dénoncer à l'autorité locale ceux qui, dans les temps prescrits, auraient négligé d'écheniller ;

24° De s'emparer et remettre sur-le-champ, à l'autorité locale, les coutres de charrue, pinces, barres, barreaux, échelles et autres objets, instruments ou armes dont pourraient abuser les voleurs, et qui auraient été laissés dans les rues, chemins, places, lieux publics, ou dans les champs ; de dénoncer ceux à qui ils appartiennent ;

25° D'assurer la libre circulation des subsistances, et de saisir tous ceux qui s'y opposeraient par la force ;

26° De protéger le commerce intérieur en procurant toute sûreté aux négociants, marchands, artisans, et à tous les individus que leur commerce, leur industrie et leurs affaires obligent à voyager ;

27° De se tenir à portée des grands rassemblements d'hommes, tels que foires, marchés, fêtes et cérémonies publiques, pour y maintenir le bon ordre et la tranquillité ; et, sur le soir, de faire des patrouilles sur les routes et chemins qui y aboutissent pour protéger le retour des particuliers et marchands qui seraient allés à ces foires ;

28° D'arrêter les déserteurs et les militaires qui ne seraient pas porteurs de feuilles de route ou de congés en bonne forme ; d'arrêter pareillement tout militaire absent de son corps et porteur d'une permission d'absence qui ne serait pas revêtue du visa d'un sous-intendant militaire ;

Les conducteurs de voitures légères attelées d'un cheval et chargées d'un poids de 4,000 kilogrammes et au-dessous, parcourant les grandes routes sans être munies de plaques, commettent une contravention justiciable des tribunaux de simple police. (Arrêt du conseil d'État du 21 mars 1821.)

Si le poids de ces voitures excède 4,000 kilogrammes, la contravention est du ressort des conseils de préfecture. (*Ibid.*)

L'obligation d'avoir des plaques est restreinte aux voitures de roulage. Les voitures légères ne pesant que 4,000 kilogrammes en sont affranchies, pourvu qu'elles ne sortent pas du département où le propriétaire a son domicile (ord. du 21 mars 1821), à moins qu'un arrêté préfectoral ne les astreigne à avoir des plaques. (*Ibid.*)

Défense d'employer des clous à tête de diamant. (Art. 18, même ord.) Les contraventions seront punies d'une amende de 15 fr. (Art. 29, *idem.*)

Il appartient un quart dans les amendes et un demi sur les dommages prononcés par jugement à celui des agents qui constatera l'une de ces contraventions. (Art. 32, *idem.*)

Les procès-verbaux seront affirmés. (Même art., et décis. du ministre des finances du 14 mai 1835.) Le délai est de *trois* jours, à partir de la date de la rédaction. Ils ne sont pas enregistrés. (Art. 38 du même décret, et ord. du 30 décembre 1822, et décis. du ministre des finances du 14 mai 1835.)

Il y a récidive en contravention de police de roulage, lorsqu'il s'est écoulé quatre jours depuis l'époque de la contravention constatée. (Art. 31 du décret du 23 juin 1806.)

§ 21. Elle veille à ce que les conducteurs d'ours et de tous autres animaux féroces suivent les grands chemins, sans jamais s'en écarter ; elle leur défend d'aller dans les bourgs et hameaux, d'entrer dans les bois, et de se trouver sur les routes avant le lever et le coucher du soleil. En cas de désobéissance, elle les conduit devant le maire. (Circ. du ministre de l'intérieur du 21 février 1822.)

§ 22. Loi du 6 octobre 1791.

§ 24. Les maires sont chargés de veiller à tout ce qui intéresse l'ordre, la commodité et la tranquillité des habitants. (Lois des 24 avril 1790 et 22 juillet 1791.)

§ 25. Art. 419, 420, 440 et 442 du Code pénal.

## DÉSERTEURS A L'INTÉRIEUR.

§ 28. Est réputé *déserteur* en temps de *paix* : 1° Tout sous-officier ou soldat qui, ayant plus de *six* mois de service, a abandonné son corps depuis trois fois *vingt-quatre* heures dans *un camp* ou une *place de guerre*, et depuis *huit* jours *dans tout autre lieu*, ou qui a dépassé de *quinze* jours la *durée de son congé*. (Art. 74; arrêté du 19 vendémiaire an XII.)

2° Celui qui, ayant moins de *six* mois de service, a *abandonné son corps dans un camp* ou une *place de guerre depuis quinze* jours, et depuis *un mois* dans tout autre lieu. S'il *a obtenu un congé*, il n'est déclaré déserteur qu'après *un* mois, à partir du jour de l'expiration de son congé (art. 74, *ibid.*), lors même qu'il aurait été arrêté avant l'expiration des jours de repentir. (Ord. du 22 avril 1818.) Si la désertion n'a pas été *individuelle*; si la désertion a eu lieu étant *de service*, ou si le déserteur a *emporté* son *habit*, il sera réputé déserteur après le temps fixé pour ceux qui ont plus de *six* mois de service. (Art. 74, *ibid.*)

Pour tous les autres cas de désertion, se rapporter au même arrêté. Il résulte de la combinaison des lois des 29 brumaire an V et 10 vendémiaire an XII, que les officiers sont soumis à la juridiction militaire pour le crime de désertion.

Tout individu qui aura recélé sciemment la personne d'un déserteur, ou favorisé son évasion, ou soustrait d'une manière quelconque aux poursuites ordonnées par la loi, sera poursuivi correctionnellement. (Art. 4, loi du 24 brumaire an VI.)

Le commandant de la brigade de gendarmerie qui aura arrêté, ou à qui on aura remis un individu réputé déserteur, le mettra en route pour être conduit de brigade en brigade au chef-lieu du département devant le commandant de la gendarmerie. (Art. 3 et 4 de l'instr. du 18 juin 1810.) Les déserteurs, dont le

corps serait positivement connu, qui auront été arrêtés dans un lieu plus près de leurs corps que du chef-lieu, seront conduits directement à leurs corps. Le commandant de la brigade qui en fera la remise en retirera récépissé au bas d'une expédition de son procès-verbal. (*Ibid*). Les procès-verbaux seront dressés en quatre expéditions.

L'ordre de conduite ne doit être délivré que lorsqu'il y a certitude que l'individu appartient bien au corps dont il s'est déclaré déserteur. (Circ. du ministre de la guerre du 5 juillet 1833.)

Une gratification de 25 fr. est accordée aux capteurs de déserteurs. (Décret du 12 janvier 1811). Elle est due lorsque l'arrestation a eu lieu *quarante-huit heures* après l'absence illégale du corps. (Décis. minist. du 28 février 1809 et du 16 mars 1827). Mais si le militaire est arrêté dans le *lieu même* de sa garnison, le droit de capture n'est acquis que *huit* jours après l'absence illégale. (Décis. minist. du 12 décembre 1833.)

Si le prévenu n'a point été arrêté par la gendarmerie, le commandant de la brigade où il aura été amené rédigera, sur la déclaration et en présence du capteur, ainsi qu'en présence du détenu, le procès-verbal d'arrestation. Si le capteur est dans l'intention de réclamer du préfet la *gratification*, il fera viser ce pro-cès-verbal par le commandant de la gendarmerie du département. (Art. 2, *ibid*.)

La gratification doit, dans tous les cas, être réclamée dans les six mois de l'arrestation, sous peine de tomber en déchéance. (Décret du 13 juin 1806.) S'il y avait motif légitime, le *ministre* pourrait relever la déchéance. (Circ. des 20 août 1810 et 29 janvier 1811.) Les signalements des militaires déclarés déserteurs sont envoyés au chef de la légion de gendarmerie dans l'arrondissement de laquelle ce département se trouvera situé. (Circ. minist. du 29 juillet 1819.) Le délit de désertion ne se prescrit pas. (Loi du 21 mars 1832.)

INSOUMIS.

Sont qualifié insoumis le *jeune soldat*, le *remplaçant* et l'*engagé volontaire* auxquels un ordre de route a été notifié, et qui, sans en avoir obtenu l'autorisation, ne se présentent pas, au jour fixé par cet ordre, au chef-lieu du département, pour y être passés en revue, ou qui, s'étant rendus à l'appel, abandonnent en route le détachement dont ils font partie. (Art. 1 et 3 de l'instr. du 12 octobre 1832.)

S'ils sont arrêtés ou s'ils se présentent volontairement (*avant l'expiration du délai d'un mois*), ils seront, s'il y a lieu, conduits à leur destination sous l'escorte de la gendarmerie devant le commandant du dépôt de re-crutement. (Art. 39 de la loi du 21 mars 1832 sur le recrutement.)

Il appartient au commandant du dépôt de recrutement de signaler les jeunes soldats prévenus d'insou-mission. (Art. 2 de l'instr. du 12 octobre 1832.)

Le recèle d'un insoumis est puni d'après l'art. 40 de la loi du 21 mars 1832.

La prescription n'est pas applicable au délit d'insoumission. (Art. 11 de l'instr. du 12 octobre 1832.)

Les maires doivent se concerter avec la gendarmerie et s'empresser de lui communiquer tous les ren-seignements et indices sur le lieu présumé de la retraite des insoumis. (Art. 19, *ibid*.)

La gendarmerie vérifie avec le plus grand soin les passe-ports des voyageurs qui, par leur âge, paraissent appartenir aux classes appelées. (Art. 23, *ibid*.)

Dès qu'un commandant de la gendarmerie d'un département aura avis qu'un *insoumis* est réfugié dans un autre département, il aura soin d'en prévenir sur-le-champ le commandant de la gendarmerie de ce département, et de lui transmettre le signalement de cet *insoumis*. (Art. 24, *ibid*.)

La gratification de 25 fr. qui est allouée pour l'arrestation d'un *jeune soldat, engagé volontaire* ou *rem-plaçant*, signalé comme prévenu d'insoumission, est *due* pour celle d'un jeune soldat illégalement en retard, ou ayant abandonné en *route*, sans autorisation ou motif légitime, le détachement dont il faisait partie, si cette arrestation est faite *quarante-huit heures* après le jour fixé par l'ordre de route ou après celui de sa disparition du détachement. (Art. 25, *ibid*.)

Les insoumis *arrêtés*, ou qui se *présentent* volontairement, doivent être écroués à la prison militaire du lieu où siège le conseil de guerre permanent de la division dans laquelle l'arrestation ou la présentation volontaire aura eu lieu. M. le lieutenant général commandant cette division donnera des ordres pour qu'il y soit *écroué*. (Art. 35, *ibid*.)

Si l'insoumis se présentait *volontairement*, il serait dressé procès-verbal de cet acte de soumission, et cette pièce envoyée, par la voie hiérarchique, au lieutenant général commandant la division dans laquelle se trouve le jeune soldat; celui-ci est alors dirigé *librement* avec une feuille de route sur le lieu ou siège le conseil de guerre qui doit le juger pour y rester à la disposition de l'autorité militaire. (Circ. minist. du 29 avril 1833.)

Les gendarmes qui commettraient contre un déserteur des violences criminelles, sont justiciables pour le fait de ces violences des tribunaux ordinaires et non des conseils de guerre. (Cour de cass. du 21 novembre 1811.)

INSTRUCTION SUR LA RÉSERVE DU 16 NOVEMBRE 1833.

MILITAIRES ENVOYÉS EN CONGÉ ILLIMITÉ OU EN CONGÉ D'UN AN.

Art. XLVI.

Les militaires en congé illimité ou en congé d'un an, qui n'exécuteraient pas les ordres qui leur seraient donnés relativement au service de la réserve, ou qui manqueraient aux appels périodiques, seront punis par voie de discipline, par le général commandant, d'un emprisonnement qui ne pourra excéder *quinze* jours.

Art. XLVII.

Lorsqu'un militaire en congé illimité ou en congé d'un an aura été condamné à une peine de discipline, les mesures d'exécution seront assurées, s'il est nécessaire, par les soins de la gendarmerie.

### Art. XLVIII.

L'officier de recrutement établira un contrôle signalétique des hommes en congé illimité pour chaque circonscription de brigade de gendarmerie.

### Art. XLIX.

Cet état sera renvoyé au commandant de la gendarmerie, lequel le renverra le plus promptement possible à l'officier de recrutement avec les renseignements nécessaires.

### Art. LI.

Quant aux militaires compris dans l'état, et dont l'arrivée ne serait pas constatée, le commandant de la brigade de gendarmerie en tiendra note ainsi que cela est prescrit, et il aura soin de prévenir l'officier de recrutement de l'époque à laquelle chaque militaire en retard aura paru dans le lieu de sa résidence.

#### AUTORISATION D'ABSENCE DANS LE DÉPARTEMENT.

### Art. LIV.

Lorsque le militaire en congé illimité ou d'un an a besoin de s'absenter du lieu de sa résidence pour plus de *quinze jours*, afin de se rendre dans une autre localité du département, il en fait la demande à l'officier ou au sous-officier commandant la gendarmerie du canton dont il fait partie.

Si l'absence devait être de plus de *trois mois*, elle serait accordée par le commandant du dépôt de recrutement. (Circ. minist. du 9 mai 1834.)

### Art. LV.

Cette permission qui ne saurait être refusée, à moins de circonstances graves et non prévues, dont il devrait être rendu compte immédiatement au maréchal de camp, sera conforme au modèle n° 8; elle spécifiera le lieu de sa destination et la durée de l'absence. En échange, le militaire remettra son congé : cette pièce lui sera rendue à l'époque de son retour.

### Art. LVI.

Toutefois, si la demande d'absence était faite au moment où les ordres auraient été donnés, soit pour une revue ou des appels, soit pour des exercices périodiques ou tout autre service, la permission ne pourrait être accordée qu'autant qu'il y aurait urgence, ou qu'autant que sa durée permettrait au militaire d'être de retour au lieu de son domicile pour remplir les devoirs qui lui sont imposés, comme étant compris dans la réserve.

### Art. LVIII.

Lorsque le militaire ne sera pas rentré au lieu de sa résidence à l'époque indiquée dans sa permission, celui qui l'aura accordée en préviendra au bout de huit jours l'officier de recrutement du département, en lui adressant le congé illimité du militaire et en indiquant la durée de sa permission et le lieu où il se trouve.

### Art. LIX.

En cas de changement de résidence autorisé, le congé illimité sera renvoyé au militaire, et avis du changement sera donné à la gendarmerie de l'ancienne et de la nouvelle résidence.

#### CHANGEMENT DE RÉSIDENCE DANS LE DÉPARTEMENT.

### Art. LX.

Si le militaire en congé illimité ou en congé d'un an désire changer de résidence dans le département, il en fait la demande au commandant de la gendarmerie du canton dont il fait partie; celui-ci délivre une autorisation conforme au modèle n° 9, et il prévient de ce changement l'officier de recrutement du département. Ce dernier en donne immédiatement avis au commandant de la gendarmerie du canton où le militaire doit se rendre; il en prévient également le maire de la nouvelle résidence et de l'ancienne.

### Art. LXI.

En arrivant dans la nouvelle résidence, le militaire soumet l'autorisation qu'il a reçue, ainsi que son congé illimité, au visa du commandant de la gendarmerie qui en prend note. Ce militaire remplit la même formalité à l'égard du maire de cette résidence.

### Art. LXII.

Aussitôt que l'arrivée du militaire a été constatée, le commandant de la gendarmerie du canton en informe l'officier de recrutement du département qui enregistre la mutation.

## AUTORISATION D'ABSENCE OU DE CHANGEMENT DE RÉSIDENCE HORS DU DÉPARTEMENT POUR LES MILITAIRES QUI S'Y TROUVENT EN CONGÉ ILLIMITÉ OU EN CONGÉ D'UN AN.

#### AUTORISATION D'ABSENCE HORS DU DÉPARTEMENT.

### Art. LXIII.

Lorsque le militaire en congé illimité ou en congé d'un an a besoin de s'absenter du lieu de sa résidence pour plus de *quinze jours*, afin de se rendre momentanément dans un département voisin, il en fait la demande au commandant de la gendarmerie du canton dont sa commune fait partie, lequel accorde l'autorisation, suivant la formule n° 8 pour les permissions d'absence dans le département: il reçoit en échange le congé illimité du militaire pour le lui rendre à son retour.

Si l'absence doit durer plus de *deux mois*, cette permission devra être revêtue de l'approbation du maréchal de camp. Le congé illimité sera transmis par cet officier général à l'officier de recrutement. (Circ. minist. du 3 mai 1834.)

### Art. LXIV.

Lorsque la permission est accordée, l'officier ou le sous-officier de gendarmerie en prévient immédiatement l'officier de recrutement du département, en lui indiquant: 1° le lieu de sa destination, le canton, l'arrondissement et le département; 2° la durée de la permission, laquelle reste toujours subordonnée ainsi qu'il a déjà été dit (art. 36) aux ordres qui auraient été donnés, soit pour une revue ou des appels, soit pour les exercices périodiques de la réserve ou pour tout autre service.

### Art. LXV.

L'officier de recrutement donne avis de cette permission à l'officier de recrutement du département dans lequel le militaire doit se rendre; ce dernier prévient le commandant de la gendarmerie du canton de l'arrivée de ce militaire.

### Art. LXVI.

Dans le cas où le militaire ne rentrerait pas à sa résidence à l'époque indiquée par la permission, son congé sera, au bout de huit jours, renvoyé à l'officier de recrutement, lequel rendrait compte immédiatement de cette infraction au général commandant le département.

#### AUTORISATION DE CHANGEMENT DE RÉSIDENCE HORS DU DÉPARTEMENT.

### Art. LXVIII.

Si le militaire qui est en congé illimité ou en congé d'un an dans un département, a besoin d'aller habiter dans un autre département, il en fait la demande au commandant de la gendarmerie de son canton, lui remet son congé, et indique le département, l'arrondissement, le canton et la commune dans lesquels il se propose de se fixer.

### Art. LXIX.

Ce congé et ces renseignements sont envoyés immédiatement à l'officier de recrutement du département. Si le militaire n'est point arrivé à sa destination un mois après l'époque où il aurait dû y parvenir, il deviendra l'objet des recherches de la gendarmerie et de l'autorité locale, informées par l'officier de recrutement; si cet homme est revenu dans sa première résidence, et n'a plus l'intention de la quitter, il en sera donné avis par l'officier de recrutement à son collègue, lequel regardera comme non avenue la seconde expédition du contrôle signalétique. (Art. 74 et 75, ibid.)

### Art. LXXVII.

Si le militaire, bien qu'il ait quitté sa première résidence, n'arrive pas dans celle qu'il avait choisie, et si l'on parvient à connaître le lieu où il se trouve, la gendarmerie en sera informée, au besoin, par l'officier de recrutement, et l'ordre sera donné au militaire de rejoindre sa destination. Avis de l'exécution de cet ordre sera donné par le commandant de la gendarmerie du département dans lequel ce militaire en contravention aurait été trouvé, tant à l'officier de recrutement de sa première résidence qu'à celui de la nouvelle.

### Art. LXXVIII.

L'autorité municipale ainsi que la gendarmerie veilleront avec le plus grand soin à ce que les militaires, porteurs de congés illimités ou de congés d'un an, soit qu'ils viennent de leurs corps, soit qu'ils changent de résidence, se rendent à leur destination; s'ils en étaient empêchés par un cas de force majeure, un permis de séjour serait accordé par l'officier ou sous-officier de gendarmerie de localité, lequel en rendrait compte au *commandant de la compagnie, qui préviendra, à son tour, de ce retard, l'officier de recrutement du département* dans lequel le militaire doit se rendre.

### Art. LXXIX.

La gendarmerie ne perdra pas de vue qu'il lui est d'autant plus facile à surveiller avec soin les militaires en congé illimité, qui changent de résidence, que ces hommes n'ont pas de passe-ports au moyen desquels ils puissent facilement déguiser leur position; ils n'ont pas non plus de feuille de route, et ne peuvent, par conséquent, être pris pour des militaires qui rejoignent leur corps. L'autorisation qui leur est nécessaire pour aller résider dans un autre département, est *inscrite* au dos du congé illimité, et ils doivent en justifier à la gendarmerie.

### Art. LXXXII.

Les sous-officiers commandant les brigades de gendarmerie tiendront chacun un état nominatif des militaires en congé illimité ou en congé d'un an, dans les communes qui font partie de leurs brigades, et informeront de toutes les mutations qui pourraient survenir *l'officier de gendarmerie de l'arrondissement, lequel en prendra note.*

#### AUTORISATION D'ABSENCE DU DOMICILE DANS LE DÉPARTEMENT POUR LES JEUNES SOLDATS.

### Art. XCIV.

Tout jeune soldat qui aura besoin de s'absenter pour plus de *quinze* jours dans le département, en fera la demande au maire de sa commune, qui autorisera l'absence et lui délivrera le passe-port nécessaire.

### Art. XCVII.

L'officier de recrutement s'informera, au besoin, soit près de l'autorité municipale, soit près de la gendarmerie, du lieu où un jeune soldat, qui a demandé à s'absenter pour plus de *quinze* jours, doit se rendre, et s'assurera s'il y est arrivé. Dans le cas où le jeune soldat ne serait point arrivé à sa destination, l'officier de recrutement fera des recherches pour le découvrir.

### Art. XCVIII.

Le jeune soldat auquel une autorisation d'absence aura été accordée, sera tenu, à son arrivée à sa destination, de se présenter au maire de la commune, qui visera son passe-port et tiendra note de sa résidence dans sa localité.

AUTORISATION D'ABSENCE HORS DU DÉPARTEMENT DE DOMICILE POUR LES JEUNES SOLDATS.

### Art. C.

Tout jeune soldat qui aura à s'absenter pour plus de *quinze* jours hors du département, en fera la demande au maire de sa commune, qui la transmettra au préfet avec son avis.

### Art. CIII.

Le passe-port dont sera pourvu un jeune soldat qui change de résidence, devra être présenté par lui au sous-officier commandant la gendarmerie du canton où il arrive, qui le visera et en prendra note.

### Art. CVI.

Dans le cas où un jeune soldat désirerait retourner au lieu de son domicile, il suffira qu'il en prévienne le maire de la résidence, qui visera son passe-port pour le retour et en informera le préfet.

### Art. CIX.

Tout jeune soldat qui rentre à son domicile doit se présenter au maire de la commune ainsi qu'au sous-officier commandant la gendarmerie du canton, lesquels inscrivent l'époque de son retour sur le même contrôle où ils avaient constaté son absence.

### Art. CXII.

Dès qu'un maire aura connaissance qu'un jeune soldat étranger à la commune y a fixé sa résidence sans autorisation, il en donnera avis au préfet, et il en préviendra le commandant de la brigade de gendarmerie, lequel exercera de son côté, à cet égard, une égale surveillance.

Ce sous-officier prendra le signalement de l'étranger, y relatera le plus exactement possible la commune, le canton, l'arrondissement, le département auquel il appartient, et enverra sans délai le signalement à l'officier de recrutement.

### Art. CXIII.

Soit que le jeune soldat appartienne ou n'appartienne pas au département dans lequel il se trouve, l'officier de recrutement en informera le maire de la commune ainsi que le brigadier de gendarmerie, qui ont donné les avis prescrits par l'art. 112.

### Art. CXVI.

Les commandants de brigade prendront soin d'informer et de donner exactement connaissance de toutes les mutations qui surviendraient parmi les jeunes soldats domiciliés ou résidant dans leur canton au capitaine de gendarmerie, lequel en informera sans délai l'officier de recrutement.

DES RÉFORMES A OPÉRER DANS LA RÉSERVE.

### Art. CXXXIV.

Lorsque les congés auront été remis à la gendarmerie et transmis à un titulaire, l'autorité municipale en sera prévenue en même temps par les soins de l'officier de recrutement et du commandant de la gendarmerie.

DE LA LIBÉRATION DES MILITAIRES ENVOYÉS EN CONGÉ ILLIMITÉ OU D'UN AN.

### Art. CXL.

Tout militaire envoyé en congé illimité ou en congé d'un an, qui aura terminé le temps de service auquel il est tenu par la loi, recevra son congé définitif.

### Art. CXLI.

A cet effet, dans la première quinzaine de chaque mois, l'officier de recrutement réclamera, par l'intermédiaire de la gendarmerie, le congé illimité ou d'un an du militaire dont la libération devra avoir lieu dans le mois suivant.

### Art. CXLV.

Lorsque les congés définitifs seront revêtus de toutes les formalités, ils seront transmis au commandant du dépôt de recrutement, lequel les fera parvenir, par l'intermédiaire de la gendarmerie, aux militaires qu'ils concernent.

### Art. CLXXI.

L'officier de gendarmerie ainsi que le commandant de brigade se conformeront aux dispositions contenues dans la présente instruction, et correspondront avec les officiers généraux et les officiers de recrutement, afin de les tenir constamment informés de tout ce qui aurait rapport aux hommes faisant partie de la réserve.

PERMISSION D'ABSENCE DANS LE DÉPARTEMENT.

Exécution de l'art. 55, modèle n° 8.

Le sieur (nom, prénoms, grades et corps auquel le militaire appartient), en congé illimité à..., canton de..., arrondissement de..., est autorisé à se rendre à..., canton de..., arrondissement de..., et à y rester jusqu'au.... époque à laquelle il devra être rentré à sa résidence. Le sieur est prévenu également qu'en arrivant à... il devra faire viser la présente permission par le commandant de la gendarmerie du canton; elle sera aussi présentée au maire de la commune de...

A                    , le                    184   .

Le                    commandant la gendarmerie de                    .

#### AUTORISATION DE CHANGER DE RÉSIDENCE DANS LE DÉPARTEMENT.

Exécution de l'art. 60, modèle n° 9.

Le sieur (nom, prénoms, grades et corps auquel le militaire appartient), en congé illimité à...., canton de...., arrondissement de...., est autorisé à changer de résidence et à s'établir à..., canton de..., arrondissement de.... Le sieur est prévenu qu'en arrivant il devra présenter son congé illimité ainsi que la présente autorisation au visa du commandant de la gendarmerie du canton, lequel en tiendra note ; il sera tenu de remplir la même formalité envers le maire de la commune de.... où il a déclaré fixer sa résidence : faute par lui de se rendre à sa destination, il en sera tenu compte....

A   le   184 .

Le     commandant de la gendarmerie de


#### JEUNES SOLDATS LAISSÉS DANS LEURS FOYERS.

*Peines de discipline auxquelles ils sont soumis.*

### Art. XCI.

Les jeunes soldats laissés dans leurs foyers, qui n'ont pas encore passé au drapeau, sont soumis aux tribunaux ordinaires s'ils se rendent coupables d'infractions prévues par les lois civiles.

Ces jeunes soldats sont, toutefois, passibles des conseils de guerre, aux termes de l'art. 39 de la loi du 31 mars 1831, s'ils ne rejoignent pas la destination qui leur est assignée dans le délai prescrit ; car alors ils sont insoumis.

Enfin, ils peuvent être punis d'une peine de discipline s'ils ne se conforment pas aux ordres qui leur seront donnés, en exécution du dernier paragraphe de l'art. 30 de la loi du 21 mars 1832.

### Art. XCII.

Les jeunes soldats laissés dans leurs foyers, qui n'exécuteront pas les ordres qui leur seront donnés pour les revues périodiques ou pour les exercices militaires de la réserve, pourront être punis, par voie de discipline, par le général commandant le département, d'un emprisonnement de *trois jours*, augmenté jusqu'à *six* en cas de récidive.

### Art. XCIII.

Les jeunes soldats, bien que réunis pour des revues périodiques ou des exercices militaires, ne seront point soumis aux mesures de discipline prescrites dans ce cas pour les militaires envoyés en congé illimité, car ils n'ont pas passé au drapeau. (Art. 45, même loi.)


### INSTRUCTION DU 9 JUIN 1836.

#### APPELS PÉRIODIQUES DES MILITAIRES ET DES JEUNES SOLDATS DE LA RÉSERVE.

1. Ces appels sont faits sur les lieux, par les soins des officiers attachés au dépôt de recrutement et de réserve.

2. Ces appels seront faits par canton ou par commune ; ils auront lieu tous les *six mois*.

3. Ils commenceront, pour le premier semestre, le premier dimanche de *mars*, et, pour le second semestre, le premier dimanche de *septembre*.

4. Afin que ces réunions ne blessent pas les intérêts de localité, et puissent s'effectuer sans frais pour l'État, elles auront lieu, autant que le permettront les circonstances, le dimanche ou autre jour férié.

8. Le commandant de recrutement les fera également notifier au capitaine de gendarmerie, qui les mettra immédiatement à l'ordre du jour de ses brigades, afin qu'elles concourent à en assurer l'exécution.

16. Dans l'intérêt de l'ordre public, la gendarmerie assistera à ces appels.

25. Les militaires sortant des corps, qui ne se recrutent pas par la voie des appels, soit qu'ils aient obtenu des congés illimités, soit qu'ils aient été renvoyés dans leurs foyers par anticipation, ne font pas partie de la réserve.

26. Mais ils restent soumis, sous le rapport de la discipline et des autorisations d'absence ou changement de résidence, à toutes les dispositions prescrites pour les hommes de la réserve, jusqu'à l'époque de leur libération définitive.

27. Ils doivent être inscrits sur des contrôles particuliers, avec toutes les mutations qui les concernent, afin que les commandants des dépôts de recrutement puissent leur faire parvenir, en temps utiles et exactement, leur congé définitif, après qu'il aura été établi par leur corps. (Circ. du 3 mars 1836.)

29° De faire rejoindre les sous-officiers et soldats absents de leur corps, à l'expiration de leurs congés de semestre ou limités : à cet effet, les sous-officiers et soldats porteurs de ces congés sont tenus de les faire viser par le sous-officier de gendarmerie commandant la brigade de l'arrondissement, lequel en tient note pour forcer de rejoindre ceux qui seraient en retard ;

30° De se porter en arrière et sur les flancs de tous corps de troupe en marche qui passerait dans leur arrondissement ; d'arrêter les traînards et ceux qui s'écarteraient de leur route, de les remettre au commandant du corps, de même que ceux qui commettraient des désordres, soit dans les marches, soit dans les lieux de gîte et de séjour ;

31° De surveiller les mendiants, les vagabonds et les gens sans aveu ; pour cet effet, les maires ou adjoints sont tenus de donner à la gendarmerie des listes sur lesquelles sont portés les individus que les brigades doivent plus particulièrement surveiller ;

32° D'arrêter les mendiants dans les cas et circonstances qui les rendent punissables, à la charge de les conduire sur-le-champ devant le juge de paix, pour être statué à leur égard, conformément aux lois sur la répression de la mendicité ;

33° De saisir ceux qui tiendront, sur les places publiques, dans les foires et les marchés, des jeux de hasard et autres jeux défendus par les lois et les règlements de police ;

34° De conduire les prisonniers, prévenus ou condamnés, en proportionnant toujours la force de l'escorte au nombre des prisonniers et aux difficultés que leur transfèrement pourrait présenter ;

35° De s'assurer de la personne de tout individu circulant dans l'intérieur de notre royaume sans passe-port ou avec des passe-ports qui ne seraient pas conformes aux lois, à la charge de le conduire sur-le-champ devant le maire ou l'adjoint de la commune la plus voisine. En conséquence, les militaires de tout grade de la gendarmerie se font représenter les passe-ports des voyageurs, et nul ne peut en refuser l'exhibition lorsque l'officier, sous-officier ou gendarme qui en fait la demande est revêtu de

28. Ils sont tenus, en conséquence, et dans leur propre intérêt, de se présenter aux appels ordonnés. Toutefois, ils seront portés d'une manière distincte sur les feuilles d'appel et dans le compte à rendre au ministre.

29. Par des motifs semblables et des considérations d'ordre, les hommes disponibles ou en congé, appartenant à l'armée de mer, devront également se présenter aux appels.

Les militaires de la réserve ne doivent point échapper au contrôle et aux devoirs qui leur sont imposés : il faut qu'on puisse les retrouver au premier appel, car ils n'ont pas cessé d'appartenir à l'armée : ils sont tout simplement en *non activité*. (Circ. du 3 mai 1834.)

Sont compris dans la réserve : *1° les militaires de toutes armes en congé illimité : 2° les militaires de toutes armes en congé provisoire,* autrement dit *libérés par anticipation ; 3° les militaires de toutes armes en congé d'un an ; 4° les jeunes soldats non encore appelés à l'activité ; 5° les substituants ou remplaçants non appelés à l'activité.*

§ 29. L'officier est tenu également de faire viser son congé aussitôt son arrivée au lieu où il doit en jouir : si c'est dans une place de guerre, par le commandant de la place; si c'est dans une ville ouverte, commune, etc., par l'officier de gendarmerie commandant la lieutenance, et si c'est dans le departement de la Seine, à l'état-major. Ce visa a lieu, dans le second cas, soit sur la présentation du congé par l'officier lui-même, soit sur la transmission à l'officier commandant la gendarmerie; dans les deux autres, il est tenu de se présenter en personne. (Art. 28 de l'ordon. du 18 juillet 1821.)

Lorsqu'un militaire en congé dans une commune où il n'existe pas d'hôpital militaire ou d'hospice civil, aura besoin d'une prolongation de congé à titre de *convalescence,* et que la nature de la maladie ne lui permettra pas de se rendre au chef-lieu de l'arrondissement, il adressera sa demande au maréchal de camp commandant le département, en l'appuyant d'un *certificat de médecin* et d'une autorisation du maire de sa commune, faisant connaître l'impossibilité du déplacement. (Décision minist. du 26 mars 1832.)

Le maréchal de camp chargera l'officier de gendarmerie de l'arrondissement de se rendre sur les lieux, afin de s'assurer si le réclamant ne peut effectivement se déplacer. Le lieutenant général statuera ensuite. (Même décision.)

Les militaires pour lesquels des médecins ou chirurgiens des *hospices civils* demandent des congés de *convalescence* ou de *prolongation* de congé de même nature, seront soumis à une *contre-visite.* Elle a ordinairement lieu dans les communes où il n'existe pas d'hôpital militaire, en présence de l'officier de gendarmerie. (Décision minist. du 30 août 1833.)

Pour la gendarmerie, aucune prolongation de congé n'est valable, si elle n'émane du ministre de la guerre. (Art. 28, 32 et 34 du règlement d'administration du 21 nov. 1823, et note minist. du 20 juill. 1832.)

§ 30. Art. 128 de la loi du 28 germinal an vi. Ce principe résulte de ce que les corps font leur police intérieure. (Voir la note à l'art. 89.)


§ 31. Le *vagabondage* est un délit. (Art. 269 du Code pénal.) Les *vagabonds* ou *gens sans aveu* sont ceux qui, n'ayant ni domicile certain, ni *moyens de subsistance, n'exercent habituellement ni métier, ni profession.* (Art. 270 du Code pénal.) Tout ouvrier voyageant sans livret *visé* est réputé *vagabond.* (Arrêtés des 1er et 26 décembre 1803.) La gendarmerie retire aux mendiants les certificats dont ils sont porteurs, si leur signalement n'est pas porté ou s'il n'est pas *identique* avec leur personne. (Même arrêté.) Les individus en surveillance qui rompent leur ban sont considérés comme *vagabonds.* (Décret du 17 juillet 1806.)

§ 32. Les mendiants sont arrêtables lorsqu'ils mendient dans un lieu où il existe un établissement public de mendicité. (Art. 274 du Code pénal.)

Lorsque, d'habitude, ils mendient hors du canton de leur résidence. (Art. 275 du Code pénal.)

Lorsqu'ils mendient, quoique invalides, avec violences et menaces, ou s'introduisent dans les maisons. (Art. 276 du même code.)

Lorsqu'ils mendient plusieurs ensemble, ou avec de faux certificats ou de faux passe-ports, ou en feignant des infirmités, ou travestis d'une manière quelconque, ou porteurs d'armes ou instruments propres à commettre des vols ou autres délits. (Art. 274, 276, 277, 281 et 282 du Code pénal.)

§ 33. (Art. 410, 475, 476 et 477 du Code pénal.)


§ 35. La durée légale d'un passe-port est d'un an, à dater du jour de sa délivrance. (Loi du 10 vendémiaire an iv, et décret du 18 septembre 1807.)

Tout Français âgé de quinze ans, qui veut circuler dans l'intérieur du royaume ou en sortir, doit être muni d'un passe-port. (Loi du 28 vendémiaire an vi, et décret du 18 septembre 1807.)

Si un individu se déclare militaire et prétend avoir perdu son congé ou sa feuille de route, il est conduit devant l'officier de gendarmerie du lieu, qui juge sa position. Si ce militaire n'est ni déserteur, ni insoumis, il est conduit devant le sous-intendant militaire ou devant l'autorité administrative qui lui délivre une feuille de route pour se rendre à sa destination. (Circ. minist. du 17 juin 1826.)

L'exhibition des passe-ports est une mesure salutaire laissée à la prudence et au discernement de la gendarmerie, et non une consigne dure qu'il n'est pas permis de modifier ni d'interpréter. La gendarmerie ne peut, sous le simple prétexte de visiter le passe-port d'un individu, pénétrer dans la chambre où il est logé.

son uniforme et décline sa qualité. Il est enjoint à la gendarmerie de se comporter, dans l'exécution de ce service, avec honnêteté, et de ne se permettre aucun acte qui pourrait être qualifié de vexation ou d'abus de pouvoir.

### Art. 180.

Ces diveses fonctions sont habituellement exercées par les brigades de la gendarmerie, sans qu'il soit besoin d'aucune réquisition des officiers de la police judiciaire, ni d'aucun ordre spécial; il est fait mention de ce service habituel sur les journaux des brigades. Ces journaux, ou feuilles de service, leur sont adressés en nombre suffisant par notre ministre de la guerre, pour qu'un exemplaire soit déposé, chaque mois, au secrétariat de la compagnie, et qu'un autre reste entre les mains des commandants de brigade, qui sont tenus d'indiquer sur ces feuilles les jours où les lieutenants se sont présentés, soit dans les brigades, soit dans les lieux de correspondance, pour leurs tournées et autres objets de service.

### Art. 181.

Les signalements des brigands, voleurs, assassins, perturbateurs du repos public, évadés des prisons et des bagnes, et ceux des déserteurs et autres personnes contre lesquelles il est intervenu mandat d'arrêt, sont délivrés à la gendarmerie, qui, en cas d'arrestation de ces individus, les conduit de brigade en brigade jusqu'à la destination indiquée par lesdits signalements.

### Art. 182.

Pour faire la recherche des personnes signalées, ou dont l'arrestation a été légalement ordonnée, la gendarmerie visite les auberges, cabarets et autres maisons ouvertes au public, en se conformant à ce qui est prescrit aux art. 184 et 185.

### Art. 183.

Les hôteliers et aubergistes sont tenus de communiquer leurs registres d'inscription des voyageurs à la gendarmerie, toutes les fois qu'elle leur en fait la réquisition.

### Art. 184.

La maison de chaque citoyen est un asile où la gendarmerie ne peut pénétrer sans se rendre coupable d'abus de pouvoir, sauf les cas déterminés ci-après :
1° Pendant le jour, elle peut y entrer pour un objet formellement exprimé par une loi, ou en vertu d'un mandat spécial de perquisition, décerné par l'autorité compétente ;
2° Pendant la nuit, elle ne peut y pénétrer que dans les cas d'incendie, d'inondation, ou de réclamation venant de l'intérieur de la maison. Dans tous les autres cas,

Il doit attendre, pour faire cet examen, le moment de son départ ou de son stationnement dans la salle ouverte aux voyageurs, si c'est une auberge. (Circul. du ministre de la police du 4 mars 1818.)

A moins de circonstances extraordinaires et ordonnées, les passe-ports des personnes voyageant en voiture ne doivent être demandés que dans les auberges, hôtelleries, etc. (Même circ.)

Les officiers en solde de congé voyageant avec des passe-ports civils. (Circ. des 18 juillet 1821 et 4 février 1833.)

La répression de crimes et délits commis par un militaire en activité de service, *mais hors de son corps*, par exemple, dans une ville où il se trouverait en vertu d'une feuille de route ou d'un billet d'hôpital, etc., appartient à la juridiction ordinaire et non militaire. (Cour de cassation du 2 octobre 1828.)

Un militaire en garnison, qui a commis un crime *hors de la limite* assignée à la garnison, n'en appartient pas moins à *son corps*, et est en conséquence justiciable du tribunal militaire. (Cour de cassation du 4 décembre 1806.)

Lorsqu'il s'agira de recherches à faire dans les maisons des particuliers pour y faire l'arrestation de *déserteurs* ou *conscrits*, le mandat spécial de perquisition, prescrit par l'art. 131 de la loi du 28 germinal an VI, sera suppléé par l'*assistance* du *maire* ou de son *adjoint*, ou du *commissaire de police*. (Art. 13 du décret du 17 juillet 1806.)

Les *crimes* et *délits* militaires sont susceptibles de prescription comme les crimes et les délits communs, spécialement le fait de *désertion* ; dans ce cas, il se *prescrit* par *trois ans* et non par *vingt ans* (mais cette prescription n'est pas acquise tant que le déserteur n'est pas *rentré à son corps* ou n'a pas *été arrêté*). (Avis du conseil militaire de révision de Rochefort, du 7 septembre 1829.)

Les militaires *forçats libérés* ne sont pas sous la surveillance de la police. (Décision ministérielle du 29 septembre 1829.)

Pour assurer l'exécution de l'art. 41 de la loi du 13 brumaire an V, lorsque le domicile des condamnés militaires, indiqué dans les jugements, n'est plus celui de leurs familles, et qu'il n'est plus connu, les extraits de jugement seront déposés aux mairies des lieux de naissance des condamnés. (Décision minist. du 17 décembre 1832.)

### Art. CLXXXI.

Les mandats de *comparution*, d'*amener*, de *dépôt* et d'*arrêt* doivent être signés par le magistrat ou l'officier de police qui les décerne, et munis de son sceau; ils doivent être datés. Le prévenu doit être nommé ou désigné le plus clairement possible. (Art. 97 du Code d'instr. crim.) De plus, le mandat d'arrêt contient l'énonciation du fait pour lequel il est décerné, et l'énonciation de la loi qui déclare que ce fait est un crime ou un délit. (Art. 96 du Code d'instr. crim.)

### Art. CLXXXII.

Ces heures varient selon les règlements de localités (loi du 19 juillet 1791 sur la police municipale, et du 24 août 1790), qui chargent les municipalités de veiller au maintien de l'ordre et de faire des règlements dans l'intérêt de la sûreté, de la tranquillité et de la commodité des habitants.

Un aubergiste ou cabaretier qui donne à boire après l'heure de la fermeture, dans une chambre particulière, sous prétexte que ce sont des amis, parents, etc., et non des buveurs qu'il reçoit, est en contravention. (Cour de cassation des 5 octobre 1822 et 24 décembre 1824.)

### Art. CLXXXIII.

Le refus est puni par l'art. 475 du Code pénal.

### Art. CLXXXIV.

Aucune signification ni exécution ne pourra être faite, depuis le 1er octobre jusqu'au 31 mars, avant *six* heures du matin et après *six* heures du soir, et depuis le 1er avril jusqu'au 30 septembre, avant *quatre* heures du matin et après *neuf* heures du soir. (Art. 1037 du Code de proc. civ.) Hors le cas de flagrant délit, les gendarmes ne peuvent s'introduire dans une maison malgré le maître ; sa résistance, même avec armes, serait légitime. (Cour de cassation du 16 avril 1812.)

elle doit prendre seulement, jusqu'à ce que le jour ait paru, les mesures indiquées à l'art. 185.

Le temps de nuit est ainsi réglé :

Du 1er octobre au 31 mars, depuis six heures du soir jusqu'à six heures du matin;

Du 1er avril au 50 septembre, depuis neuf heures du soir jusqu'à quatre heures du matin.

## Art. 185.

Lorsqu'il y a lieu de soupçonner qu'un individu déjà frappé d'un mandat d'arrestation, ou prévenu d'un crime ou délit pour lequel il n'y aurait pas encore de mandat décerné, s'est réfugié dans la maison d'un particulier, la gendarmerie peut seulement garder à vue cette maison, ou l'investir, en attendant l'expédition des ordres nécessaires pour y pénétrer et y faire l'arrestation de l'individu réfugié.

## Art. 186.

Lorsque les sous-officiers et gendarmes arrêtent des individus en vertu des dispositions ci-dessus, ils sont tenus de les conduire aussitôt devant l'officier de police judiciaire le plus à proximité, et de lui faire le dépôt des armes, effets, papiers et autres pièces de conviction.

## Art. 187.

Tous les procès-verbaux faits par les brigades sont établis en double expédition, dont l'une est remise, dans les vingt-quatre heures, à l'autorité compétente, et l'autre est adressée au lieutenant de l'arrondissement, qui, après avoir fait remarquer aux sous-officiers et gendarmes ce qu'il aurait trouvé de défectueux ou d'omis dans la rédaction de ces procès-verbaux, les transmet, avec ses observations, au commandant de la compagnie.

*Du service extraordinaire des brigades.*

## Art. 188.

Le service extraordinaire de la gendarmerie royale consiste :

1° A prêter main forte

Aux préposés aux douanes pour la perception des droits d'importation et d'exportation, pour la répression de la contrebande ou de l'introduction, sur le territoire du royaume, de marchandises prohibées;

Aux administrateurs et agents forestiers;

Aux inspecteurs, receveurs et percepteurs de deniers royaux, et autres préposés pour la rentrée des contributions directes et indirectes;

Aux huissiers et autres exécuteurs de mandements de justice, porteurs de jugements ou de réquisitoires spéciaux, dont ils doivent justifier;

2° A fournir les escortes légalement demandées, notamment celles pour la sûreté des recettes générales, convois de poudres de guerre, courriers des malles, voitures et messageries publiques chargées de fonds du gouvernement.

Les réquisitions pour l'exécution du service extraordinaire sont adressées, savoir : dans les chefs-lieux de département, au commandant de la compagnie ; dans les sous-préfectures, au lieutenant de l'arrondissement ; et sur les autres points, aux commandants des brigades.

### Art. CLXXXV.

Les gendarmes chargés d'exécuter les notifications de jugements, ne doivent pas, dans leurs arrestations, avoir recours à des moyens qui donneraient à un acte légal l'apparence d'un guet-apens ; ils doivent toujours exhiber les extraits de jugements ou de mandats. (Décret du 4 août 1806.)

### Art. CLXXXVI.

Devant le procureur du roi, s'il est question de flagrant délit emportant peine afflictive ou infamante (Code d'instr. crim.), à son défaut, le juge de paix, le maire, l'adjoint ou le commissaire de police ; s'il n'est question que de délit ou simple contravention, devant le juge de paix ou son suppléant.

### Art. CLXXXVII.

Dans toutes les résidences où il n'y a pas d'officiers de gendarmerie, les procès-verbaux des gendarmes sont adressés *directement* aux autorités compétentes par les commandants de brigade. La célérité dans la transmission des dépêches est la seule règle à suivre. (Déc. du ministre de la justice du 18 janvier 1823, et celle du ministre de la guerre du 17 avril de la même année.)

### Art. CLXXXVIII.

Les commandants de brigade ne doivent point acquiescer aux demandes que pourraient leur faire des percepteurs de communes de se faire accompagner par des gendarmes. Ces fonctionnaires sont responsables des fonds qu'ils sont chargés de percevoir, et c'est à eux d'aviser aux moyens d'en assurer le versement intégral. Ces fonctionnaires ne sont pas d'ailleurs du nombre de ceux auxquels la loi donne pouvoir de requérir la gendarmerie. (Circ. du ministre des finances de 1822.)

Lorsque la gendarmerie doit pourvoir à la sûreté des diligences et malles chargées de fonds appartenant au gouvernement, il est essentiel que les officiers se concertent avec les autorités civiles, qui font les réquisitions, pour suppléer à des escortes qui ne sont pas indispensables, et qui dérangeraient le service habituel des patrouilles et des embuscades, en combinant les marches et stations suivant la durée des trajets à faire par les diligences ou malles, et les dangers que laisseraient entrevoir la route qui doit être éclairée ; mais, dans aucun cas, il n'y aurait lieu à refuser l'escorte. (Circ. du 10 avril 1821.) Dans le cas où, par suite de mesures particulières que la gendarmerie aurait prises, elle ne pouvait se charger des réquisitoires, parce que les escortes n'auraient pas été jugées nécessaires par le ministre ou le préfet au lieu du départ, les réquisitoires seront remis aux *conducteurs* mêmes des diligences, lesquels en feront usage dans toute l'étendue de leur route à parcourir. Lorsque la gendarmerie se trouverait dans l'impossibilité absolue d'escorter, elle en *déduirait* les causes sur le *réquisitoire* même : elle reste ainsi responsable des moyens qui doivent garantir la sûreté des fonds. (Circ. du 10 mars 1830.)

### Art. 189.

Les sous-officiers et gendarmes requis de prêter main forte aux fonctionnaires et agents ci-dessus dénommés, peuvent signer les procès-verbaux dressés par ces fonctionnaires et agents, après avoir pris connaissance de leur contenu.

### Art. 190.

En cas d'incendie, d'inondation et autres événements de ce genre, la gendarmerie, au premier avis ou signal, se porte sur les lieux. S'il ne s'y trouve aucun officier de police ou autre autorité civile, les officiers et même les commandants de brigade ordonnent et font exécuter toutes les mesures d'urgence ; ils peuvent requérir le service personnel des habitants, qui sont tenus d'obtempérer sur-le-champ à leur sommation, et même de fournir les chevaux, voitures et tous autres objets nécessaires pour secourir les personnes et les propriétés. Les procès-verbaux feraient mention des refus et retards qu'ils éprouveraient à ce sujet.

Si c'est un incendie, la gendarmerie prend les renseignements les plus exacts sur les causes qui l'ont occasionné ; et si la clameur publique inculpe un individu et le signale comme coupable, elle s'en saisit, et conduit le prévenu devant l'officier de police judiciaire de l'arrondissement.

*Des devoirs de la gendarmerie dans l'exécution de son service ordinaire et extraordinaire.*

### Art. 191.

Tous les jours, avant six heures du matin en été, et avant huit heures en hiver, le commandant de chaque brigade règle le service, et donne des ordres pour son exécution.

Dans tous les lieux de résidence d'un lieutenant, le maréchal des logis ou brigadier commandant la brigade va tous les jours à l'ordre chez cet officier.

Le même devoir est imposé aux officiers de tout grade dans les lieux de résidence de plusieurs officiers. Celui du grade inférieur se rend chaque jour à l'ordre chez l'officier qui est du grade immédiatement supérieur, ou qui en exerce les fonctions.

### Art. 192.

Les commandants de brigade rendent compte aux lieutenants de l'exécution du service : leurs rapports contiennent le détail de tous les événements dont la connaissance leur est parvenue.

Dans les cas urgents, ces sous-officiers, si leur rapport devait éprouver le moindre retard par la transmission hiérarchique, peuvent correspondre directement avec le commandant de la compagnie. Ces rapports directs ne les dispensent pas de rendre immédiatement les mêmes comptes à leur lieutenant.

### Art. 193.

Tout officier ou commandant de brigade qui a fait le rapport d'un événement, doit rendre compte successivement des opérations qui en sont la suite, ainsi que de leur résultat : ces comptes doivent toujours rappeler la date du rapport primitif.

### Art. 194.

Pour faciliter le service de la gendarmerie et l'assurer sur tous les points, les commandants de compagnie établissent, par département et arrondissement de sous-pré-

### Art. CLXXXIX.

Les commandants de brigade et gendarmes ne dressent pas de procès-verbaux de ces opérations; ils en font seulement mention sur les journaux et rapports de service. (Circ. du 10 avril 1821.)

fecture, l'état de la circonscription des brigades, avec l'indication des communes, hameaux, routes, bois et forêts qu'elles sont tenues de surveiller et visiter habituellement.

### Art. 195.

Les brigades correspondent entre elles à des jours et sur des points déterminés. Ce service a essentiellement pour objet le transférement des prisonniers, la communication des renseignements et avis que les gendarmes auraient pu recevoir touchant l'ordre public, et les mesures à concerter pour prévenir les délits et arrêter les malfaiteurs.

### Art. 196.

Les tournées, conduites, escortes et correspondances périodiques de chaque brigade sont toujours faites par deux hommes au moins; les maréchaux des logis et les brigadiers roulent avec les gendarmes pour ce service. Il doit être établi de manière que les hommes qui ont été employés hors de la résidence, fassent immédiatement le service intérieur de la brigade, à moins que des circonstances particulières de maladies ou autres empêchements ne forcent d'intervertir cet ordre.

Lorsque le commandant de la brigade est absent pour le service, il est suppléé à la résidence par le plus ancien des gendarmes présents.

### Art. 197.

Dans leurs tournées, les sous-officiers et gendarmes s'informent avec mesure et discrétion, auprès des voyageurs, s'il n'a pas été commis quelque crime ou délit sur la route qu'ils ont parcourue : ils prennent les mêmes renseignements dans les communes auprès des maires ou de leurs adjoints.

#### Art. CXCVII.

La gendarmerie doit exercer sa surveillance sur les cantonniers préposés à l'entretien des routes ; mais cette surveillance ne lui impose aucun déplacement, aucune tournée spéciale. Toutes les fois que les gendarmes se trouveront sur les routes pour leur service habituel, ils devront prendre note des *absences* qu'ils remarqueraient parmi les cantonniers. (Circ. minist. du 25 mars 1834.)

Les commandants de brigade adressent, sans retard, au lieutenant de l'arrondissement, le relevé de ces notes.

Ces derniers transmettent au commandant de la compagnie, les 8, 16, 24 et 30 ou 31 de chaque mois, des états *récapitulatifs* des absences constatées par les brigades sous ses ordres. (Même circulaire.)

Les commandants de compagnie *renverront* immédiatement au préfet les états par lieutenance. (*Idem.*)

Les *tableaux* indiquant les noms et les stations des cantonniers par arrondissement de sous-préfecture, et les *états particuliers* destinés à faire connaître les cantonniers compris dans la circonscription de chaque brigade, seront fournis tout dressés à la gendarmerie, ainsi que les imprimés nécessaires pour l'inscription des absences remarquées. (*Idem.*)

Les relevés d'absence sont les *seules* pièces que la gendarmerie soit tenue d'établir. (*Idem.*)

Il est ajouté, sur *l'état n° 10, au-dessous de la récapitulation des arrestations faites pendant le mois*, un article ainsi conçu : *nombre d'absences constatées parmi les cantonniers stationnaires, ci*..... (*Idem.*)

Les cantonniers prêtent aide et assistance aux voituriers et voyageurs ; ils donnent avis au maire et à la gendarmerie de tout ce qui pourrait intéresser la sûreté publique. (Décret du 16 décembre 1811.)

Un brigadier de gendarmerie, même lorsqu'il n'est accompagné que d'un seul gendarme, n'en est pas moins considéré comme *commandant de la force publique dans l'étendue* du territoire assigné à sa brigade. (Arrêt de la Cour de cass. du 14 janvier 1826.)

#### Art. CXCVIII.

Tout militaire ou individu appartenant à l'armée, qui est arrêté par une brigade de gendarmerie, dont la résidence n'est pas gîte d'étape, peut être déposé le jour de son arrestation dans *la maison d'arrêt de cette résidence*, et, dans ce cas, il y reçoit le pain, les autres aliments et la paille qui lui sont nécessaires. Ces fournitures lui sont faites par le concierge de la maison d'arrêt, ou, à son défaut, par le secrétaire de la mairie. Tout militaire ainsi déposé dans une commune non gîte d'étape ne peut y rester plus de *deux* jours, celui de l'arrestation compris ; en conséquence, il ne doit lui être fourni dans cette commune que *deux* ou *trois* rations, suivant qu'il partira le premier ou le deuxième jour après celui de son arrestation. (Circ. du 11 décembre 1811.)

Les militaires escortés par la gendarmerie doivent être conduits régulièrement d'un gîte d'étape à l'autre, et non déposés dans des communes intermédiaires. Dans le cas où les prisonniers civils ou militaires, transférés ou arrêtés, seraient déposés dans la *chambre de sûreté* de la caserne de gendarmerie ou dans tout autre local désigné par le maire, à défaut de prison, les commandants de brigade *pourvoient sur le refus du maire*, qui est constaté par procès-verbal, à la nourriture de ces prisonniers, qui doit toujours leur être donnée *le lendemain* de leur arrivée ou de leur arrestation légale ; ils sont remboursés des avances qu'ils ont faites pour les prisonniers, limitées suivant les règlements, en fournissant au préfet des mémoires et des certificats visés par le maire ou l'adjoint, ou par le juge de paix, constatant qu'il n'y a ni prison, ni maison d'arrêt dans le lieu de la brigade. (Même circulaire.)

15

### Art. 198.

Si on leur signale quelques criminels, vagabonds ou gens sans aveu, ils se mettent aussitôt à leur poursuite pour les joindre et les arrêter. Après s'être assurés de l'identité des individus par l'examen de leurs papiers et les questions qu'ils leur font sur leurs noms, leur état, leur domicile et les lieux d'où ils viennent, ils se saisissent de ceux qui demeureraient prévenus de crimes, délits ou vagabondage, et ils en dressent procès-verbal ; mais ils relâchent immédiatement ceux qui, étant seulement désignés comme vagabonds ou gens sans aveu, se justifieraient par le compte qu'ils rendraient de leur conduite, ainsi que par le contenu de leurs certificats ou passe-ports.

Le procès-verbal d'arrestation doit contenir l'inventaire exact des papiers et effets trouvés sur les prévenus ; il est signé par ces individus, et, autant que possible, par deux habitants les plus voisins du lieu de la capture : s'ils déclarent ne vouloir ou ne pouvoir signer, il en est fait mention. Les sous-officiers et gendarmes conduisent ensuite les prévenus par-devant l'officier de police judiciaire de l'arrondissement, auquel il font la remise du procès-verbal des papiers et effets.

### Art. 199.

Les sous-officiers et gendarmes s'informent également, dans leurs courses et tournées, si les militaires en congé ne commettent pas de désordres ou ne troublent point la tranquillité publique ; en cas de plainte, ils les arrêtent sur la déclaration par écrit des maires ou adjoints, dont il est fait mention dans les procès-verbaux qu'ils sont tenus de dresser : ces militaires sont conduits devant l'officier de gendarmerie de l'arrondissement, qui ordonne de les conduire en prison, s'il y a lieu, et en rend compte sans délai au commandant de la compagnie, en lui adressant les procès-verbaux d'arrestation.

### Art. 200.

Toutes les fois qu'il s'agit de transférer des prévenus ou condamnés de brigade en brigade, l'officier de gendarmerie qui donne l'ordre de conduite, détermine sur cet ordre le nombre des gendarmes dont l'escorte doit être composée ; il désigne pareillement le nom du sous-officier ou gendarme qui en a le commandement et est chargé de la conduite jusqu'à la station ordinaire de la brigade.

Si les prévenus ou condamnés sont transférés en vertu d'un mandat de justice, copie de la réquisition de l'officier de police judiciaire doit toujours être jointe à l'ordre de transférement, et énoncer, s'il y en a, les pièces qui doivent suivre les prévenus ou les condamnés. Ces pièces sont cachetées et remises au commandant de l'escorte, qui en donne son reçu au bas de l'ordre, dans les termes suivants :

*Reçu l'ordre et les pièces y mentionnées.*

Les signalements des prisonniers sont inscrits à la suite de l'ordre de transférement.

### Art. 201.

Les ordres de conduite ou feuilles de route des prévenus ou condamnés doivent toujours être individuels, quel que soit le nombre des prévenus ou condamnés, afin que, dans le cas où l'un d'eux viendrait à tomber malade en route, il pût être déposé dans un hôpital sans retarder la marche des autres.

#### Art, CXCIX.

Les injures et outrages adressés par un militaire en congé à un officier de gendarmerie devant lequel il
il est amené, sont justiciables des tribunaux *civils* et non des conseils de guerre. ( Cour de cass. du
1ᵉʳ décembre 1827.

#### Art. CC.

Les officiers seuls ont le droit de donner les ordres de conduite. Dans les chefs-lieux des départements,
ce droit est dévolu aux *commandants de compagnie;* mais c'est *aux lieutenants* qu'il appartient de *desi-
gner* et d'inscrire en marge de ces ordres : « *Le nombre des gendarmes et le nom du sous-officier ou gendarme qui a le commandement de l'escorte.* » (Circ. minist. du 29 novembre 1837.)

Les militaires escortés doivent être conduits régulièrement le même jour d'un gîte d'étape à l'autre, sans
pouvoir être déposés dans les communes intermédiaires. (Circ. du 11 décembre 1811 et 10 avril 1821.)

La levée de l'écrou d'un militaire détenu en vertu d'un jugement ou d'un ordre militaire, ne peut être
ordonnée que par l'autorité militaire. (Décision minist. du 21 février 1837.)

Les militaires qui devront subir une peine d'emprisonnement d'une année *au moins*, par suite de condamnation ou de commutation de peine, seront *soumis au régime pénitentiaire;* à cet effet, ils seront détenus dans des maisons *militaires centrales* de correction, dites *pénitenciers militaires.* (Instruction et
organisation des pénitenciers militaires du 28 février 1839.)

### Art. 202.

Dans chaque lieu de gîte, les prévenus ou condamnés sont déposés dans la maison d'arrêt.

En remettant ces prévenus ou condamnés au concierge, gardien ou geôlier, le commandant de l'escorte doit faire transcrire, en sa présence, sur les registres de la geôle, les ordres dont il est porteur, ainsi que l'acte de remise des prisonniers au concierge de la maison d'arrêt ou de détention, en indiquant le lieu où ils doivent être conduits.

Le tout doit être signé, tant par les gendarmes que par le geôlier ; celui-ci en délivre une copie au commandant de l'escorte pour sa décharge.

### Art. 203.

Dans le cas où il n'y aurait pas de maison d'arrêt ou de détention dans le lieu de résidence d'une brigade, les prévenus ou condamnés sont déposés dans la chambre de sûreté de la caserne de la gendarmerie. Ils y sont gardés par les gendarmes de la résidence jusqu'au départ du lendemain ou du jour fixé pour la correspondance : mais si les prisonniers sont de différents sexes, les femmes sont remises à la garde de l'autorité locale, qui pourvoit à leur logement.

### Art. 204.

Le commandant de l'escorte qui a effectué le dépôt des prisonniers confiés à sa garde, remet l'ordre de transférement et les pièces au commandant de la brigade qui doit le relever ; celui-ci est tenu d'inscrire sur son registre-journal les noms des prisonniers, le nombre des pièces qui lui ont été remises, et le lieu où ils doivent être conduits : il devient dès-lors responsable du transférement.

L'inscription ci-dessus prescrite est toujours faite en présence du commandant de l'escorte qui a amené les prisonniers ; il signe sur le registre avec le commandant de la brigade, et, en l'absence de ce dernier, avec le gendarme qui doit le suppléer.

Si, à défaut de maison d'arrêt ou de détention, les prévenus ou condamnés ont été déposés dans la chambre de sûreté d'une brigade, le commandant de l'escorte qui a effectué ce dépôt s'en fait donner un reçu sur le journal ou feuille de service dont il est porteur.

### Art. 205.

Les mêmes dispositions ont lieu successivement dans toutes les brigades. La dernière escorte, après la remise des prévenus ou condamnés à leur destination, se fait donner

### Art. CCIII.

La conduite des hommes envoyés aux compagnies de discipline doit se faire sans interruption de brigade en brigade et sans attendre les jours de correspondance. (Circ. minist. du 4 février 1819.)

Les conduites extraordinaires doivent être très-rares, et ne doivent avoir lieu qu'en vertu d'ordres ministériels, réquisitions des magistrats des Cours royales et sur les demandes particulières faites par les pères, mères, tuteurs ou conseils de famille. Hors les cas ci-dessus, les conduites sont toujours faites de brigade en brigade. (Art. 178, 179 et 181 du règlement d'administration du 21 novembre 1823.)

Lorsque la translation par voie extraordinaire sera ordonnée d'office ou demandée par le prévenu ou accusé, à cause de l'impossibilité où il se trouverait de faire ou de continuer le voyage à pied, cette impossibilité sera constatée par certificat de médecin ou de chirurgien. (Art. 5 du décret du 18 juin 1811.)

Les prévenus ou accusés qui voudraient faire les frais de leur transport et du retour de l'escorte, peuvent être conduits directement à leur destination, en se soumettant aux mesures de précaution que prescrira le magistrat qui aura autorisé la translation. (Art. 7 du même décret, et art. 182 du règlement du 21 novembre 1823.)

Les conduites qui ont lieu jusqu'à destination en vertu *d'un ordre ministériel*, donnent droit, si les gendarmes *sortent de leur département*, à une indemnité par jour de 6 fr. au maréchal des logis, 5 fr. au brigadier, et 4 fr. au gendarme. Le nombre de jours pour l'aller est déterminé en raison des moyens de transport employés : pour le retour, l'indemnité est réduite à la moitié des fixations ci-dessus, et calculée d'après le nombre de jours d'étapes. (Art. 178 du règlement d'administration du 21 novembre 1823, et circ. du 6 juin 1835.)

S'il est prescrit des moyens extraordinaires de transport, les frais de *voitures* sont acquittés pour le détenu, ainsi que pour l'escorte, indépendamment de l'indemnité par jour. (Même règlement.)

Les conduites qui ont lieu sur les réquisitions des magistrats de l'ordre judiciaire, ou du président de la Cour des pairs, ne donnent lieu à aucune indemnité. Les frais de transport et autres dépenses que les gendarmes se trouvent obligés de faire en route, leur sont remboursés, comme frais de justice criminelle, sur quittances particulières pour les dépenses, de nature à être ainsi constatées. (Art. 12 du décret du 18 juin 1811, 179 du règlement d'administration du 21 novembre 1823, et instr. minist. du 6 juin 1835.)

Il est alloué pour leur retour, aux gendarmes, *l'indemnité de service extraordinaire* pour chaque *journée effective de route*. (Idem.)

Si des circonstances graves exigent qu'un officier de gendarmerie soit chargé d'une conduite de détenus *hors de son département*, les frais de voyage sont payés sur le mémoire qu'il produit, et après le visa des autorités supérieures *qui doivent assurer le remboursement des dépenses*. (Art. 180 du règlement du 21 novembre 1823.)

une décharge générale, et des prisonniers qu'elle a conduits, et de toutes les pièces qui lui ont été confiées. A son retour à la résidence, le commandant de la dernière escorte fait mention de cette décharge sur son registre, et la joint aux autres pièces qui concernent le service de la brigade, afin de pouvoir la représenter au besoin.

### Art. 206.

Lorsque le transport des prévenus ou condamnés se fait par la correspondance des brigades, le commandant de l'escorte qui a été chargé de la conduite jusqu'au point de réunion, après avoir fait vérifier par le commandant de la nouvelle escorte l'identité des individus confiés à sa garde, et lui avoir remis toutes les pièces mentionnées dans l'ordre de transférement, se fait donner un reçu du tout sur la feuille de service.

Si le nombre des prisonniers amenés à la correspondance, ou si des circonstances particulières exigeaient un supplément de force, le commandant qui doit continuer l'escorte pourra requérir parmi les gendarmes présents le nombre d'hommes nécessaires à la sûreté des prisonniers.

### Art. 207.

Les gendarmes chargés d'une conduite, soit qu'elle ait lieu par la correspondance ou qu'elle ait dû être continuée jusqu'à la station de la première brigade, doivent rentrer le même jour à leur résidence, à moins d'empêchement résultant du service ou de la distance des lieux ; dans aucun cas, ils ne peuvent outre passer la résidence de cette première brigade sans un ordre positif du commandant de la compagnie.

### Art. 208.

Les sous-officiers et gendarmes employés au service de conduite ou de correspondance qui ne ramènent point de prisonniers, ne reviennent pas par la même route; il leur est enjoint de se porter dans l'intérieur des terres, de visiter les hameaux, de fouiller les bois et les lieux suspects, et de prendre dans les fermes et maisons isolées toutes les informations qui pourraient leur fournir des renseignements utiles.

### Art. 209.

Les sous-officiers et gendarmes montés qui sont chargés de conduire des prévenus ou condamnés, marchent toujours à cheval, dans une bonne tenue militaire, et complètement armés; les sous-officiers et gendarmes à pied sont pareillement armés et équipés complètement. Dans le cas où les prisonniers doivent être conduits en poste , en vertu d'ordres supérieurs, l'escorte prend place dans les voitures avec les prisonniers.

### Art. 210.

Avant d'extraire des prisons les individus dont le transférement est ordonné de brigade en brigade, les sous-officiers et gendarmes s'assurent s'ils n'ont pas sur eux des objets tranchants, ou quelque instrument qui puisse servir à favoriser leur évasion; s'ils sont en état de supporter les fatigues de la route, et s'ils sont pourvus de vêtements et chaussures.

### Art. 211.

Si un prisonnier confié à la gendarmerie tombe ou arrive malade dans une résidence

### Art. CCVII.

Il est expressément recommandé aux gendarmes, sous l'escorte desquels marchent des militaires, d'empêcher que ces derniers ne fassent un usage immodéré du *vin* ; ils doivent surtout *leur interdire absolument l'usage des liqueurs spiritueuses.* (Circ. minist. du 21 juin 1833.)

La fermeté et l'exactitude que la gendarmerie mettra à exécuter cet *ordre*, préviendront le retour de circonstances fâcheuses, et ôteront aux hommes détenus l'occasion de nouvelles fautes qui ne peuvent qu'aggraver leur position. (Même circulaire.)

### Art. CCX.

Les prévenus ou accusés seront conduits à pied de brigade en brigade ; néanmoins, ils pourront, si des circonstances extraordinaires l'exigent, être transférés soit en voiture, soit à cheval, sur les réquisitions motivées des officiers de justice. (Art. 4 du décret du 18 juin 1811.)

### Art. CCXI.

Si le prisonnier meurt entre les mains des gendarmes de l'escorte ou à la chambre de sûreté, ils doivent en prévenir immédiatement le maire de la commune dans laquelle ce prisonnier est décédé, et l'inviter à faire procéder à son inhumation, après le délai voulu; ils signent l'acte de décès dont ils se font délivrer copie qu'ils joignent au procès-verbal qu'ils dressent pour constater le décès, et aux pièces concernant le prisonnier ; ils font l'envoi de tout au commandant de la lieutenance, lequel suit ce qui est prescrit à l'art. 214, ci-après, pour les militaires morts dans les hôpitaux civils ou militaires.

de brigade où il n'y a ni prison ni hôpital, il reste déposé dans la chambre de sûreté de la caserne; les secours nécessaires lui sont administrés par les soins du maire ou de l'adjoint, mais jusqu'au moment seulement où il peut être transféré sans danger dans la maison de détention ou dans l'hôpital le plus à proximité.

Lorsqu'un prévenu ou condamné conduit à pied par la gendarmerie tombe malade en route, le maire ou l'adjoint du lieu le plus voisin, sur la réquisition des sous-officiers et gendarmes chargés de la conduite, est tenu de pourvoir aux moyens de transport jusqu'à la résidence de la brigade, la maison de détention ou l'hôpital le plus à proximité dans la direction de la conduite du prisonnier : si c'est une maison de détention, le prisonnier y est placé à l'infirmerie et remis à la garde du concierge, qui en donne reçu; si c'est un hôpital civil, il y est soigné dans un lieu sûr, sous la surveillance des autorités locales.

Dans ce cas, les papiers, objets et pièces de conviction, s'il y en a, restent entre les mains du sous-officier commandant la gendarmerie de l'arrondissement, et, après le rétablissement du prisonnier, sont joints à l'ordre de conduite, avec un certificat constatant l'entrée et la sortie de l'hôpital, ou les motifs du séjour prolongé, soit dans la maison de détention, soit dans la chambre de sûreté de la caserne.

Les commandants de brigade doivent veiller à ce que les prisonniers entrés aux hôpitaux civils n'y restent pas au delà du temps nécessaire pour leur rétablissement.

### Art. 212.

Si les pièces jointes à l'ordre de transférement concernent plusieurs individus dont l'un serait resté malade en route, la conduite de ceux qui sont en état de marcher n'est pas interrompue, et les pièces ne sont pas retenues; il est fait mention, sur l'ordre de transférement qui suit les autres prisonniers, des causes qui ont fait suspendre la translation de l'un ou de quelques-uns d'entre eux.

### Art. 213.

En cas d'évasion d'un prévenu ou condamné déposé à l'infirmerie d'une maison de détention, ou soigné dans un hôpital, le commandant de la brigade de gendarmerie, au premier avis qu'il en reçoit, le fait rechercher et poursuivre, et se rend au lieu de l'évasion pour connaître s'il y a eu connivence, ou seulement défaut de surveillance de la part des gardiens. Il rédige le procès-verbal de ses recherches, et l'adresse sur-le-champ, avec les autres pièces qui concernent l'évadé, au lieutenant de l'arrondissement; celui-ci le transmet au commandant de la compagnie, qui en rend compte à l'autorité compétente.

### Art. 214.

En cas de mort, dans les hôpitaux civils ou militaires, d'un prévenu ou condamné, le commandant de la brigade se fait délivrer une expédition de l'acte de décès, pour être réunie aux autres pièces qui peuvent concerner le décédé, et il fait l'envoi du tout, dans les vingt-quatre heures, au lieutenant de la gendarmerie de l'arrondissement; cet officier transmet ces pièces au commandant de la compagnie.

### Art. 215.

Le commandant de la compagnie, après avoir rassemblé toutes les pièces relatives au prisonnier évadé ou décédé, les fait parvenir sans délai, savoir :
Au ministre de la guerre, si c'était un militaire;
Au ministre de la marine, s'il faisait partie de l'armée de mer;

Lorsque des prisonniers militaires sont entrés aux hôpitaux, la gendarmerie, à défaut de sous-intendant militaire, est autorisé à faire des visites dans les établissements, afin de s'assurer si leur séjour n'y est pas abusif ou prolongé sans motifs. (Circ. du 5 décembre 1835.)

Les billets d'entrée aux hôpitaux des militaires isolés, reconnus malades par les officiers de santé qui les auront visités, sont signés par le commandant de la place, et, dans les lieux où il n'y aurait pas de commandant de place, par l'officier de gendarmerie de la localité. (Art. 671 du règlement sur les hôpitaux du 1er avril 1831, et circ. du 5 juillet 1835.)

### Art. CCXIII.

L'orsqu'un militaire s'évade d'un hôpital militaire, le sous-intendant militaire qui reçoit le rapport en dresse procès-verbal, et en donne immédiatement avis au commandant de la place et à celui de la gendarmerie. (Art. 722 du règlement sur les hôpitaux du 1er avril 1831.)

Dans les lieux où il n'y a pas de résidence de sous-intendant militaire, il est suppléé par la gendarmerie, qui procède comme il vient d'être dit.

### Art. CCXV.

Le commandant de la compagnie rend compte au lieutenant général ou au procureur du roi, selon la position de l'évadé.

Au ministre de l'intérieur, si le prisonnier était condamné aux fers ou à la réclusion;

Enfin, si le prisonnier était simplement prévenu d'un délit de la compétence des Cours royales ou des tribunaux de première instance, à l'officier de police judiciaire qui a décerné le mandat *d'amener*, *de dépôt*, *d'arrêt*, ou qui a *requis* le transférement; et si c'était un condamné, à notre procureur royal près la cour ou le tribunal qui a prononcé la condamnation.

Il est également donné connaissance de l'évasion ou du décès du prisonnier à l'autorité devant laquelle il devait être traduit.

## Art. 216.

Lorsqu'un militaire est décédé dans une maison de détention, ou qu'il s'en est évadé, le sous-officier commandant la gendarmerie de l'arrondissement dresse un inventaire exact de l'argent et des effets qu'il a laissés; il indique avec soin les nom et prénoms de ce militaire, le lieu de sa naissance, son département, et le corps dans lequel il servait.

L'inventaire est fait en triple expédition et signé par le concierge de la maison de détention, qui garde par-devers lui une des expéditions.

Les effets et l'argent sont transportés sans délai, par la voie de la correspondance des brigades, jusqu'à l'hôpital militaire le plus voisin, et remis, avec la seconde expédition de l'inventaire, à l'économe de l'hôpital, qui, après la vérification, donne son reçu au bas de la troisième expédition, laquelle reste entre les mains du commandant de la brigade de l'arrondissement où l'hôpital militaire est situé, pour servir à la décharge de ce sous-officier. Il est fait inscription de l'inventaire sur le registre d'ordre de la brigade.

A défaut d'hôpital militaire dans le département, les objets ci-dessus sont déposés, en suivant les mêmes formalités, dans les mains des administrateurs de l'hospice civil le plus voisin, pourvu, toutefois, que cet hospice soit du nombre de ceux qui reçoivent des militaires malades.

## Art. 217.

Si le concierge de la maison de détention déclare que le militaire mort ou évadé n'a laissé ni effets ni argent, le sous-officier commandant la gendarmerie dresse procès-verbal de cette déclaration, qu'il fait signer au concierge, et il en inscrit le contenu sur le registre d'écrou. Ce procès-verbal est pareillement transmis au commandant de la compagnie.

## Art. 218.

Il est expressément défendu à la gendarmerie de faire la conduite des militaires condamnés à la peine des travaux publics ou du boulet, avant d'avoir reçu une expédition individuelle et certifiée des jugements, et de s'être assuré si les condamnés sont pourvus de tous les effets d'habillement et de petit équipement prescrits par les règlements, et dont le détail doit être inscrit sur la feuille de route de chaque homme.

La gendarmerie veille avec la plus grande attention à ce qu'il ne soit détérioré ni détourné aucune partie de ces effets par les condamnés, pendant la route, et, principalement, dans les lieux de gîte; si elle remarque qu'il leur manque quelques-uns de ces effets à la sortie des prisons, elle en dresse un procès-verbal que le concierge est tenu de signer. Ce procès-verbal est joint à l'ordre de conduite des militaires condamnés, pour servir à la décharge des gendarmes.

### Art. CCXVI.

Si le militaire décède entre les mains de la gendarmerie lorsqu'il marche sous son escorte, la même formalité doit être remplie ; mais le procès-verbal n'est dressé qu'en deux expéditions signées par l'autorité locale. Cet inventaire est toujours indépendant du procès-verbal prescrit par l'art. 213 de cette ordonnance.

### Art. CCXVIII.

Dans le cas où un condamné arriverait à l'atelier sans être pourvu de la totalité des effets mentionnés sur la feuille de route, le sous-intendant, chargé de la surveillance administrative de l'atelier, constate par un procès-verbal l'absence de ces effets, et le ministre de la guerre fait exécuter une retenue égale à la valeur des objets manquants sur la solde des gendarmes, si le fait provient de leur faute. (Art. 28 du règlement du 27 avril 1833.)

Ces dispositions sont en général applicables à tout militaire conduit par la gendarmerie à une destination quelconque. (Même art.)

## Art. 219.

Les sous-officiers et gendarmes doivent prendre toutes les mesures de précaution pour mettre les prisonniers confiés à leur garde dans l'impossibilité de s'évader : toute rigueur qui ne serait pas nécessaire pour s'assurer de la personne d'un prévenu, est expressément interdite. La loi défend à tous, et, spécialement, aux dépositaires de la force armée, de faire aux personnes arrêtées aucun mauvais traitement ni outrage, même d'employer contre elles aucune violence, à moins qu'il n'y ait eu résistance ou rébellion, auquel cas seulement ils sont autorisés à repousser par la force les voies de fait commises contre eux dans l'exercice de leurs fonctions.

## Art. 220.

Dans le cas où quelques-uns des prisonniers confiés à la même escorte et ayant la même direction viendraient à s'évader, ceux qui restent sont toujours conduits à leur destination avec les pièces qui les concernent. Si tous les prisonniers sont parvenus à s'évader, les pièces sont envoyées sur-le-champ, avec le procès-verbal de l'évasion, au lieutenant de gendarmerie de l'arrondissement, lequel prend, sur la nature et les circonstances de l'événement, tous les renseignements qui peuvent faire connaître s'il y a

### Art. CCXIX.

Dans les arrestations, toute rigueur autre que celle autorisée par la loi, est réputée crime. (Arrêté du 21 frimaire an VIII, et art. 186 du Code pénal.)

Toutefois les gendarmes ayant, en cas d'évasion, une responsabilité qu'il importe essentiellement de ne pas leur ôter, il y a lieu de leur laisser quelque latitude dans l'emploi des moyens qui, selon les circonstances, peuvent être indispensables pour prévenir les évasions. On leur recommande de préférence l'emploi des *chaînettes en corde de fil de fer*, ou des *gourmettes fermant à cadenas*, comme réunissant les conditions de *solidité*, de *légèreté* et de *flexibilité*. (Circ. minist. du 11 juin 1833.)

Cependant, dans des cas rares et lorsqu'il s'agit de la conduite d'un grand criminel, ou s'il y a eu *mutinerie* ou *tentative d'évasion*, on peut recourir aux *poucettes*. (Même circ.)

Mais il est interdit de se servir de grosses chaînes ou de menottes à vis ou collier de chien, qui sont susceptibles de blesser les prisonniers et d'occasionner des accidents graves; il est également formellement défendu de fixer à l'une des parties du harnachement le bout du lien qui retient un prévenu. (Même circ.)

Il importe d'indiquer, sur l'ordre de conduite, les tentatives d'évasion qui auraient lieu pendant la route, et de veiller à ce que les prisonniers ne s'évadent pas. (Même circ.)

#### EXTRAIT DU RÈGLEMENT DU 27 AVRIL 1833.

Art. 3. Lorsque les condamnés seront remis entre les mains de la gendarmerie, ils seront dirigés, dans les vingt-quatre heures, sur l'atelier où ils doivent subir leurs peines.

Art. 4. Les gendarmes chargés de la conduite seront porteurs d'un extrait en forme du jugement des condamnés, pour être déposé à l'atelier.

La feuille de route de chaque condamné fera mention expresse et détaillée des effets d'habillement qui lui auront été fournis au moment de son départ. Ces effets sont : *deux chemises en toile forte, une veste à longues manches, un pantalon, un bonnet, une capote de grosse toile de laine, deux paires de demi-guêtres en toile grise, une paire de souliers garnis de clous.* (Art. 27 du même règlement.)

Les gendarmes de l'escorte s'assureront que le condamné est muni de la totalité de ces effets, et ils en seront responsables pendant tout le temps que celui-ci sera entre leurs mains.

Le concierge de la prison ou l'économe de l'hôpital où le condamné sera déposé, s'assureront de même, avant de le recevoir, si le condamné est porteur de tous les effets mentionnés sur la feuille de route. Ils en seront ainsi responsables pendant tout le temps que le condamné séjournera soit à l'hôpital, soit à la prison.

S'il existe un déficit, les uns et les autres le constateront dans le reçu qu'ils inscriront sur la feuille de route, et qui sera conforme au modèle joint à la circulaire du 22 mai 1818, dont les dispositions sont maintenues.

Art. 5. Pendant la route, les condamnés seront déposés dans les prisons militaires ou civiles. Ils seront traités ainsi qu'il est prescrit par les règlements relatifs aux militaires détenus et à ceux qui sont conduits de brigade en brigade par la gendarmerie.

Il est expressément défendu de les laisser trop longtemps séjourner dans les prisons. Les retards qui seront apportés dans leur translation seront sévèrement punis.

Art. 6. Les condamnés feront route à pied, à moins que, d'après un certificat des officiers de santé, ils ne soient reconnus hors d'état de marcher. Alors, il leur sera fourni des voitures par les entrepreneurs de convois militaires, sur le pied fixé pour les militaires isolés.

Art. 7. Si un condamné tombe malade en route, il sera déposé et consigné à l'hôpital le plus proche, sous la surveillance spéciale de la gendarmerie et des autorités locales.

Art. 8. S'il décède en route ou à l'hôpital, la feuille de route, le jugement et une copie de l'acte de décès seront envoyés de suite au ministre de la guerre (*bureau de la justice militaire*) par le commandant de la gendarmerie du département où le décès aura eu lieu.

Art. 9. Dans les cas d'évasion d'un condamné, son signalement, extrait de la feuille de route ou du jugement, sera sur-le-champ envoyé, par le commandant de l'escorte, aux brigades voisines.

Si l'évasion a lieu pendant la marche, le commandant de l'escorte rédigera, en outre, un procès-verbal indiquant exactement les nom et prénoms du condamné évadé, le corps auquel il appartenait, la date du jugement, la peine prononcée, le lieu et les circonstances de l'évasion.

Si le condamné s'évade de l'hôpital, le sous-intendant militaire rédigera le procès-verbal ci-dessus.

Dans l'un et l'autre cas, le procès-verbal sera transmis au commandant de la gendarmerie du département.

Si, dans les cinq jours qui auront suivi l'évasion, l'arrestation n'a pas eu lieu, le commandant de la gendarmerie transmettra le procès-verbal au ministre de la guerre (*bureau de la justice militaire*), et lui fera connaître en même temps s'il a été fait des poursuites contre les fauteurs de l'évasion et quel en a été le résultat.

Art. 10. Aussitôt après qu'un condamné qui se sera évadé en route aura été repris, le commandant de gendarmerie du département où l'arrestation aura été effectuée, en rendra compte au ministre de la guerre (*bureau de la justice militaire*).

### Art. CCXX.

En cas d'évasion des détenus par suite de négligence, les tribunaux infligent des peines aux gendarmes qui étaient chargés de la conduite. (Art. 238, 239, 240 et 247 du Code pénal.) Il est donc utile, dans l'espèce, de rédiger les procès-verbaux avec exactitude, et d'entrer dans beaucoup de détails pour échapper à la responsabilité attachée à ces évasions.

eu connivence ou seulement négligence de la part des gendarmes. Dans tous les cas, cet officier ordonne les recherches et les poursuites qu'il juge convenables pour atteindre les évadés, transmet le procès-verbal à notre procureur royal, et en informe le commandant de la compagnie. Il en est également rendu compte, sans délai, au ministre de la guerre. Le signalement des évadés est envoyé suivant l'ordre prescrit par l'art. 215.

Le commandant de la brigade qui a fourni l'escorte des prisonniers, fait mention, sur son journal, des évasions qui ont eu lieu, et des noms des gendarmes qui étaient chargés de la conduite.

### Art. 221.

Tout sous-officier ou gendarme convaincu d'avoir emprunté ou reçu, à quelque titre que ce soit, de l'argent ou des effets des prévenus ou condamnés dont le transfèrement lui a été confié, est réformé, sans préjudice des peines qui peuvent être prononcées contre lui.

### Art. 222.

Les sous-officiers ou gendarmes sont tenus de veiller à ce que les prisonniers reçoivent exactement les subsistances qui doivent leur être fournies pendant la route : ils préviennent les maires ou adjoints des abus qui pourraient exister dans les fournitures, pour qu'ils puissent les réprimer sur-le-champ.

### Art. 223.

La même surveillance est exercée par les commandants de brigade, lorsque des militaires sont détenus dans les maisons d'arrêt ou de détention : ils s'assurent si les concierges de ces prisons leur fournissent exactement les denrées prescrites par les règlements ; si la paille est renouvelée aux époques fixées et dans les quantités voulues, et si les chambres sont munies des ustensiles nécessaires. En cas de plainte de la part des détenus, les commandants de brigade en vérifient l'exactitude, et rendent compte à leurs chefs des abus qu'ils auraient découverts : les commandants de compagnie donnent aussitôt connaissance de ces abus aux préfets et aux sous-intendants militaires.

### Art. 224.

Il est défendu à la gendarmerie d'escorter des militaires *marchant isolément*, ou en détachement, s'ils ne sont munis de feuilles de route individuelles, portant indication des fournitures qu'ils doivent recevoir en route.

Néanmoins, les feuilles de route peuvent être collectives, mais seulement lorsque les militaires appartiennent à un même corps et qu'ils doivent se rendre à la même destination.

En conséquence, toutes les fois que les commandants de brigade ont à faire de ces sortes d'escortes, le sous-intendant militaire, ou, à son défaut, le sous-préfet du lieu du départ, doit préalablement délivrer aux militaires des feuilles de route portant les indications ci-dessus.

### Art. CCXXI.

Les peines prononcées en pareil cas sont déterminées par les art. 401 et 405 du Code pénal. Si l'argent ou les effets avaient été reçus par un officier, il y aurait crime de concussion.

### Art. CCXXII.

Les prisonniers civils reçoivent une ration de pain de 24 onces, et la soupe, dont la composition est déterminée par l'administration, et 6 kilogrammes de paille nouvelle renouvelée tous les dix jours. (Circ. du 4 décembre 1806, et ord. du 19 mars 1823.)

La gendarmerie fait connaître aux autorités compétentes les infractions et négligences qu'elle remarquerait sur la fourniture de la subsistance et du coucher. Elle se refuse, dans ce cas, à signer et à certifier l'état relevé du registre d'écrou qui doit lui être présenté tous les *trois* mois, conformément à l'art. 230 du règlement du 2 février 1818.

### Art. CCXXIII.

Les concierges fournissent aux détenus militaires, outre le pain et la paille indiqués à la note de l'article précédent, des aliments cuits et préparés dont l'espèce, la qualité et la quantité sont réglées chaque année par le préfet de chaque département.

Le tableau remis aux concierges doit être communiqué aux gendarmes. Le pain et les aliments sont livrés le jour de la sortie, et, par conséquent, ne sont dus à l'entrée que lorsque le militaire ne vient pas d'une autre prison. (Circ. du 4 décembre 1806, et ord. du 19 mars 1823.)

### Art. CCXXIV.

Art. 56. La garde de police et de sûreté d'un atelier est confiée à un maréchal des logis de gendarmerie qui a sous ses ordres des brigadiers et des gendarmes. — Au besoin la troupe de ligne concourt, comme force auxiliaire, avec la gendarmerie, à la garde des condamnés.

Art. 57. Le maréchal des logis tient deux registres, qui sont cotés et paraphés par le commandant de place. — Ces registres sont conformes aux modèles nᵒˢ 8 et 9, et sont destinés, savoir :

Le premier, à inscrire jour par jour les consignes générales et particulières qu'il donne, et, en marge, les ordres du commandant de place qui y sont relatifs ;

Le second, à inscrire ses rapports journaliers au commandant de place, et, en marge, les décisions qu'il en a reçues.

Art. 58. Dans ses rapports, le maréchal des logis fait mention des condamnés qui, par leur subordination, leur bonne conduite et leur assiduité au travail, se rendent dignes de la clémence royale, et de ceux d'entre eux qui se sont mal conduits, et des punitions qui leur ont été infligées. — Il fait principalement connaître celui ou ceux des condamnés qui, par leurs révélations, ont empêché l'exécution d'un complot d'évasion ou de sédition.

Art. 59. Le maréchal des logis est chargé, sous les ordres du commandant de place, de la police de sûreté, de la subordination, de la discipline, de la garde des condamnés et de la répression de leurs fautes.— Il donne aux surveillants des instructions sur la manière dont ils doivent se conduire pour maintenir le bon ordre dans leurs sections respectives, et pour faire les corvées et les travaux commandés. Il commande, chaque jour, les gendarmes et la troupe chargés d'escorter les condamnés désignés pour les travaux.

Art. 60. Il règle le service, de jour et de nuit, des gendarmes et de la troupe employés à la garde de police et de sûreté de l'atelier, et leur donne les consignes qu'il juge propres à maintenir le bon ordre parmi les condamnés, à prévenir tout mouvement de révolte ou tout autre crime de la part de ceux-ci, et, notamment, leur évasion.

Art. 61. Le premier dimanche de chaque mois, le maréchal des logis fait faire lecture, dans chacune des sections de l'atelier, en présence de tous les condamnés, des art. 18, 19, 26, 29, 32, 33, 34, 36, 38, 40, 41, 42, 52, 58, 66, 67, 68, 69, 73, 74, 75 et 78 du présent règlement.

Le maréchal des logis donnera également connaissance de toutes ces dispositions à chaque condamné, au moment de son arrivée à l'atelier.

### Art. 225.

La gendarmerie se fait représenter les feuilles de route des militaires marchant sans escorte. A l'égard de ceux auxquels il est accordé des transports, elle s'assure, par l'examen des mandats de fournitures dont les conducteurs de convois doivent être porteurs, s'il n'a pas été donné ou reçu de l'argent en remplacement de ces fournitures.

Tout militaire auquel il a été accordé un transport, en est privé, s'il est rencontré faisant sa route à pied : à cet effet, le sous-officier commandant la gendarmerie de l'arrondissement lui retire les mandats dont il se trouve porteur, et annote sur la feuille de route qu'il doit être privé du transport.

Ces mandats sont transmis aussitôt au commandant de la compagnie, et renvoyés par lui au sous-intendant militaire qui les a délivrés, pour être annulés.

Art. 63. Les brigadiers et les gendarmes sont logés et couchés, ainsi que la troupe de ligne qui leur est adjointe, dans l'atelier des condamnés. — Le maréchal des logis est logé d'une manière convenable à ses fonctions. — Les uns et les autres sont responsables des effets qui leur sont confiés.

Art. 64. Le maréchal des logis, les brigadiers et les gendarmes chargés de la garde d'un atelier de condamnés aux travaux publics reçoivent, pendant leur séjour à cet atelier, les rations journalières de pain, les distributions extraordinaires de liquides, ainsi que l'indemnité de service extraordinaire, aux taux et dans les cas déterminés par les règlements sur l'administration de la gendarmerie.

Le maréchal des logis reçoit en outre pour registres, papiers et autres frais de bureau, savoir :

6 fr. par mois lorsque l'atelier n'est pas composé de plus de cent condamnés ; — 12 fr. aussi par mois lorsque l'effectif de l'atelier est au-dessus de ce nombre, et ne s'élève pas néanmoins à plus de deux cents ; — enfin de 10 fr. également par mois lorsque le nombre des condamnés est au-dessus de deux cents. Cette indemnité lui est payée par l'agent d'administration sur le produit de la masse qui reste à la disposition du ministre de la guerre.

Art. 65. Le maréchal des logis et les brigadiers attachés à la garde d'un atelier sont sous l'inspection de l'officier de gendarmerie de l'arrondissement pour ce qui a rapport à la tenue et à l'armement, sans que, dans aucun cas, cet officier puisse s'immiscer dans le service intérieur qui est dans les attributions du commandant de la place où l'atelier est établi.

## Art. CCXXV.

### EXTRAIT DU RÉGLEMENT

#### du 31 décembre 1823

SUR LE SERVICE DES CONVOIS MILITAIRES PAR TERRE ET PAR EAU.

#### Art. XXXIX.

Le maire ne délivre à chaque militaire isolé, partant en premier lieu de sa résidence, qu'un *sauf-conduit* qui lui tient lieu de feuille de route jusqu'au chef-lieu d'arrondissement ou de département le plus voisin, toujours sur la ligne à suivre.

Tout ordre de fourniture délivré par un maire n'a d'effet que dans sa résidence : il doit être renouvelé dans chaque gîte par le maire du lieu si le cas l'exige ; et cela seulement jusqu'au chef-lieu d'arrondissement ou de département le plus voisin.

#### Art. XL.

Tout officier de gendarmerie qui donne l'ordre de diriger sur un des corps de l'armée un individu quelconque sans qu'il lui ait été délivré préalablement une feuille de route par un sous-intendant militaire, est personnellement responsable des suites de cette mesure illégale. (Tableau n° 9 ci-joint, et art. 79 de l'ord. du 24 septembre 1823 sur les indemnités de route.)

#### Art. XLI.

Tout fonctionnaire qui délivre une feuille de route portant allocation de convois militaires doit y inscrire le nombre et l'espèce des moyens de transport formant la fourniture qu'il a accordée pour chaque gîte d'étape. Cette inscription est renouvelée, s'il y a lieu, dans chaque place où réside un sous-intendant militaire.

#### Art. XLII.

Le militaire isolé doit produire, indépendamment de sa feuille de route, le certificat de visite exigé ci-après pour justifier de ses droits à des moyens de transport.

CERTIFICAT DE VISITE DES MILITAIRES ISOLÉS.

#### Art. XLIII.

Tout militaire ou marin isolé, marchant librement ou sous l'escorte de la gendarmerie, qui réclame des moyens de transport, est soumis à la visite d'un officier de santé désigné par le sous-intendant militaire du lieu ou par son suppléant.

Cet officier de santé ne peut être pris parmi les chirurgiens des corps de la garnison, et il est choisi, autant que possible, parmi les médecins ou chirurgiens des hôpitaux militaires ou civils du lieu. Il énonce, dans un certificat motivé et détaillé, le résultat de sa visite, et fait connaître si l'individu visité a besoin ou non de moyens de transport. Dans le cas de l'affirmative il indique expressément dans ce certificat :

1° Si le militaire peut aller indifféremment à cheval ou en voiture;

2° S'il ne peut supporter que la voiture ;

3° S'il ne peut supporter que le cheval de selle.

#### Art. XLIV.

Les militaires escortés ont droit au transport, à l'instar des militaires voyageant librement; mais les certificats de visite des premiers sont remis aux gendarmes d'escorte qui les présentent au sous-intendant militaire ou à son suppléant.

#### Art. XLVIII.

Les déserteurs condamnés aux travaux publics ou au boulet n'ayant rien qui puisse entraver leur marche jusqu'aux ateliers, ne doivent obtenir des moyens de transport qu'à l'instar des autres militaires escortés par la gendarmerie, c'est-à-dire lorsqu'ils sont reconnus hors d'état de faire la route à pied.

### Art. 226.

Lorsqu'un convoi de poudres ou de munitions de guerre marche sous l'escorte de la gendarmerie, et qu'il doit s'arrêter dans une commune, si ce convoi n'a pas de commandant d'artillerie, le sous-officier de gendarmerie commandant l'escorte se concerte avec l'autorité locale pour faire parquer le convoi dans un lieu à l'abri de tout danger, et, pour qu'à défaut de troupes de ligne, un poste suffisant de garde nationale veille à sa sûreté jusqu'au moment du départ. Dans ce dernier cas seulement, le sous-officier de gendarmerie est tenu de s'assurer par lui-même, pendant la nuit, si le service se fait avec exactitude.

Les gendarmes chargés de ces escortes ne peuvent abandonner les voitures confiées à leur garde, avant d'avoir été relevés. Les mêmes précautions sont prises lors des escortes des deniers royaux.

### Art. LXXI.

Les préposés sont tenus de couvrir de toile et de garnir de paille les voitures employées au transport des militaires conduits aux hôpitaux, ou de ceux évacués d'un hôpital sur un autre.

#### DÉPART ET ARRIVÉE.

### Art. LXXXII.

Nul ne peut tenir un militaire en séjour, sous prétexte que le service des convois n'est pas assuré dans le lieu de sa résidence.

### Art. LXXXIV.

Du 1ᵉʳ octobre au 1ᵉʳ avril, les fournitures ne peuvent être exigées des préposés avant six heures, ni après huit heures du matin ; et, pendant les six autres mois de l'année, elles ne peuvent l'être avant quatre heures, ni après neuf heures aussi du matin. Néanmoins, dans les cas imprévus et urgents, les préposés sont tenus d'exécuter les transports ordonnés, sans qu'ils puissent prétendre à aucune indemnité, ni double station pour cet objet.

### Art. CXLIII.

Les rachats de fournitures sont expressément défendus. Tout préposé contrevenant à cette défense est condamné à une amende de 25 fr. ; en cas de récidive, ce préposé est condamné à une amende *double*, et peut même être destitué.

### Art. CXLIV.

Tout militaire qui aura reçu de l'argent en remplacement d'une fourniture ordonnée, est privé du transport pour le reste de sa route.

Cette fraude est toujours constante quand un militaire qui a obtenu une fourniture est rencontré faisant route à pied, sans être précédé ni suivi de la voiture ou du cheval destiné à son transport.

Il est enjoint, à cet effet, à la gendarmerie, de se faire représenter les feuilles de route des sous-officiers et soldats marchant isolément, ainsi que les mandats de fournitures dont les conducteurs de convois doivent être porteurs.

### Art. CXLV.

Lorsqu'un militaire auquel il a été accordé un transport est rencontré faisant route à pied, il est conduit par-devant le commandant de la gendarmerie de la résidence la plus proche. Ce commandant inscrit sur la feuille de route du militaire qu'il doit être privé du transport ; il lui retire les mandats dont il se trouve porteur, et les transmet de suite au sous-intendant militaire dans l'arrondissement duquel ils ont été délivrés. Ce dernier les annule, et en fait mention sur les registres de route, conformément à l'art. 89.

### Art. CXLVI.

Quand un préposé est prévenu d'un rachat, les gendarmes qui ont constaté le fait en font parvenir le procès-verbal au sous-intendant militaire de l'arrondissement, lequel, après avoir fait compulser le registre de passage tenu par la mairie du gîte d'étape où réside ce préposé, et avoir pris tous les renseignements nécessaires, fait son rapport à l'intendant militaire qui prononce, s'il y a lieu, l'amende fixée par l'art. 143.

### Art. CXLVII.

Le produit de l'amende est délivré, à titre de gratification, aux gendarmes qui ont arrêté le militaire ou constaté la fraude.

### Art. CLXVIII.

Tout préposé qui rachète une fourniture ordonnée en faveur des militaires escortés par la gendarmerie, est condamné à l'amende, et, en outre, destitué.

Les gendarmes qui sont reconnus avoir provoqué ou même toléré ce rachat, sont rigoureusement punis sur le compte qui en est rendu à leurs chefs.

La gendarmerie doit signaler aux commandants des corps ou détachements les militaires de tout grade, voyageant en troupe ou isolément, qui contreviendraient à la défense expresse de *surcharger les voitures, d'excéder ou surmener les chevaux, de maltraiter les conducteurs, de menacer* ou *d'injurier les fonctionnaires publics*, d'ajouter aux voitures ou pour tout autre usage aucun cheval travaillant dans la campagne, ou trouvé sur la route. (Circ. du 4 février 1836.)

### Art. CCXXVI.

La gendarmerie fournit les escortes aux convois de poudre, et, en cas d'insuffisance de celles-ci, la gendarmerie requerra de la municipalité la garde nécessaire ; elle sera aux ordres du commandant du convoi. (Art. 2 et 3 du règlement du 24 septembre 1812.)

Un homme de l'escorte doit être attaché à chaque voiture. (Art. 4, *ibid.*)

Le convoi marchera, autant que possible, sur la terre, au pas, en une seule file. (Art. 5, *ibid.*)

Le commandant de l'escorte ne souffrira près du convoi aucun fumeur, soit de l'escorte, soit étranger. (Art. 6, *ibid.*)

Il ne laissera approcher personne du convoi, et veillera qu'il ne soit pas fait de feu dans les environs. (Art. 8, *ibid.*)

On fera passer les convois en dehors des communes lorsqu'il y aura possibilité. Quand on sera forcé de les faire entrer dans les villes, bourgs, etc., le commandant de l'escorte requerra la municipalité de faire fermer les ateliers et les boutiques d'ouvriers dont les travaux exigent du feu, et de faire arroser, si la route est sèche, les routes par où il doit passer. (Art. 9, *ibid.*)

Le convoi sera toujours parqué au dehors, dans un lieu isolé des habitations, sûr, convenable et reconnu à l'avance. (Art. 10, *ibid.*)

### Art. 227.

Il est expressément ordonné à la gendarmerie, dans ses tournées, courses et patrouilles, de porter la plus grande attention sur ce qui peut être nuisible à la salubrité, afin de prévenir, autant que possible, les ravages et les maladies contagieuses et des épizooties. Les sous-officiers et gendarmes sont tenus, à cet effet, de surveiller l'exécution des mesures de police prescrites par les règlements; ils dressent procès-verbal des contraventions, pour que les poursuites soient exercées par qui de droit contre les délinquants.

Lorsqu'ils trouvent des animaux morts sur les chemins ou dans les champs, ils en préviennent les autorités locales, et les requièrent de les faire enfouir: en cas de refus ou de négligence, les chefs de la gendarmerie, sur le rapport des commandants de brigade, en informent les sous-préfets et préfets pour qu'il soit pris des mesures à cet égard.

#### DES COMPAGNIES DE GENDARMERIE PRÈS LES PORTS ET ARSENAUX.

##### SECTION I<sup>re</sup>.

*Du service de ces compagnies.*

### Art. 228.

Les compagnies de la gendarmerie royale près les ports et arsenaux de la marine sont placées, pour tout ce qui concerne l'exécution de leur service, sous les ordres immédiats des intendants de la marine, et sous ceux des commissaires généraux ou principaux dans les arrondissements où ces derniers remplissent les fonctions d'intendants de la marine.

### Art. 229.

Les officiers, sous-officiers et gendarmes de ces compagnies défèrent aux réquisitions qui leur sont faites par les chefs militaires des ports et les officiers de l'administration de la marine, lesquels ne peuvent leur adresser de réquisitions que pour assurer le service et maintenir l'exécution des mesures de police et de surveillance que les règlements leur attribuent.

### Art. 230.

Les réquisitions sont toujours adressées, dans les chefs-lieux d'arrondissement maritime, aux capitaines des compagnies, et, sur les autres points, aux commandants des postes qui s'y trouvent placés.

A défaut de troupes de ligne ou de garde nationale, le maire requerrait quelques habitants pour garder le convoi ; s'il y avait refus de leur part, ils seraient punis des peines de simple police. (Cour de cass. du 25 janvier 1811.)

La gendarmerie chargée de fournir des escortes de poudre a le droit d'empêcher la circulation des convois pendant la nuit. (Décis. minist. du 6 février 1832.)

Tout transport de poudre excédant 500 kilog. doit être escorté. (Règlement du 24 septembre 1812.)

Tout individu chargé de faire un transport pour le compte du département de la guerre doit être porteur d'une lettre de voiture revêtue du visa, soit du fonctionnaire signataire de l'ordre d'exécution, soit du maire ou de l'adjoint de la commune où s'opère le chargement, afin qu'il soit toujours facile de reconnaître en route l'origine et la destination du matériel. Le cachet du signataire de l'ordre ou le cachet de la mairie doit être joint au visa. (Note minist. du 25 mars 1831.)

Cette dernière disposition est applicable aux transports de poudre du poids de 500 kilog., et au-dessous, bien qu'ils soient dispensés de marcher *habituellement* sans escorte. (Note ministérielle du 17 octobre 1833.)

L'escorte doit être requise et accordée *partout* où la nécessité en est reconnue, lors même que le transport aurait déjà été mis en route sans être escorté. (*Ibid.*)


### Art. CCXXVII.

Se reporter à la loi du 6 octobre 1791 sur la police des campagnes, l'art. 471, n° 15 du Code pénal, et le Code forestier.

### Art. 231.

Les compagnies de gendarmerie des ports et arsenaux fournissent un poste près les intendants de la marine et près les commissaires généraux ou principaux qui remplissent les fonctions d'intendants. Lorsque ces intendants, commissaires généraux ou principaux visitent les ports et chantiers de construction, ils peuvent se faire accompagner par des gendarmes pour assurer l'exécution des ordres qu'ils auraient à donner concernant le service.

### Art. 232.

Il n'est point établi habituellement de gendarmes près les chefs militaires des ports et les officiers de l'administration de la marine ; mais ces officiers peuvent requérir qu'il soit fourni des gendarmes, lorsque l'intervention de la gendarmerie est nécessaire pour assurer leurs opérations.

### Art. 233.

Les abus qui pourraient avoir lieu dans l'emploi des gendarmes comme ordonnances ou plantons, sont déférés par les capitaines aux intendants de la marine, aux commissaires généraux ou principaux qui en remplissent les fonctions, et aux officiers supérieurs de la gendarmerie, sans, toutefois, qu'on puisse se dispenser d'obtempérer aux réquisitions qui seraient faites.

### Art. 234.

Les sous-officiers et gendarmes ne peuvent être employés à porter la correspondance que dans les cas urgents et à défaut d'autres moyens : les réquisitions pour ce genre de service doivent être adressées par écrit. Les abus sont déférés ainsi qu'il est prescrit dans l'article précédent.

### Art. 235.

Les sous-officiers et gendarmes sont spécialement affectés à la police des ports et à l'exécution du service relatif à l'inscription maritime, et à toutes les opérations qui s'y rapportent, soit dans l'intérieur des ports, soit à l'extérieur. Ils surveillent les démarches des marins, observent leurs habitudes dans les ports, s'attachent à les reconnaître, afin de prévenir et de réprimer la désertion.

### Art. 236.

Ils sont envoyés sur les routes avoisinant les ports, pour arrêter et faire arrêter les déserteurs et les forçats évadés.

### Art. 237.

S'ils reconnaissent chez des marchands ou chez des particuliers des effets à la marque de la marine, ou qu'ils auraient lieu de croire lui appartenir, ils en dressent un procès-verbal, ou font leur rapport qu'ils remettent sur-le-champ à l'autorité compétente, pour qu'il soit procédé suivant les lois contre les détenteurs desdits effets.

Ils dressent procès-verbal des vols, effractions, arrestations et autres événements parvenus à leur connaissance, ou pour lesquels ils auraient été requis.

### Art. 238.

Les gendarmes conduisent, soit aux tribunaux maritimes, soit près nos commissaires royaux rapporteurs, les individus prévenus d'un délit dont la connaissance ressortit à ces tribunaux.

### Art. CCXXXVI.

L'arrestation d'un forçat évadé des bagnes donne lieu à une prime fixée ainsi qu'il suit :

S'il est repris hors des murs de la ville où il était détenu, 100 fr.; s'il a été saisi dans la ville, 50 fr.; s'il a été saisi dans le port. 25 fr. (Arrêté du 6 brumaire an XII.)

Ils sont chargés, d'après les instructions du commissaire de marine préposé aux chiourmes, de la surveillance extérieure des bagnes.

### Art. 239.

Les fonctions ci-dessus attribuées à la gendarmerie des ports et arsenaux dans les chefs-lieux des arrondissements maritimes, sont les mêmes dans les ports secondaires et dans les quartiers de l'inscription maritime.

### Art. 240.

Les sous-officiers et gendarmes ne peuvent se porter, même pour objet de service, hors de l'arrondissement qui leur a été assigné, sans qu'ils y aient été autorisés par les intendants de la marine, ou par les commissaires généraux ou principaux qui en remplissent les fonctions, ou par le chef du service de la marine dans le port où ils sont employés.

### Art. 241.

Lorsqu'une levée est ordonnée, les gendarmes sont envoyés dans les communes des quartiers, non-seulement pour porter les ordres de l'officier d'administration aux préposés et syndics, mais encore pour en seconder, s'il y a lieu, l'exécution.

Ils donnent ou requièrent main forte, au besoin, pour assurer l'effet de la levée.

Ils traduisent dans les prisons les marins coupables de désobéissance et de désertion.

En cas d'insubordination, de voies de fait ou de tous autres délits contre les règlements maritimes, ils se portent, sur la réquisition de l'officier d'administration, à bord des navires de commerce ou autres, dressent les procès-verbaux de ces délits, et les transmettent à l'officier d'administration.

Ils accompagnent l'officier d'administration sur les lieux où il doit se transporter à l'occasion de bris, de naufrages ou échouements.

### SECTION II.

*Des rapports de la gendarmerie près les ports et arsenaux avec les intendants de la marine et les chefs militaires des ports.*

### Art. 242.

En l'absence de nos commissaires royaux rapporteurs, les capitaines de la gendarmerie des ports et arsenaux en remplissent les fonctions près les tribunaux maritimes.

### Art. 243.

Les capitaines rendent compte sur-le-champ aux majors généraux et majors de la marine des événements qui pourraient intéresser la sûreté des ports et arsenaux, et ils leur communiquent tous les renseignements qu'ils ont obtenus.

Ils les instruisent également, par des rapports fréquents, de la situation des divers ports secondaires et quartiers maritimes.

Ces mêmes officiers rendent des comptes semblables aux intendants de la marine et aux commissaires généraux ou principaux qui en remplissent les fonctions.

### Art. 244.

Les lieutenants des compagnies de gendarmerie des ports et arsenaux adressent directement à l'officier de marine qui commande dans l'arrondissement où est fixée leur résidence les rapports qui seraient de nature à intéresser la sûreté dudit arrondissement; ils en envoient sur-le-champ copie à leur capitaine, auquel sont dus exclusivement les comptes sur la tenue, la police et la discipline des sous-officiers et gendarmes.

### Art. 245.

Les intendants de la marine, les commissaires généraux ou principaux qui en remplissent les fonctions, les majors généraux et majors des ports, prescrivent les punitions que doivent subir les officiers, sous-officiers et gendarmes pour infraction à leurs ordres, ou pour des fautes commises dans le service; ils se conforment, selon la gravité des cas, aux dispositions des art. 257 et 258 de la présente ordonnance.

Ces punitions sont infligées par les capitaines, lorsqu'elles concernent des lieutenants ou des sous-officiers et gendarmes, et par le colonel de la légion, si la punition doit être infligée à un capitaine.

Lorsque les autres officiers ou administrateurs de la marine ont à se plaindre des officiers, sous-officiers ou gendarmes, ils doivent s'adresser, soit à l'intendant de la marine de leur arrondissement, soit au commissaire général ou principal qui en remplit les fonctions, soit au major général ou major des ports, soit au capitaine de la compagnie, qui, s'il y a lieu, ordonnent des punitions, en se conformant aux dispositions ci-dessus.

### Art. 246.

Les colonels de gendarmerie punissent directement les militaires des compagnies des ports et arsenaux pour insubordination et autres fautes de discipline militaire.

### Art. 247.

Chaque trimestre, les commissaires de marine peuvent constater l'effectif des brigades de gendarmerie affectées au service des ports : à cet effet, ils passent la revue des hommes présents dans le lieu de leur résidence; mais ils ne doivent donner aucun ordre pour le déplacement des gendarmes qui sont attachés à des quartiers maritimes. L'existence de ces militaires est constatée par les certificats qu'adressent les administrateurs de la marine chargés du service de ces quartiers.

### Art. 248.

Pour éviter de trop longs déplacements et des absences nuisibles au service des ports et arsenaux, lors des revues des inspecteurs généraux et des colonels de la gendarmerie, les sous-officiers et gendarmes disséminés dans les différents quartiers maritimes se rendent, pour la revue, sur les points de réunion des brigades des départements les plus rapprochés de leurs quartiers, lors même que ces points de réunion ne

seraient pas dans la circonscription de la légion et de l'arrondissement d'inspection dont ils font partie.

L'extrait de la revue, pour les gendarmes maritimes dans cette position, est adressé au colonel ou à l'inspecteur général qui a dans son arrondissement le chef-lieu de la compagnie où se fait la revue principale.

### Art. 249.

Les colonels de gendarmerie ne peuvent distraire les brigades des compagnies près les ports et arsenaux des fonctions qui leur sont spécialement attribuées, pour appuyer l'action de la gendarmerie des départements, sans y avoir été formellement autorisés par les intendants de la marine, ou par les commissaires généraux ou principaux qui remplissent les fonctions.

Réciproquement, dans le cas où lesdits intendants, commissaires généraux ou principaux de la marine jugeraient indispensable de faire appuyer l'action de la gendarmerie des ports et arsenaux par la gendarmerie des départements, cette mesure ne pourra avoir lieu que de concert avec les officiers supérieurs de la gendarmerie.

### Art. 250.

Les capitaines des compagnies de gendarmerie près les ports et arsenaux rendent compte au colonel de la légion de ce qui concerne l'administration, la tenue, la police et la discipline de leur compagnie, et des résultats généraux du service.

## CHAPITRE III.

### POLICE ET DISCIPLINE, ORDRE INTÉRIEUR.

*Délits et crimes commis par la gendarmerie.*

### Art. 251.

Les officiers, sous-officiers et gendarmes sont justiciables des tribunaux ordinaires et des Cours d'assises pour les délits et les crimes commis hors de leurs fonctions ou dans l'exercice de leurs fonctions relatives au service de police administrative et judiciaire dont ils sont chargés, et des tribunaux militaires pour les délits et les crimes relatifs au service et à la discipline militaire.

Les militaires de tout grade de la gendarmerie sont réputés être dans l'exercice de leurs fonctions lorsqu'ils sont revêtus de leur uniforme.

### Art. 252.

Si l'officier, sous-officier ou gendarme est accusé tout à la fois d'un délit ou crime militaire et de tout autre délit ou crime de la compétence des tribunaux ordinaires et des Cours d'assises, la connaissance en appartient à ces tribunaux ou Cours d'assises, qui peuvent appliquer, s'il y a lieu, les peines portées au Code pénal militaire, quand, pour raison du délit ou crime militaire, les officiers, sous-officiers et gendarmes ont encouru une peine plus forte que celle résultant du délit ou crime qui ne serait pas militaire par sa nature.

### Art. 253.

Les militaires de la gendarmerie qui ne rejoindraient pas à l'expiration des congés ou permissions, et ceux qui quitteraient leur poste sans autorisation, seront censés

### Art. CCLI.

Voir contre les déguisements les circulaires du 10 avril 1821, du 11 juin 1826, arrêt de la Cour de cassation du 3 brumaire an XIV, et les instructions sur les inspections générales depuis 1830.

D'après les termes des art. 97 et 98 de la loi du 28 germinal an VI, les attributions des conseils de guerre sont restreintes aux *seuls* délits relatifs au service et à la discipline militaire; que, dans tous les autres cas, et même dans ceux où il y aurait *complication* d'un délit militaire et d'un délit relatif au service de police générale, la connaissance en appartient aux *tribunaux civils ordinaires*. (Déc. du conseil d'Etat du 8 vendémiaire an XII.)

L'état des militaires jugés pendant le mois est envoyé, par les conseils d'administration, au ministre de la guerre. (Déc. minist. du 30 mars 1833.)

Le commandant d'une brigade, prévenu d'avoir détourné les deniers déposés entre ses mains pour solde, gratification, etc., accordés à la brigade, est traduit devant les tribunaux ordinaires. (Cour de cassation du 23 décembre 1819.)

Les gendarmes qui, poursuivant un déserteur, sont entrés à cheval dans une pièce de terre ensemencée, sont justiciables des tribunaux ordinaires. (Cour de cassation du 26 février 1825.)

### Art. CCLIII.

Lors même qu'un gendarme ne doit rien à sa masse, il ne peut se retirer sans autorisation ministérielle: il commettrait une infraction formelle à l'art. 291 de cette ordonnance, et s'exposerait à être retenu au corps, par voie disciplinaire, jusqu'à la réception de son congé ou de sa démission. (Inst. sur les revues de 1836.)

démissionnaires ; s'ils sont débiteurs au corps, ou si leur disparition est accompagnée de circonstances aggravantes, ils seront réputés déserteurs.

Quant aux sous-officiers et soldats extraits de la ligne pour le recrutement de la gendarmerie, ils continueront, jusqu'à ce qu'ils aient achevé le temps de service prescrit par la loi du 10 mars 1818, d'être assujettis aux lois et ordonnances qui concernent les militaires des corps de la ligne.

*Fautes contre la discipline.*

### Art. 254.

Sont réputés fautes contre la discipline :

Tout défaut d'obéissance, tant qu'il n'a pas le caractère d'un délit ;

Tout murmure, mauvais propos et signe de mécontentement envers des supérieurs, tout manquement au respect qui leur est dû ;

Tout propos humiliant ou outrage envers un inférieur, et tout abus d'autorité à son égard ;

Toute négligence de la part des chefs à punir les fautes de leurs subordonnés et à en rendre compte aux supérieurs ;

Toute violation des punitions de discipline ;

Tout déréglement de conduite, la passion du jeu et l'habitude de contracter des dettes ;

Les querelles soit entre les hommes de la gendarmerie, soit avec d'autres militaires ou des habitants des villes et campagnes, et, seulement, à l'égard de ces derniers, lorsque les querelles ne sont pas de nature à être portées devant les juges civils qui doivent en connaître ;

L'ivresse, pour peu qu'elle trouble l'ordre public ou militaire ;

Le manquement aux appels, et toute absence non autorisée ;

Toute contravention aux règlements sur la police, la discipline et sur les différentes parties du service ;

Enfin tout ce qui, dans la conduite ou dans la vie habituelle du militaire, s'écarte de la règle, de l'ordre, de l'esprit d'obéissance et de la déférence que le subordonné doit à ses chefs.

*Des punitions de discipline.*

### Art. 255.

Les officiers, sous-officiers et gendarmes sont soumis, chacun en ce qui les concerne, aux règlements de discipline militaire et aux peines que les supérieurs sont autorisés à infliger pour les fautes et les négligences dans le service.

### Art. 256.

Les colonels de la gendarmerie peuvent, d'après le compte qui leur est rendu, infirmer, restreindre ou augmenter les punitions qui auraient été prononcées par les officiers et commandants de brigade sous leurs ordres, sans qu'ils puissent, dans aucun cas, s'écarter des règles qui sont prescrites ci-après pour la nature et la durée des punitions.

### Art. 257.

Les punitions de discipline sont :

Pour les officiers de la gendarmerie royale,

La loi du 10 mars 1818 est abrogée ; elle est remplacée par celle du 21 mars 1832. L'art. 30 de cette loi fixe à *sept* ans la durée du service militaire, comptant du 1er janvier de l'année où le jeune soldat aura été inscrit sur les registres matricules des corps de l'armée.

### Art. CCLIV.

Si le gendarme avait pour complices des militaires, les uns et les autres seraient traduits devant les tribunaux militaires. (Cour de cassation du 17 octobre 1813.)

Les dispositions de l'ordonnance du 1er avril 1818, relatives à la formation des conseils de discipline, qui déterminent les cas dans lesquels les militaires doivent être envoyés, sont étendues à la gendarmerie et à la garde municipale de Paris. (Déc. minist. du 12 octobre 1832.)

Le conseil de discipline dans la gendarmerie sera composé, savoir :

Du chef d'escadron ou capitaine commandant, *président ;*

Du lieutenant résidant au chef-lieu. }
Du trésorier............................. } *à défaut, par les plus anciens officiers du grade correspondant ;*

De deux maréchaux des logis. }
De deux brigadiers............... } pris parmi ceux employés au chef-lieu, et les plus anciens de la compagnie.

Ces derniers ne pourront, en conséquence, faire partie des conseils qui auront à statuer sur leurs plaintes : ils devront être remplacés par des officiers du même grade. (Même déc.)

Ces mesures ne concernent que les militaires liés au service, en vertu de la loi de recrutement. (Même déc.)

Les avis motivés des conseils de discipline seront toujours adressés, par les chefs de légion, aux officiers généraux commandant les divisions militaires. (Même déc.)

Aucun officier ne pourra être envoyé devant un conseil d'enquête sans l'ordre spécial du ministre de la guerre ; mais, hors du territoire français européen, ce seront les officiers commandant gouverneurs qui exerceront le même pouvoir que le ministre de la guerre. (Art. 6 de l'ord. royale du 21 mai 1836.)

Un officier ne peut être mis en réforme, par mesure de discipline, que pour *inconduite habituelle ; fautes graves dans le service ou contre la discipline, fautes contre l'honneur, prolongation au delà de trois ans de la position de non activité,* tout officier *condamné, par le jugement, à un emprisonnement de plus de six mois.* (Art. 12 et 27 de la loi du 19 mai 1834 sur l'état des officiers.)

Lorsqu'un *officier en activité* ou en *non activité* sera dans le cas d'être renvoyé devant un conseil d'enquête, un rapport spécial, avec la plainte, *s'il en a été formée,* sera transmis, par la voie hiérarchique, au ministre de la guerre. (Art. 7 de l'ord. du 21 mai 1836.)

Le rapport spécial sera fait, pour les officiers de gendarmerie, par le général commandant la brigade ou la subdivision territoriale. (Même art.)

Conformément à l'art. 13 de la loi du 19 mai 1834, lorsqu'un officier sera resté en non activité pendant *trois* ans, il devra être *envoyé* devant un conseil d'enquête. (Art. 8 de la même ord.)

Le général commandant la division a le droit de désigner les membres qui devront former le conseil d'enquête, l'époque, le lieu et l'objet de la convocation. (Art. 10 de la même ord.) Voir les articles suivants de cette ordonnance pour le mode d'opiner des membres du conseil ; consulter la circulaire ministérielle du 8 novembre 1836 pour le modèle de la formule du procès-verbal des opérations d'une séance d'un conseil d'enquête.

Les arrêts simples,
Les arrêts forcés,
La prison ;
Pour les sous-officiers et gendarmes,
La consigne aux casernes,
La chambre de police,
La prison.

### Art. 258.

La peine des arrêts simples, des arrêts forcés, de la consigne, de la chambre de police et de la prison ne peut être infligée pour moins de trois jours ni plus de quinze jours. Cependant, si un officier, sous-officier ou gendarme commettait une faute contre la discipline, de nature à mériter une plus forte punition, les colonels sont autorisés à prolonger la durée de la peine de la prison jusqu'à ce que le ministre de la guerre ait prononcé, si c'est un sous-officier ou gendarme, ou qu'il ait pris nos ordres, si c'est un officier.

Les colonels de la gendarmerie sont tenus d'adresser leur rapport au ministre de la guerre, dans les trois jours à partir de celui où ils ont cru devoir prolonger la peine de la prison.

### Art. 259.

Les arrêts simples, la consigne et la chambre de police n'exemptent point du service.

### Art. 260.

Les commandants de brigade peuvent infliger la peine de la consigne et de la chambre de police à leurs subordonnés ; la peine de la prison n'est infligée que par les officiers.

Les arrêts simples peuvent être ordonnés à chaque officier par son supérieur en grade ou celui qui en exerce l'autorité ; les arrêts forcés et la prison ne sont ordonnés que par le colonel de la légion.

### Art. 261.

Tout officier, sous-officier ou gendarme, lors même qu'il se croirait injustement puni et fondé à se plaindre, est tenu de se soumettre à la punition de discipline prononcée contre lui ; mais il peut, après avoir obéi, faire des réclamations près de l'officier immédiatement supérieur à celui qui a ordonné la punition.

### Art. 262.

Il est rendu compte sur-le-champ aux colonels des légions, en suivant la hiérarchie des grades, de toutes les punitions, de leurs motifs et des réclamations auxquelles elles ont pu donner lieu. Chaque trimestre, un extrait de ces rapports est adressé par les colonels au ministre de la guerre.

### Art. CCLXII.

Les punitions doivent toujours être proportionnées à la gravité des délits. La fausse idée que se font plusieurs officiers que, pour l'honneur de l'arme, il est convenable de pallier les torts des hommes, afin de les soustraire soit à l'action des règlements de discipline, soit à celle des tribunaux, ne peut que produire des résultats fâcheux. (Instr. du 30 juin 1827.)

19

*Règles particulières.*

## Art. 263.

Les commandants de compagnie doivent tenir sévèrement la main à ce que leurs subordonnés ne se livrent point à des dépenses qui les mettraient dans le cas de contracter des dettes : celles qui auraient pour objet la subsistance des hommes ou des fournitures relatives au service, seront payées au moyen d'une retenue, jusqu'à concurrence du cinquième de la solde proprement dite.

Ces retenues sont ordonnées par les colonels des légions, indépendamment des punitions de discipline qu'ils croient devoir prononcer.

## Art. 264.

Tout officier de gendarmerie qui, s'étant laissé poursuivre judiciairement pour dettes contractées par billets, lettres de change, obligations ou mémoires arrêtés par lui, aura été condamné par jugement définitif, ne pourra rester au service, si, dans le délai de deux mois, il ne satisfait pas à ses engagements : dans ce cas, le jugement porté contre lui équivaudra, après ce délai, à une démission précise de son emploi.

## Art. 265.

L'habitude de s'enivrer, quand bien même elle ne serait pas accompagnée de circonstances aggravantes, suffit pour motiver l'exclusion du corps de la gendarmerie : en conséquence, tout militaire de ce corps qui a subi des punitions de discipline à trois reprises différentes pour cause d'ivrognerie, peut être réformé.

### Art. CCLXIV.

Ces dispositions sont une suite de la loi du 10 juillet 1791, dont l'art. 63, titre III, s'exprime ainsi :
« Le militaire en activité de service, qui, étant majeur, a contracté des engagements pécuniaires par
« lettre de *change* ou autres *obligations* emportant contrainte par corps, et a, par jugement définitif, été
« condamné par corps, ne pourra rester au service, etc. »

Une ordonnance du roi, du 13 février 1839, relative aux oppositions juridiques faites sur la solde des militaires de la gendarmerie, *substitue*, dans les départements, les *payeurs*, et, à Paris, le *conservateur des oppositions au ministère des finances, aux trésoriers* des compagnies. (Circ. minist. du 20 février de la même année.)

### Art. CCLXV.

L'on doit écarter d'un soldat ivre l'action immédiate des chefs, attendu que ce militaire, privé de raison, pourrait se livrer à des excès qui auraient pour résultat de l'amener devant un conseil de guerre. (Circ. minist. des 23 décembre 1831 et 12 novembre 1832.)

Des faits qui ne constituent d'abord que des fautes de discipline, deviennent délits par défaut de prudence et de modération de la part des chefs, et surtout des chefs immédiats. (Même circ.)

A moins d'une nécessité absolue, la punition qu'aurait encourue un homme *ivre* ne doit lui être infligée que lorsque l'état d'ivresse a cessé. (Art. 328 de l'ord. du 2 novembre 1833.)

« Si l'intérêt du service veut que la discipline soit ferme, il veut en même temps qu'elle soit paternelle :
« toute rigueur qui n'est pas de nécessité ; toute punition qui n'est pas déterminée par les règlements, ou
« que ferait prononcer un sentiment autre que celui du devoir ; *tout acte, tout geste, tout propos outra-*
« *geant d'un supérieur envers son subordonné, sont sévèrement* interdits. Les membres de la hiérarchie
« militaire, *à quelque degré qu'ils y soient placés,* doivent traiter leurs inférieurs avec bonté, être pour
« eux des guides bienveillants, leur porter tout intérêt, et avoir envers eux tous les égards dus à des
« hommes dont la valeur et le dévouement *procurent leurs succès et préparent leur gloire.* » (Ord. du
2 novembre 1833.)

### Art. 266.

Si, pour des faits particuliers à l'administration des compagnies de gendarmerie, les intendants ou sous-intendants militaires qui en ont la police avaient des punitions à imposer aux présidents des conseils d'administration et aux trésoriers, ils en formeraient la demande au colonel de la légion, qui sera tenu de les ordonner et de les faire subir.

### Art. 267.

Le commandant de chaque compagnie tient le registre de discipline, sur lequel il inscrit les actions remarquables, les opérations importantes, les fautes commises et les punitions infligées. Un extrait de ce registre est adressé chaque mois au colonel de la légion.

### Art. 268.

Lors de leurs revues, les inspecteurs généraux de la gendarmerie se font représenter les registres de discipline; ils peuvent les rectifier d'après les renseignements particuliers qu'ils ont recueillis.

### Art. 269.

S'ils reconnaissent que des officiers, sous-officiers ou gendarmes ont subi des punitions de discipline réitérées, ils adressent au ministre de la guerre leur rapport sur ceux de ces militaires qui ne leur paraissent pas susceptibles d'être maintenus dans le corps de la gendarmerie, ou qu'il conviendrait de soumettre à des changements de résidence.

### Art. 270.

Les inspecteurs généraux de la gendarmerie peuvent décerner des éloges publics aux officiers, sous-officiers et gendarmes qui les ont mérités par leur conduite et leurs services; mais ils ne font de réprimandes qu'en particulier, ou, s'il est nécessaire, en présence de la troupe seule.

*Ordre intérieur.*

### Art. 271.

Les officiers de tout grade de la gendarmerie royale ne peuvent se marier sans en avoir obtenu la permission du ministre de la guerre.

### Art. 272.

Les sous-officiers et gendarmes ne peuvent également se marier sans en avoir obtenu la permission du commandant de la compagnie, approuvée par le colonel de la légion.

Dans le cas où cet officier supérieur croirait devoir refuser son consentement, il est tenu d'en faire connaître les motifs au ministre de la guerre, qui prononce définitivement.

### Art. CCLXXI.

Ceux d'entre eux qui auront contracté le mariage sans cette permission, encourront la destitution et la perte de leurs droits, tant pour eux que pour leurs veuves et leurs enfants, à toute pension ou récompense militaire. (Décret du 16 juin 1808, art. 1er, et avis du conseil d'État du 29 avril 1836.)

Tout officier de l'état *civil* qui, sciemment, aura célébré le mariage d'un officier *en activité de service*, sans s'être fait remettre lesdites permissions, ou qui aura négligé de les joindre à l'acte de célébration du mariage, sera destitué de ses fonctions. (Art. 3 du même décret). Sous aucun prétexte, un officier n'obtiendra la *permission* de se marier, si le mariage projeté n'est formellement approuvé et la demande appuyée par le chef de légion auquel appartient l'officier. (Déc. minist. du 21 juin 1836.)

### CCLXXII.

Les demandes de mariage des commandants de brigade et des gendarmes doivent être apostillées par les commandants de lieutenance et transmises au commandant de la compagnie. Cette permission n'est valable qu'autant qu'elle est visée pour approbation par le chef de la légion. Les pièces qui accompagnent chaque demande, sont : 1° un certificat de bonne vie et mœurs de la future, mentionnant l'état de ses parents et le sien ; 2° une attestation autant que possible *notariée*, indiquant, d'une manière explicite, le montant et la nature de la dot, la fortune à laquelle elle peut prétendre. (Déc. du ministre de la guerre du 2 messidor an IX.)

Le gendarme ne peut obtenir la permission de se marier qu'autant que la masse est complète. (*Idem.*)

L'art. 3 du décret du 16 juin 1808 est applicable à l'officier de l'état civil qui aurait célébré un mariage d'un sous-officier ou gendarme sans s'être fait représenter sa permission.

#### ACTES DE NAISSANCE.

Les demandes d'expéditions d'actes de naissance, adressées à MM. les procureurs du roi par les conseils d'administration des compagnies de gendarmerie, doivent être accompagnées d'un bon sur la poste

### Art. 273.

Les maréchaux des logis, brigadiers et gendarmes logent dans les casernes ou maisons qui en tiennent lieu; ils ne peuvent découcher que pour objet de service. A moins que les circonstances n'exigent l'emploi de la brigade tout entière, il y a toujours un gendarme de garde à la caserne.

### Art. 274.

Les femmes et les enfants des sous-officiers et gendarmes peuvent habiter les casernes : ils doivent y tenir une conduite régulière, sous peine d'en être renvoyés d'après les ordres du colonel de la légion.

### Art. 275.

Aucun sous-officier ou gendarme ne peut faire commerce, tenir cabaret, ni exercer aucun métier ou profession; les femmes ne peuvent également, dans la résidence de leur mari, tenir cabaret, billard, café ou tabagie.

### Art. 276.

Hors le cas de service, les maréchaux des logis, brigadiers et gendarmes sont tenus de rentrer à la caserne à neuf heures du soir en hiver, et à onze heures en été.

### Art. 277.

Les gendarmes ne peuvent s'absenter de la caserne sans en prévenir le commandant de la brigade, et sans lui dire où ils vont, afin qu'on puisse les trouver au besoin : il leur est enjoint d'être constamment dans une bonne tenue militaire.

équivalent aux droits d'expédition (sur papier libre) et de légalisation. (Déc. minist. du 21 septembre 1837, et art. 16 de la loi du 13 brumaire an VII.)

Les militaires qui réclament eux-mêmes leur acte de naissance pour en justifier à l'appui de leur demande d'admission, doivent s'adresser directement aux *greffiers*; ils n'ont aucune qualité pour réclamer l'intervention du procureur du roi. (Déc. minist. du 27 septembre 1839.)

Mais, lorsque cet acte est demandé par le conseil d'administration de la compagnie, il n'y a aucun inconvénient à ce que le conseil s'adresse au procureur du roi, et cet intermédiaire est d'autant plus nécessaire qu'il assure à ces actes l'*exemption du timbre*. (Même décision.)

Le taux des expéditions sur papier *libre*, réclamées d'office à ces magistrats, s'élève, savoir :

|  | Expédition. | Légalisation. | TOTAL. |
|---|---|---|---|
| Pour Paris............................... | 0   75 | 0   25 | 1   »»» |
| Pour les villes de 50,000 âmes et au-dessus...... | 0   50 | 0   25 | »   75 |
| Pour les autres communes.................... | 0   30 | 0   25 | »   55 |
| (Même décision.) | | | |

### Art. 278.

Les maréchaux des logis et brigadiers surveillent l'intérieur des casernes ; ils ont soin de les faire entretenir dans le meilleur état de propreté, et ils empêchent qu'il n'y soit commis des dégradations.

### Art. 279.

Autant que le service le permet, les chevaux sont pansés à la même heure ; les commandants de brigade sont présents au pansage, ainsi qu'aux distributions : ils sont responsables des négligences ou abus qu'ils auraient tolérés.

### Art. 280.

Les gendarmes commandés pour un service ne doivent jamais partir de la caserne avant que le chef de la brigade ait fait l'inspection des hommes, des chevaux et des armes. Au retour, la même inspection est faite pour voir si les hommes rentrent dans une bonne tenue, et si les chevaux n'ont pas été surmenés.

*Remontes.*

### Art. 281.

Tout militaire qui sera admis dans l'arme à cheval de la gendarmerie, devra se pourvoir, à ses frais, d'un cheval de l'âge de cinq ans au moins et de huit ans au plus, de la taille d'un mètre 516 millimètres sous potence : à tous crins, noir, bai ou alezan ; qui soit bien tourné et d'un bon service.

### Art. 282.

Les chevaux seront reçus par le conseil d'administration, qui ne pourra les admettre s'ils ne réunissent les qualités ci-dessus. Les marchés devront toujours stipuler les garanties à exiger pour les cas rédhibitoires. Aussitôt après leur réception, les chevaux seront signalés sur les contrôles de la compagnie, et les fourrages seront fournis par les magasins des brigades.

### Art. 283.

Il ne doit être admis dans la gendarmerie ni chevaux entiers ni juments.

### Art. 284.

Les officiers de tout grade de la gendarmerie, à l'exception des trésoriers, dont le service est sédentaire, sont tenus d'être constamment pourvus d'un cheval d'escadron. S'ils restent démontés au delà d'un mois, ils éprouvent sur leur traitement la retenue de 1 fr. par jour ; et s'ils ne sont pas remontés dans le délai de trois mois, ils sont censés démissionnaires.

### Art. 285.

Toutes les fois qu'un sous-officier ou gendarme sera démonté, il devra, dans le délai d'un mois, présenter un cheval ayant les qualités requises ; passé ce temps, il sera pourvu à sa remonte par les soins du conseil d'administration.

### Art. CCLXXXI.

Les chefs de légion peuvent autoriser l'admission des chevaux de *quatre ans, faits* ; mais leur nombre
ne peut jamais excéder le *quart* des chevaux admis, pour chaque compagnie, *dans le cours de l'année.*
(Art. 2 de l'instr. du 15 juillet 1835.)

Les chevaux et juments ne sont pas reçus au-dessous de la taille de 1 mètre 516 millimètres, sans l'autorisation du ministre, et, dans *aucun cas,* au-dessus de 1 mètre 597 millimètres. (Art. 7 de la même instr.)

### Art. CCLXXXII.

Les sous-officiers et gendarmes ne peuvent être empêchés de faire eux-mêmes l'acquisition de leurs chevaux, dont la réception, d'ailleurs, n'est autorisée que lorsqu'ils sont reconnus propres à leur destination.
(Circ. du 10 avril 1821.)

### Art. CCLXXXIII.

Les chefs de légion autorisent l'admission d'un certain nombre de juments, sous la garantie donnée par
le vendeur qu'elles ne sont pas pleines.

Ce nombre ne doit pas, dans chaque compagnie, dépasser le *quart* de l'effectif. (Art. 4 de l'instr. du
15 juillet 1835.)

### Art. CCLXXXIV.

Les chevaux des officiers doivent être tous à crins. (Art. 33 de l'instr. du 15 juillet 1835.)

Aucune suite n'est donnée aux demandes fondées sur la perte des chevaux ne réunissant pas les conditions déterminées par les art. 281 et 283 de cette ordonnance. (Même art.)

Les officiers de gendarmerie qui, dans l'exécution du service, perdent un cheval par suite de la fracture
d'un membre ou de tout autre événement extraordinaire, peuvent recevoir une indemnité sur le fonds spécial. (Art. 28 de l'instr. du 15 juillet 1835.)

La même indemnité peut être accordée aux lieutenants et sous-lieutenants, lorsqu'ils ont remplacé un
cheval dont la perte provient de la morve ou d'une maladie épizootique. (Art. 29 de la même instr.)

L'indemnité est basée sur le laps de temps qui s'est écoulé à partir de l'admission du cheval au service
de l'arme. Elle n'est pas due si le cheval a été admis depuis plus de huit ans. Elle ne peut excéder 450 fr.
que dans le cas prévu par l'art. 15 de la présente instruction. Elle est alors fixée à 600 fr., quelle que soit
la date de l'admission du cheval. (Art. 30 de la même instr.)

Dans les deux cas spécifiés à l'art. 29, l'indemnité n'est allouée aux officiers supérieurs et aux capitaines,
quel que soit l'emploi dont ils sont pourvus, que s'ils perdent un cheval qu'ils ont fait admettre depuis
moins de deux ans. (Art. 31 de la même instr.)

Les pertes sont constatées, dans les cinq jours de l'événement, par un procès-verbal du sous-intendant
militaire, ou, à son défaut, du sous-préfet ou du maire, assisté d'un artiste vétérinaire. Ce procès-verbal
contient le nom, le signalement et le prix d'estimation du cheval, et donne tous les renseignements nécessaires pour faire apprécier le droit à l'indemnité. (Art. 32 de la même instr.)

Les états de proposition sont établis conformément au modèle ci-joint sous le n° 3, et adressés aux chefs
de légion pour être transmis au ministre, avec leur avis dans le délai d'un mois à dater du jour de la perte.
(Art. 33 de la même instr.)

## Art. 286.

Dans l'intervalle des inspections, aucun sous-officier ou gendarme ne pourra vendre ni échanger son cheval.

Cependant, si de puissantes considérations nécessitaient la prompte réforme d'un cheval, le colonel de la légion, sur la demande du lieutenant, et d'après l'avis du commandant de la compagnie, pourra autoriser l'échange ou la vente ; mais, à la prochaine revue, il en sera rendu compte à l'inspecteur général, qui vérifiera l'exactitude des motifs d'urgence ; et, s'il y a eu abus, il en sera fait un rapport spécial à notre ministre de la guerre.

Un extrait de la matricule des chevaux, en ce qui concerne le cheval perdu et la nouvelle remonte, est joint à l'état de proposition : cet extrait est certifié par le sous-intendant militaire. (Art. 34 de la même instr.)

Les pertes d'effets, éprouvées dans l'exécution du service, sont constatées, dans les cinq jours de l'événement, par un procès-verbal d'enquête du sous-intendant militaire ou du sous-préfet, qui certifie la valeur des effets perdus. (Art. 36 de la même instr.)

Les états de proposition sont établis conformément au modèle n° 4, et ils sont transmis, par les chefs de légion, dans le délai déterminé par l'art. 33. (Art. 37 de la même instr.)

### Art. CCLXXXVI.

Les motifs de la réforme prononcée par le colonel sont toujours constatés par un procès-verbal, conforme au modèle n° 1, du sous-préfet ou du maire, suivant les localités, assisté d'un *artiste vétérinaire*, et contenant le signalement du cheval. Ce procès-verbal est soumis, dans les *cinq* jours, au visa du sous-intendant militaire. Il est dressé par ce fonctionnaire, si la réforme doit se faire au chef-lieu. (Art. 12 de l'instr. du 15 juillet 1835.)

La vente des chevaux réformés a lieu, pour les brigades du chef-lieu de la compagnie, en présence du sous-intendant militaire, et, pour les autres brigades, en présence du sous-préfet ou du maire de la résidence, suivant les localités. (Art. 13 de la même instr., et arrêté du 27 prairial an x, et circ. du 10 messidor suivant.)

Ces fonctionnaires dressent le procès-verbal n° 2. Ceux du sous-préfet et des maires sont soumis, dans les *cinq* jours, au visa du sous-intendant militaire ; ces procès-verbaux *rapportent* le *nom* et le *signalement* des chevaux. (Même art. 13.)

## Art. 287.

Le prix des chevaux vendus, soit d'après la réforme ordonnée par l'inspecteur général, soit d'après l'autorisation du colonel de la légion, sera versé dans la caisse du conseil d'administration, pour servir, par forme d'à-compte, au paiement des chevaux de remonte.

## Art. 288.

Il est expressément défendu aux sous-officiers et gendarmes de prêter leurs chevaux, ou de les employer à tout autre usage que pour le service. Ceux qui contreviendraient à cette défense seront punis; ils encourront la réforme lorsqu'il y aura récidive.

## Art. 289.

Les commandants de brigade veilleront à ce que les chevaux des gendarmes absents ou malades reçoivent les soins convenables ; ils les feront promener, et pourront les employer pour le service : dans ce cas, le gendarme qui montera le cheval d'un homme absent ou malade, sera responsable des accidents qui proviendraient de sa négligence, de défaut de soin ou de ménagement. Lorsque ce gendarme rentrera à la caserne, il devra en prévenir sur-le-champ le commandant de la brigade, pour que celui-ci inspecte le cheval avant qu'il soit conduit à l'écurie.

## Art. 290.

Les sous-officiers et gendarmes qui quitteront le corps, ne pourront disposer de leurs chevaux qu'avec l'agrément du conseil d'administration de la compagnie. Dans le cas où ce conseil croirait que le cheval dût être conservé et passer à un autre gendarme, la valeur en sera fixée par des experts qui seront nommés par les parties intéressées, et le prix en sera remis comptant au gendarme cessionnaire, s'il se trouve ne rien devoir à la masse de compagnie.

Les chevaux des sous-officiers et gendarmes décédés pourront être également conservés; le prix en sera réglé par des experts, et remis, s'il y a lieu, aux héritiers.

### Art. CCXC.

Les chevaux des sous-officiers et gendarmes *décédés*, ou qui *sortent* de l'arme, sont reçus jusqu'à *douze* ans au *plus*, si, après avoir été examinés par un artiste vétérinaire, ils paraissent susceptibles de servir *encore* pendant *quatre* ans au moins. (Art. 3 de l'instr. du 15 juillet 1835.)

Néanmoins ces chevaux ne peuvent être admis que s'ils sont demandés par des gendarmes à remonter. (Même art.)

Pour déterminer l'indemnité à allouer sur le fonds d'entretien et de remonte, par suite du remplacement d'un cheval mort ou réformé, on déduit, pour chaque année de service du cheval, un dixième du prix d'achat.

Si le cheval est remplacé plus de huit ans après son admission dans l'arme, l'indemnité due est augmentée d'une prime qui ne peut être moins de 50 fr. ni excéder 150 fr. (Art. 14 de l'instr. du 15 juillet 1835.)

Lorsqu'il s'agit d'un cheval réformé, le prix qui en a été retiré est déduit du montant de l'indemnité ou de la prime. (Même art.)

La position de famille et la situation de la masse individuelle du militaire peuvent être prises en considération. (Même art.)

Le maximum de l'indemnité qui peut être accordée, d'après ces bases, est fixé à 450 fr. (Même art.)

Le cheval tué ou abattu à la suite d'un événement résultant de la résistance armée qu'un sous-officier ou gendarme éprouve dans l'exécution du service, donne lieu à une indemnité égale au prix d'achat, s'il a été admis depuis moins de trois ans ; passé ce temps de service, elle est fixée à 450 fr. (Art. 15, *idem.*)

Dans l'un et l'autre cas, l'indemnité est acquise lors même que le militaire quitte l'arme autrement que par démission. Elle est payée à ses héritiers, s'il a été tué. (Même art.)

La femme ou les orphelins d'un sous-officier ou gendarme décédé en activité de service, peut être proposée pour une indemnité sur le fonds d'entretien et de remonte, si le militaire, avant son décès, a perdu son cheval. (Art. 16, *idem.*)

La durée des services du sous-officier ou gendarme décédé, ainsi que la situation de son compte, après la vente du cheval et des effets, sont prises en considération pour la fixation de l'indemnité, qui ne peut excéder les deux tiers de l'allocation à laquelle aurait pu prétendre ce militaire. (Même art.)

Les conseils d'administration se conforment, pour ces propositions, au modèle joint à la circulaire du 28 décembre 1821. (Art. 17, *idem.*)

Les chefs de légion les transmettent au ministre, chaque année, après l'inspection générale ou après la revue, afin qu'ils puissent s'enquérir, avant d'émettre un avis sur la fixation de chaque indemnité, du prix retiré du cheval vendu et de la situation de famille du militaire qui est l'objet de la proposition. Ils doivent surtout vérifier si la nouvelle remonte réunit toutes les conditions réglementaires et n'a pas été payée au-dessus de sa valeur. (Art. 18, *idem.*)

Chaque proposition est appuyée d'une copie des délibérations prises par le conseil d'administration, pour prononcer la réception du cheval remplacé et de la nouvelle remonte. On joint également, s'il y a lieu, le procès-verbal (modèle n° 2) constatant la vente du cheval réformé.

Lorsque la réforme a été prononcée depuis la dernière inspection générale, le procès-verbal prescrit à l'art. 12, pour constater les motifs de cette réforme, est annexé à la proposition d'indemnité. (Art. 20, *id.*)

Dans le cas où le cheval remplacé est venu d'une autre compagnie, le conseil d'administration a soin d'indiquer cette mutation, avec la date sur l'état de proposition, au-dessous de la résidence actuelle du sous-officier ou gendarme. (Art. 21, *idem.*)

Il est fait des propositions spéciales, sans attendre la revue du chef de légion, en faveur des militaires qui passent dans une autre compagnie, dans les cas prévus aux art. 15 et 16. (Art. 22, *idem.*)

Si l'indemnité est demandée en faveur de la veuve d'un sous-officier ou gendarme décédé en activité de service, une copie de l'acte de mariage, certifiée par le conseil d'administration, est jointe à la proposition.

*Démissions et congés.*

### Art. 291.

Les militaires qui, après être libérés du service, ont obtenu leur admission dans la gendarmerie, peuvent demander leur démission à l'époque des revues ; ces demandes sont examinées par l'inspecteur général, et transmises au ministre de la guerre, qui prononce définitivement.

Toutefois, si, dans l'intervalle des inspections, quelques-uns de ces militaires justifiaient que de puissants motifs les forcent à se retirer de la gendarmerie, les demandes qu'ils adressent, par la voie hiérarchique, au colonel de la légion, sont soumises, avec les observations de cet officier supérieur, au ministre de la guerre, qui accorde les démissions, s'il y a lieu.

### Art. 292.

Les sous-officiers et gendarmes qui ne conviennent pas au service de la gendarmerie, sont congédiés ou réformés purement et simplement par le ministre de la guerre.

Les congés de réforme et les congés absolus sont expédiés d'après ses ordres.

la demande est appuyée, en outre, des copies certifiées des actes de naissances, si l'indemnité paraît devoir être accordée aux orphelins. (Art. 23 de la même instr.)

La perte ou la détérioration des effets qui entrent dans la tenue, peut donner lieu à une proposition d'indemnité sur le fonds d'entretien et de remonte, si elle a eu lieu dans l'exécution du service et par une circonstance indépendante des sous-officiers et gendarmes. (Art. 24 de la même instr.)

L'événement qui a occasionné la perte ou la détérioration est certifié, dans le délai de cinq jours, par le sous-intendant militaire, ou, à son défaut, par le sous-préfet ou le maire. (Art. 25 de la même instr.)

L'indemnité est réglée d'après le prix d'achat des effets, diminué en proportion de leur durée de service. (Art. 26 de la même instr.)

L'état de proposition est conforme à l'état joint à la circulaire du 28 décembre 1821 ; il est transmis au ministre dans le délai d'un mois, à dater du jour de la perte, et le sous-intendant militaire, en y apposant son visa daté, émet son avis sur la quotité de l'indemnité demandée. (Art. 27 de la même instr.)

Je dois aussi faire remarquer que l'allocation des primes aux sous-officiers et gendarmes qui ont conservé leur monture pendant plus de huit ans, est un encouragement qui doit être tout dans l'intérêt du service ; et ce serait en méconnaître l'objet que d'en faire profiter des militaires dont les chevaux auraient été maintenus abusivement sur les contrôles, longtemps après qu'ils étaient hors de service. (Même art.)

### Art. CCXCI.

Les officiers que des convenances personnelles obligent à quitter le service, ne peuvent, sous aucun prétexte, être mis *en non activité ;* ils doivent donner leur démission : cette démission sera conçue dans la teneur ci-après :

« Je soussigné                    , *offre ma démission du grade et de l'emploi qui m'ont été conférés par* « *le roi dans l'armée et dans la gendarmerie ; déclare, en conséquence, renoncer volontairement à tous* « *les droits acquis par mes services, et demande à me retirer dans mes foyers à               ,* « *arrondissement de              , département de              .* « *A              , le              18   .* » (Instruction du 29 juin 1834 sur les inspections générales.)

La démission de tout officier est acceptée par le roi. (Loi du 19 mai 1834, art. 1er.)

Les sous-officiers et gendarmes peuvent également, lorsqu'ils sont libérés du service, donner leur démission, aux termes de la loi du 28 germinal an VI, et dans les cas prévus, tant par l'article ci-contre que par l'art. 47 de celle du 24 août 1838. Cette formule d'acceptation de démission est ainsi conçue : « *Je* « *soussigné              , à la résidence de              , compagnie de              ,* « *offre ma démission du grade et de l'emploi* (pour les gendarmes et gardes municipaux) *dont je suis* « *pourvu dans l'armée et dans le corps de la gendarmerie* (ou *de la garde municipale*). *Je déclare, en* « *conséquence, renoncer volontairement à tous les droits acquis par mes services, et demande à me retirer* « *à              , le              18   .* » (Déc. minist. du 6 décembre 1838.)

Des certificats de bonne conduite seront joints, s'il y a lieu, aux acceptations de démission ; mais ces *certificats officiels* (n° 1) ne doivent être réclamés qu'en faveur des hommes véritablement distingués par leur conduite et leur moralité, autant que par leurs services militaires. (Même déc.)

Les certificats n° 2 n'offrent pas le même caractère d'importance : il convient cependant de ne les délivrer qu'avec circonspection. (Même déc.)

### Art. CCXCII.

Ceux qui sont encore liés au service peuvent être réintégrés dans les armes dont ils proviennent ; ces changements ne doivent avoir lieu que dans l'intérêt du service : la mauvaise conduite ne doit jamais être le motif de ces propositions. Les demandes pour convenances personnelles ne sont admissibles que si les hommes sont en état de s'acquitter envers la caisse de la compagnie. (Inst. du 29 juin 1834 sur les inspections générales.)

Il est expressément interdit aux conseils d'administration et aux officiers de l'arme de délivrer aucun certificat de bonne conduite aux hommes congédiés, à moins d'y être spécialement autorisés par le ministre (circ. minist. du 30 septembre 1835), ni aucune attestation, sous quelque forme et en quelques termes que ce soit. (Art. 20 de l'instr. sur les inspections générales de 1839.)

Toutes les demandes de *congé absolu,* et même toutes les propositions de réforme, seront *appuyées* du relevé des punitions que chaque homme aura subies *depuis un an.* (Même instr.)

Les sous-officiers et gendarmes ne peuvent être proposés, pour la réforme, sans que les conseils d'administration aient *préalablement* constaté, par des extraits individuels du registre des comptes ouverts et des états *estimatifs* des *chevaux* et *effets,* vérifiés et certifiés par le sous-intendant militaire, la situation financière de ces militaires, ainsi que les moyens d'assurer, au besoin, le remboursement de leur débet. (Art. 20 de l'instr. sur les inspections générales de 1839.)

Les militaires de la gendarmerie qui ont cessé d'être employés activement dans la gendarmerie, ne peuvent porter ni la *plaque* ni l'*aiguillette,* qui sont les signes de l'activité. (Circ. du 6 mars 1818.)

Les sous-officiers et gendarmes réformés sans *traitement,* ou *démissionnaires,* ne peuvent, sous *aucun* prétexte, se revêtir de l'*uniforme de la gendarmerie,* et ce, sous peine d'être poursuivis comme *port illégal* de décorations militaires. (Décret du 26 brumaire an XIII.)

Il est recommandé de rendre compte au ministre, par les conseils d'administration, des *accidents graves* que les sous-officiers et gendarmes peuvent éprouver dans l'exercice du service ; ces accidents sont immédiatement constatés par des pièces authentiques propres à servir de base, soit à des demandes de congé de convalescence ou de traitement aux eaux thermales, soit aux propositions de retraite pour infirmités qui pourraient en résulter prématurément. (Circ. minist. du 4 janvier 1836.)

## Art. 293.

Le ministre de la guerre, sur la proposition des colonels de légion, accorde, s'il le juge convenable, des congés limités avec demi-solde aux officiers, sous-officiers et gendarmes, pour leurs affaires personnelles. La durée de ces congés ne peut excéder trois mois.

Si des affaires urgentes exigeaient que des officiers, sous-officiers ou gendarmes s'absentassent pour huit jours au plus, les colonels de légion peuvent accorder les permissions nécessaires, à la charge d'en rendre compte sur-le-champ au ministre de la guerre.

## Art. 294.

Les changements de résidence peuvent être ordonnés, soit dans l'intérêt du service, soit pour l'avantage personnel des officiers, sous-officiers et gendarmes : le ministre de la guerre prononce seul sur ces changements.

## Art. 295.

Une des principales obligations de la gendarmerie royale étant de veiller à la sûreté individuelle, elle doit assistance à toute personne qui réclame son secours dans un moment de danger. Tout militaire du corps de la gendarmerie qui ne satisferait pas à cette obligation, lorsqu'il en aurait la possibilité, se constituerait en état de prévarication dans l'exercice de ses fonctions.

## Art. 296.

Tout acte de la gendarmerie qui troublerait les citoyens dans l'exercice de leur liberté individuelle, est un abus de pouvoir. Les officiers, sous-officiers et gendarmes qui s'en rendraient coupables, encourront leur réforme, indépendamment des poursuites judiciaires qui seront exercées contre eux.

## Art. 297.

Hors le cas de flagrant délit déterminé par les lois, la gendarmerie ne peut arrêter aucun individu, si ce n'est en vertu d'un ordre ou d'un mandat décerné par l'autorité compétente. Tout officier, sous-officier ou gendarme qui, en contravention à cette disposition, donne, signe, exécute ou fait exécuter l'ordre d'arrêter un individu, ou l'arrête effectivement, est poursuivi judiciairement et puni comme coupable de détention arbitraire.

### Art. CCXCIII.

L'ordonnance du 16 janvier 1822 n'est pas applicable à la gendarmerie, tous les congés émanant du ministre de la guerre. (Circ. du 20 juillet 1832.)

Pour obtenir des congés ou prolongations de congé de convalescence, les officiers, sous-officiers et gendarmes doivent produire, à l'appui de leur demande, des certificats de *visite* et *contre-visite* de deux docteurs attachés aux hôpitaux, avec les rapports de l'officier commandant la gendarmerie de l'arrondissement. (Art. 10, 34, 39 et 40 du règlement d'administration du 21 novembre 1823.)

Les militaires de la gendarmerie qui ont à solliciter des prolongations de congé, sont tenus de justifier du besoin réel de ces prolongations; les *chefs d'escadron* et *capitaines*, au colonel le plus à proximité, et les *lieutenants*, ainsi que les *sous-officiers* et *gendarmes*, au commandant de la gendarmerie du département où ils se trouvent. Les demandes et certificats sont transmis par ces commandants, avec leur avis motivé, au ministre de la guerre, qui prononce *seul* sur ces demandes. (Art. 32 du règlement du 21 novembre 1833.)

Les prolongations de congé pour affaires personnelles font cesser le droit à la solde d'absence, du jour de l'expiration du premier congé. (Art. 33, *ibid.*)

La durée d'un congé de convalescence avec prolongation ne peut excéder *six* mois. (Art. 34, *ibid.*)

Les militaires qui n'ont pas rejoint à l'expiration de leur *permission*, *congé* ou *prolongation*, sont privés du rappel de leur solde pour tout le temps de leur absence. (Art. 35, *ibid.*)

Les chefs de légion sont autorisés à délivrer des permissions aux officiers électeurs, pour aller exercer leurs droits électoraux. (Déc. minist. du 6 juin 1834.)

· Les permissions de huit jours que les colonels peuvent accorder, n'entraînent pas la perte de la solde d'activité. Elles ne peuvent être accordées pour en jouir dans les départements de la *Seine* et *Seine-et-Oise*, à moins d'une autorisation du ministre de la guerre. Il y a exception pour les militaires de l'arme de la 1re légion. Ces permissions ne peuvent être prolongées : mais si le ministre les convertit en congé limité, il n'est alloué que la demi-solde, à partir de la date même de la permission. (Circ. du 10 avril 1821, et art. 26 du règlement du 21 novembre 1823.)

### Art. CCXCIV.

Les sous-officiers et gendarmes qui effectuent des changements de légion, perdent leurs droits acquis sur le tableau d'avancement de la légion qu'ils quittent. (Art. 53 de l'ord. du 16 mars 1838.)

Les changements de légion ou permutations ne sont autorisés, pour les gendarmes, que sur l'adhésion écrite et réciproque des deux chefs de légion. (Instr. sur les inspections générales de 1836.)

Quant aux sous-officiers, ces changements ne peuvent avoir lieu qu'à la même condition et par *permutation à grade égal*. (*Ibid.*)

Il est donc indispensable, dans ces deux cas, que les propositions soient accompagnées des consentements exigés. (*Ibid.*)

### Art. CCXCVI.

La gendarmerie, chargée d'un service de sûreté et de police générale, doit veiller à la sûreté des citoyens, et ne peut refuser son concours à ceux qui le réclament. (Circ. du 10 avril 1821.)

Tout abus de pouvoir est réprimé par les art. 173, 184, 186, 187, 188, 189, 190 et 198 du Code pénal.

### Art. CCXCVII.

Le procureur du roi ou le juge d'instruction, et, en fait de délits militaires, le rapporteur près le conseil de guerre.

Lorsque les gendarmes ont à notifier un mandat, et que l'individu qui en fait l'objet n'est plus dans le domicile indiqué et a quitté l'arrondissement de la lieutenance, ils doivent se renseigner sur le lieu de sa retraite; et, dans le cas où ils parviendraient à la découvrir ou à recueillir des indices qui puissent mettre la justice sur les traces de cet individu, ils doivent en faire mention dans le procès-verbal de recherches infructueuses qu'ils rédigent en pareil cas. Ils adressent ce procès-verbal à leur commandant de lieutenance, en y joignant le mandat. Cet officier envoie ces pièces au procureur du roi de l'arrondissement, qui demeure chargé des opérations ultérieures, et de transmettre les renseignements recueillis par les gendarmes, et le mandat au procureur du roi de l'arrondissement où l'individu est présumé s'être retiré. Ce principe résulte des art. 53 et 148 de l'ordonnance du 29 octobre 1820, et art. 47, 90, 98 et 100 du Code d'instruction criminelle. (Bellart.)

* La force publique ne peut être requise par les autorités civiles que dans l'étendue de son territoire : elle ne peut non plus se transporter d'un arrondissement dans un autre. (Art. 292 de l'acte de la constitution de l'an VIII.)

Le droit de faire des perquisitions dans des maisons situées hors de leur ressort, ou toute autre opération, n'est attribué qu'aux magistrats y dénommés, et pour les crimes y indiqués.

Art. 464 du Code d'instruction criminelle ainsi conçu :

« *Les présidents des Cours d'assises, les procureurs généraux ou leurs substituts, les juges d'instruc-*

---

* Note omise à l'art. 164 auquel elle se rapporte.

### Art. 298.

Les mêmes peines ont lieu contre tout militaire du corps de la gendarmerie qui, même dans le cas d'arrestation pour flagrant délit, ou dans tous les autres cas autorisés par les lois, conduirait ou retiendrait un individu dans un lieu de détention non légalement et publiquement désigné par l'autorité administrative, pour servir de maison d'arrêt, de justice ou de prison.

### Art. 299.

Tout individu arrêté en flagrant délit par la gendarmerie, dans les cas déterminés par l'art. 179 de la présente ordonnance, et contre lequel il n'est point intervenu de mandat d'arrêt ou un jugement de condamnation à des peines en matière correctionnelle ou criminelle, est conduit à l'instant devant l'officier de police ; il ne peut être transféré ensuite dans une maison d'arrêt ou de justice qu'en vertu du mandat délivré par l'officier de police.

### Art. 300.

Dans le cas seulement où, par l'effet de l'absence de l'officier de police, le prévenu arrêté en *flagrant délit* ne pourrait être entendu immédiatement après l'arrestation, il peut être déposé dans l'une des salles de la mairie, où il est gardé à vue jusqu'à ce qu'il puisse être conduit devant l'officier de police ; mais, sous quelque prétexte que ce soit, cette conduite ne peut être différée au delà de vingt-quatre heures. L'officier, sous-officier ou gendarme qui aurait retenu plus longtemps le prévenu sans le faire comparaître devant l'officier de police, sera poursuivi comme coupable de détention arbitraire.

### Art. 301.

Tout individu qui outrage ou menace les militaires du corps de la gendarmerie dans l'exercice de leurs fonctions, est arrêté et traduit devant l'officier de police de l'arrondissement, pour être jugé et puni selon la rigueur des lois.

### Art. 302.

Si la gendarmerie est attaquée dans l'exercice de ses fonctions, elle requiert, *de par la loi*, l'assistance des citoyens présents, à l'effet de lui prêter main forte, tant pour repousser les attaques dirigées contre elle que pour assurer l'exécution des réquisitions et ordres dont elle est chargée.

« tion *et les juges de paix*, pouvant continuer *hors de leur ressort* (hors du territoire de leur arrondisse-
« ment) les visites nécessaires chez les personnes soupçonnées d'avoir fabriqué, introduit, etc., de *faux*
« *billets* de la Banque de France, etc. La présente disposition a lieu également pour le crime de *fausse*
« *monnaie* ou de *contrefaction* du *sceau de l'État*. »

Le juge d'instruction peut déléguer les pouvoirs à un officier de police auxiliaire: cette réquisition se nomme *commission rogatoire* (art. 83, 84, 85 du Code d'instr. crim.), sans, cependant, que ce pouvoir puisse s'étendre à délivrer les *mandats d'amener*, de *dépôt et d'arrêt* contre les prévenus. (Art. 284 du Code pénal.)

Les commissions rogatoires, délivrées par les rapporteurs près les conseils de guerre, indiquent la marche à suivre, et présentent une série de questions à faire aux témoins: ces questions sont préalablement communiquées à l'accusé, dont on consigne les observations sur la commission. (Art. 2 de la loi du 18 prairial an 11.)

L'officier de police auxiliaire qui sort de sa personne, *hors de* son arrondissement, pour se livrer, sans un réquisitoire exprès des autorités *judiciaires* ou *administratives*, à des actes qu'il croirait de son ministère, place les individus contre lesquels il voudrait instrumenter dans le cas de légitime défense. (Legraverend.)

### Art. CCC.

Les vingt-quatre heures accordées par l'art. 93 du Code d'instruction criminelle pour l'interrogatoire d'un prévenu, ne peuvent devenir un motif pour retenir vingt-quatre heures un individu arrêté en flagrant délit, sans le conduire devant l'autorité; il faut au contraire qu'il soit amené devant elle immédiatement après l'arrestation. (Cour de cassation du 27 mars 1827, et les art. 19 et suivants de la loi du 28 germinal an VI, et 106 du Code d'instr. crim.)

### Art. CCCI.

Observez ici qu'il est question *d'outrage*. L'arrestation ne saurait avoir lieu pour une *injure légère* proférée envers de simples gendarmes, laquelle n'est punissable que de l'amende. (Art. 224. Voir également les art. 225, 226, 227, 230, 231, 232 et 233 du Code pénal.)

C'est outrager la gendarmerie que de lui faire une déclaration mensongère d'un délit qui n'a pas été commis. (Cour de cassation du 9 décembre 1808.)

Un brigadier de gendarmerie, même lorsqu'il n'est accompagné que d'un *seul* gendarme, est considéré comme commandant de la force publique dans l'*étendue du territoire assigné à sa brigade*. Ainsi l'outrage par *paroles*, *gestes* ou *menaces* dans cette position, et qu'il est revêtu de son *uniforme*, rentre dans les dispositions des art. 224 et 225 du Code pénal. (Cour de cassation du 14 janvier 1826.)

L'expression : *Si tu avances, je te tue*, ne peut être considérée comme une menace faite avec *ordre* ou *sous-conditions*, mais seulement un *outrage* fait par *gestes* ou *menaces*. (Cour royale de Rouen du 15 avril 1835, et Cour de cassation du 28 janvier 1835.)

### Art. 303.

Les militaires de la gendarmerie, *requis*, soit pour assurer l'exécution de la loi, des jugements, ordonnances, mandements de justice ou de police, soit pour dissiper des émeutes populaires ou attroupements séditieux, soit pour en saisir les chefs, auteurs et fauteurs, ne peuvent déployer la force des armes que dans les deux cas suivants :

Le premier, si des violences ou voies de fait sont exercées contre eux ;

Le second, s'ils ne peuvent défendre autrement le terrain qu'ils occupent, les postes ou les personnes qui leur seraient confiés, ou, enfin, si la résistance était telle, qu'elle ne pût être vaincue autrement que par le développement de la force des armes.

### Art. 304.

Dans le cas d'émeute populaire, et lorsque la résistance ne peut être vaincue que par la force des armes, la gendarmerie n'en fait usage qu'après que l'autorité administrative du lieu a sommé, *de par la loi*, les personnes attroupées, de se retirer paisiblement.

Après cette sommation trois fois réitérée, si la résistance continue, la force des armes est à l'instant déployée contre les séditieux, sans aucune responsabilité des événements ; et ceux qui peuvent être saisis ensuite, sont livrés aux officiers de police pour être jugés et punis selon la rigueur des lois. Enfin, à défaut et en cas d'absence de l'autorité locale, la gendarmerie, après avoir épuisé tous les moyens de persuasion, et après trois sommations, *de par la loi*, est autorisée à vaincre la résistance par la force des armes, sans être responsable des événements.

### Art. 305.

Lorsqu'une émeute populaire prend un caractère et un accroissement tels, que la gendarmerie se trouverait trop faible pour vaincre la résistance par la force des armes, elle dresse procès-verbal, dans lequel elle signale les chefs, auteurs et fauteurs de la sédition.

### Art. 306.

Les militaires du corps de la gendarmerie qui refuseraient d'obtempérer aux réquisitions légales de l'autorité civile, seront réformés, d'après le compte qui en sera rendu au ministre de la guerre, sans préjudice des peines dont ils pourraient être passibles, si, par suite de leur refus, la sûreté publique avait été compromise.

### Art. 307.

Toutes les fois que la gendarmerie est requise pour une opération quelconque, elle en dresse procès-verbal, même en cas de non réussite, pour constater son transport et ses recherches.

### Art. 308.

Les procès-verbaux des sous-officiers et gendarmes sont faits sur papier libre ; ceux de ces actes qui seraient de nature à donner lieu à des poursuites judiciaires, sont préalablement enregistrés en débet ou *gratis*, suivant les distinctions établies par la loi du 22 frimaire an VII et notre ordonnance du 22 mai 1816.

### Art. CCCIV.

Les commandants de la force publique n'ont plus caractère pour faire les sommations. (Art. 1 de la loi du 10 avril 1831.)

### Art. CCCV.

*Si aucun officier civil* ne se présente, le commandant est tenu d'avertir, à son choix, le *préfet*, le *sous-préfet*, le *maire*, l'*adjoint*, le *commissaire de police* ou *autres officiers civils* chargés de la *police judiciaire*, à l'exception des gardes champêtres et forestiers. (Lois des 21 octobre et 21 novembre 1789, l'art. 282 de la loi du 28 germinal an VII, Cour de cassation du 20 janvier 1825, et loi du 10 avril 1831.)

### Art. CCCVI.

Lorsque la gendarmerie n'obtempère pas aux réquisitions légales qui lui sont adressées, elle devient responsable des événements (art. 334 du Code pénal). Elle est secondée, dans les opérations importantes, par la *garde nationale* et la *troupe de ligne* (art. 77 de la présente ord.). Elle se fait assister des gardes *champêtres et forestiers*. (Art. 309 et suivants, *ibid.*)

### Art. CCCVIII.

Les procès-verbaux des sous-officiers et gendarmes font foi jusqu'à preuve contraire. La loi ne les assujettit à aucune forme particulière; ils ne peuvent être annulés, sous prétexte d'omission de forme, notamment pour *omission* ou *irrégularité* de l'affirmation, qui n'est exigée, au surplus, que dans fort peu de cas. (Cour de cassation du 11 mars 1825.)

A moins d'exceptions, le délai de l'affirmation est de vingt-quatre heures. (Art. 7, titre IV de la loi du 29 septembre 1791.)

Le délai, pour présenter les procès-verbaux à l'enregistrement, est de *quatre* jours. (Art. 20 de la loi du 22 frimaire an VII.)

Le jour de la rédaction n'est pas compté, non plus que le dernier jour, s'il tombe un jour de *fête conservée* ou un dimanche. (Art. 35, *idem.*)

Ils seront présentés à la formalité par les gendarmes, lorsqu'il se trouvera un bureau d'enregistrement dans le lieu de leur résidence ; dans le cas contraire, l'enregistrement aura lieu à la diligence du ministère public chargé des poursuites.

### Art. 309.

Les gardes forestiers étant appelés à concourir, au besoin, avec la gendarmerie, au maintien de l'ordre et de la tranquillité publique, et les brigades de la gendarmerie devant prêter main forte pour la répression des délits forestiers, les inspecteurs ou sous-inspecteurs des eaux et forêts et les commandants de la gendarmerie se donnent réciproquement connaissance des lieux de résidence des gardes forestiers et des brigades et postes de gendarmerie, pour assurer, de concert, l'exécution des mesures et des réquisitions, toutes les fois qu'ils doivent agir simultanément.

### Art. 310.

Les gardes champêtres des communes sont placés sous la surveillance des commandants des brigades de gendarmerie, qui tiennent un registre particulier sur lequel ils inscrivent les noms, l'âge et le domicile de ces gardes champêtres.

### Art. 311.

Les officiers et sous-officiers de gendarmerie s'assurent, dans leurs tournées, si les gardes champêtres remplissent bien les fonctions dont ils sont chargés ; ils donnent connaissance aux sous-préfets de ce qu'ils ont appris sur la conduite et le zèle de chacun d'eux.

### Art. 312.

Dans les cas urgents, ou pour des objets importants, les sous-officiers de gendarmerie peuvent mettre en réquisition les gardes champêtres d'un canton ; et les officiers, ceux d'un arrondissement, soit pour les seconder dans l'exécution des ordres qu'ils ont reçus, soit pour le maintien de la police et de la tranquillité publique : mais ils sont tenus de donner avis de cette réquisition aux maires et aux sous-préfets, et de leur en faire connaître les motifs généraux.

### Art. 313.

Les officiers et sous-officiers de gendarmerie adressent, au besoin, aux maires, pour être remis aux gardes champêtres, le signalement des individus qu'ils ont l'ordre d'arrêter.

### Art. 314.

Les gardes champêtres sont tenus d'informer les maires, et ceux-ci les officiers, sous-officiers de gendarmerie, de tout ce qu'ils découvrent de contraire au maintien de l'ordre et de la tranquillité publique ; ils leur donnent avis de tous les délits qui ont été commis dans leurs territoires respectifs.

### Art. 315.

Les officiers, sous-officiers et gendarmes sont exempts des droits de péage et de passage de bacs, ainsi que les voitures, chevaux et personnes qui marchent sous leur escorte.

### Art. CCCX.

La gendarmerie a également droit de réquisition et de surveillance sur les cantonniers. (Ordonnance du 25 mars 1835.)

### Art. CCCXIV.

Dans l'exercice de leurs fonctions, les gardes champêtres peuvent, lorsqu'ils ont été autorisés par le préfet, porter les armes qui leur sont nécessaires et qui leur sont désignées. Ils doivent avoir, sur le bras, une *plaque de métal* ou d'*étoffe*, où seront insérés ces mots : *La loi*, le nom de leur *commune* et le *leur*. (Lois des 28 septembre et 6 octobre 1791.)

Si les gardes champêtres portent des fusils de chasse sans y être autorisés, et sont *trouvés chassant sans permis de port d'armes*, il doit être dressé procès-verbal par la gendarmerie. (*Ibid.*)

## Art. 316.

Les militaires de tout grade de la gendarmerie qui, d'après les règlements, jouissent de la franchise et du contre-seing des lettres, et qui abuseraient de cette franchise pour une correspondance étrangère à leurs fonctions, seront envoyés dans un autre département; et, en cas de récidive, ils encourront la réforme.

### Art. CCCXVI.

#### INSTRUCTION SUR LE SERVICE DES POSTES DU 29 MARS 1832.

Les inspecteurs, directeurs et employés des postes, les employés des douanes aux frontières, la gendarmerie et les commissaires de police sont autorisés à faire, ensemble ou séparément, des visites et perquisitions sur les messagers et commissionnaires, allant habituellement d'une ville à une autre ville, sur les voitures de messagerie et autres de même espèce, et à saisir tous les objets transportés en fraude, au préjudice des droits de l'administration des postes. (Arrêté du 27 prairial an IX.)

Les inspecteurs, directeurs et employés des postes pourront, à cet effet, se faire assister de la force armée. (*Ibid.*)

Afin de ne pas retarder la marche des voitures qui transportent des voyageurs, les visites et perquisitions à faire sur ces voitures n'auront habituellement lieu qu'à l'entrée et à la sortie des villes, ou aux relais. (*Ibid.*)

Il ne sera fait de visites sur les routes qu'autant qu'un ordre spécial de l'administration le prescrira. (*Ibid.*)

Ne sont point considérés comme étant transportés en contravention aux lois :

Toute lettre qu'un particulier expédie à un autre particulier par exprès ; (Loi du 3 juin 1829.)

Les lettres qu'un particulier, habitant une commune rurale, fait prendre ou porter à un des bureaux de poste circonvoisins de sa résidence ; (*Ibid.*)

Toute lettre transportée par un voyageur, et qu'il déclare être pour lui une lettre de crédit ou de recommandation, si cette lettre n'est pas cachetée ; (*Ibid.*)

Les paquets en forme de lettre qui, bien que ne pesant pas 1 kilogramme, seraient reconnus être composés d'objets dont le transport n'est pas exclusivement attribué à l'administration des postes, ainsi que les paquets concernant le service de la loterie, qui, dans certaines localités, sont expédiés par les messageries. (*Ibid.*)

Les lettres de service, sous bandes, que les employés des douanes transportent d'une poste à l'autre, lorsqu'elles sont accompagnées d'une feuille signée par les chefs qui les ont expédiées, laquelle feuille doit porter le nombre et l'adresse de ces lettres ; (*Ibid.*)

Les lettres de voitures et les factures non cachetées, qui accompagnent les marchandises dont le porteur de ces factures est chargé ; (*Ibid.*)

Les lettres et papiers uniquement relatifs au service des entrepreneurs de voitures publiques, et transportés par les conducteurs de ces voitures. (*Ibid.*)

L'expédition des lettres et papiers, dont il est parlé au paragraphe précédent, est soumise aux conditions suivantes : (*Ibid.*)

Les lettres et paquets qui partiront du siége de l'administration centrale d'une entreprise de messageries, pour les directeurs et les inspecteurs de ces messageries, pourront être cachetés ; mais l'empreinte d'un cachet spécial indiquera que le paquet émane de l'un des bureaux de l'administration centrale de cette entreprise. (*Ibid.*)

La suscription du paquet devra porter l'empreinte, à l'encre noire, d'un timbre indicatif de l'entreprise qui expédie. (*Ibid.*)

Le contre-seing d'un administrateur de l'entreprise ne pourra jamais suppléer à l'application de ce timbre. (*Ibid.*)

Les lettres et papiers que les directeurs et les inspecteurs des messageries, dans les départements, enverront à l'administration centrale de l'entreprise de laquelle ils dépendent, devront être adressés collectivement aux administrateurs. Ces lettres, ainsi que celles qu'auront à transmettre les inspecteurs des diverses entreprises de messageries aux directeurs de leur ligne d'inspection, et réciproquement, devront porter ces mots écrits en tête de la suscription : *Service des messageries,* avec indication spéciale de l'entreprise. (*Ibid.*)

L'envoyeur apposera son contre-seing au bas de la suscription ; et, au dos, son cachet, lequel devra porter l'empreinte du bureau expéditeur. (*Ibid.*)

Toutes les lettres et tous les papiers compris dans les deux classes ci-dessus désignées devront, en outre, être inscrits nominativement, par pièce et par ordre de numéros, sur les feuilles de route du conducteur de la voiture. (*Ibid.*)

Dans le cas où la personne à qui les paquets sont adressés se refuserait à l'exhibition et à la vérification demandées, les agents des postes réclameraient l'intervention, soit du maire, soit de l'un des adjoints au maire, ou du commissaire de police de leur commune ; et ils procéderaient en présence de cet officier public, à l'ouverture et à la vérification des paquets soupçonnés contenir d'autres objets que ceux désignés, comme n'étant pas transportés en contravention aux lois. (*Ibid.*)

Il sera dressé procès-verbal de cette notification. (*Ibid.*)

Toutes visites et perquisitions faites en vertu des présentes lois doivent, quand même elles n'auraient été suivies d'aucune saisie, être constatées par un procès-verbal conforme au modèle. (*Ibid.*)

Lorsque ce procès-verbal ne donne lieu à aucune poursuite devant les tribunaux, il n'a besoin d'être ni timbré ni enregistré. Il est donné copie au particulier qui a été soumis à la visite, s'il le requiert. (*Ibid.*)

Si les visites ou perquisitions ont fait découvrir des lettres ou des journaux transportés en fraude, le procès-verbal, dressé à l'instant de la saisie, devra contenir l'*énumération* de ces lettres et journaux, reduire les *adresses* des objets, et mentionner le *poids de chaque lettre.* (*Ibid.*)

Lorsque les particuliers saisis refusent de déclarer leur nom et leur domicile, ou qu'ils déclarent ne savoir ou ne vouloir signer, il en est fait mention dans le procès-verbal dont il leur est délivré une copie. (*Ibid.*)

L'administration fournit des formules imprimées de procès-verbaux aux directeurs, afin qu'ils puissent en distribuer aux chefs de la gendarmerie, aux chefs des employés des douanes et aux commissaires de police de leur arrondissement. (*Ibid.*)

### Art. 317.

La gendarmerie ne peut être distraite de ses fonctions pour servir d'ordonnance ni pour être employée à des services personnels ; les officiers de gendarmerie ne peuvent non plus, pour les devoirs qui leur sont propres, interrompre les tours de service d'aucun sous-officier ou gendarme. Il est rendu compte au ministre de la guerre de toute contravention à cette défense.

### Art. 318.

Les demandes ou les réclamations que les militaires de la gendarmerie sont dans le cas d'adresser au ministre de la guerre, doivent lui parvenir, savoir : pour ce qui concerne le personnel, par les colonels des légions ; et pour les réclamations relatives à des pertes ou à d'autres objets administratifs, par le conseil d'administration de la compagnie à laquelle l'homme appartient.

Seulement, en cas de déni de justice, les militaires du corps de la gendarmerie peuvent réclamer directement, du ministre de la guerre, le redressement des griefs ou des abus dont ils auraient à se plaindre. Ils joignent à leur réclamation toutes les pièces justificatives, pour qu'il y soit fait droit, s'il y a lieu.

### Art. 319.

Les corps de la gendarmerie d'élite et de la gendarmerie royale de Paris conservent, à raison de la spécialité de leur service, la constitution particulière qui leur a été donnée par nos ordonnances.

Ils sont soumis d'ailleurs aux règles établies, par la présente ordonnance, pour la police et la discipline de la gendarmerie.

### Art. 320.

Nos ministres sont chargés, chacun en ce qui les concerne, de l'exécution de la présente ordonnance, qui sera insérée au *Bulletin des Lois*.

Donné en notre château des Tuileries, le 29 octobre de l'an de grâce 1820, et de notre règne le vingt-sixième.

*Signé :* LOUIS.

Par le roi :

*Le ministre secrétaire d'État de la guerre,*
*Signé :* MARQUIS V. DE LA TOUR-MAUBOURG.

Les procès-verbaux de saisie doivent être visés pour timbre et enregistrés dans les quatre jours qu suivent la saisie. Ces formalités s'accomplissent, soit dans un lieu de la résidence des agents qui ont procédé aux saisies, soit dans le lieu même où chaque procès-verbal a été dressé. (Art. 22 et 26 de la loi du 22 frimaire an vii.)

Le directeur des postes, à qui ce procès-verbal est remis avec les objets saisis, paie les frais de timbre et d'enregistrement. *(Ibid.)*

La gendarmerie est tenue d'adresser les procès-verbaux relatifs au transport frauduleux des lettres, non au *procureur du roi*, mais au *directeur des postes*. (Circ. minist. du 15 novembre 1831.)

On ne peut, dans l'intérêt de l'administration des postes, faire des perquisitions sur des *voyageurs étrangers au service des postes;* et la saisie opérée sur eux, dans cet intérêt, est *nulle*. (Cour de cassation du 13 novembre 1834.)

Il n'y a pas immixtion dans le fait de transporter, par *hasard*, sans intention de *fraude*, quelques lettres ayant pour objet des *intérêts personnels* au *porteur*, alors que celui-ci n'est ni messager, ni porteur de dépêches. (Cour de cassation du 20 février 1836.)

Le voiturier trouvé porteur de lettres *cachetées*, contenues dans des boîtes de fer-blanc, ne peut être excusé de la contravention, sous prétexte que les lettres avaient été renfermées dans les boîtes à son insu. (Circ. minist. du 23 juillet 1836.)

Défense est faite aux militaires de la gendarmerie de recevoir, sous leur couvert, des lettres qui ne leur sont pas destinées. (Circ. min. du 3 décembre 1836.)

L'usage du *contre-seing* n'est autorisé que sous la condition d'expédier les dépêches sous *bandes*, sous *enveloppes* ou sous *plis fermés;* ce qui *implique* la défense de plier les paquets sous *toile*, sous *corde* ou sous *ficelle*. (Ord. du 14 décembre 1835, et circ. du ministre des finances du 19 août 1837.)

Le maximum du poids à donner aux paquets contre-signés est fixé à *un* kilogramme. *(Ibid.)*

Il ne doit être fait usage, pour lettres adressées aux personnes qui ne jouissent pas du droit de franchise, que d'un papier pesant *moins* de *sept* grammes et demi. Chaque lettre simple devant, d'après la loi, avoir moins de ce poids. (Note minist. du 18 novembre 1837.)

### Art. CCCXVII

Un officier de gendarmerie de service a toujours le droit de se faire accompagner par un gendarme d'ordonnance, dans les courses et tournées: mais il ne peut conserver le même gendarme pour l'accompagner dans toute sa tournée. Ce gendarme est relevé de brigade en brigade, et ne doit pas découcher. (Circ. minist. du 4 septembre 1822.)

Défense est faite aux officiers, se rendant d'une résidence à une autre, par suite de changements, de faire conduire leurs chevaux de brigade en brigade. (Circ. minist. du 20 mars 1837.)

NOTA. *Il est expressément défendu aux militaires de la gendarmerie de traîner leur sabre; ils doivent toujours le tenir suspendu au crochet lorsqu'ils sont à pied.* (Circ. minist. du 14 février 1835.)

### Art. CCCXVIII.

Défense d'employer la voie des journaux pour exposer ses réclamations, ou pour réfuter des allégations inexactes des feuilles publiques, sans l'approbation de l'autorité supérieure. (Circ. du 17 juillet 1835.)




Il a paru inutile d'ajouter à la suite de cette Ordonnance les divers modèles prescrits, attendu qu'ils peuvent subir divers changements dans leur contexture. On les trouve, d'ailleurs, à Paris. chez M. LEAUTEY, imprimeur–libraire de la gendarmerie, *rue Saint-Guillaume*, 21.

## SUPPLÉMENT.

### Art. CXXVI.

Il n'y a plus de *commandants*, d'*intendants* ni de *commissaires généraux de la marine;* un *préfet maritime* les remplace dans les cinq grands ports. Ces fonctionnaires publics, réunissant les attributions précédemment réparties entre les *commandants* et les *intendants de la marine*, se trouvent exercer, sur la gendarmerie employée dans les ports et arrondissements, l'autorité qui était dévolue aux intendants. (Circ. du 11 mai 1827.)

### Art. CXXIX.

Ne sont pas soumis à la contribution des portes et fenêtres les bâtiments employés à un service public, *civil*, *militaire* ou *d'instruction*, ou aux *hospices*. (Loi du 4 frimaire an VII, art. 5.) Néanmoins, si lesdits bâtiments sont occupés par des personnes auxquelles l'Etat ne doit pas de logement, ces personnes seront soumises à ladite contribution, à concurrence de la partie desdits bâtiments qu'elles occupent. (*Ibid.*)

Les officiers de gendarmerie sont imposés à la contribution personnelle et mobilière, par application de l'art. 1er de l'arrêté du 28 thermidor an x, relatif à la contribution personnelle et mobilière des officiers. (Décret du 11 avril 1810.)

Les baux de location des bâtiments ou terrains destinés à un service militaire doivent être enregistrés gratis. (Circ. du 11 mars 1833.)

### Art. CCVII.

#### BANNI.

Les gendarmes chargés de la conduite d'un banni lui feront mettre pied à terre dans la commune française qui est immédiatement contiguë au territoire sur lequel le banni sera dirigé, et le conduiront chez le maire de ladite commune où ils remettront audit individu son passe-port, et rédigeront procès-verbal constatant l'arrivée sur ce point du banni et sa sortie du territoire français, laquelle aura lieu sur-le-champ en présence du maire, auquel les gendarmes justifieront de leur mission en le requérant de signer l'acte qu'ils ont dressé. (Jacquinot-Pampelune.)

La peine du bannissement n'est qu'infamante. (Art. 8 du Code pénal.)

La durée du bannissement est de cinq ans, et de dix ans au plus. (Art. 32 du Code pénal.)

### Art. CCXLVI.

Les pensions militaires et soldes de retraite sont considérées comme des pensions alimentaires. Le trésor royal ne peut exercer de retenue à leur égard, même pour créance résultant de *contributions* ou de trop *perçu* jusqu'à concurrence du *cinquième*. (Arrêt du conseil d'Etat du 24 février 1825.)

### Art. CLXXIX.

#### ROULAGE.

§ 20. — Le roulier déclaré en contravention pour excès de chargement doit être condamné à l'amende de 25 fr. (Arrêt du conseil d'Etat du 4 juillet 1827.)

La circulation sur les routes des voitures de roulages à jantes dont la largeur n'a pas 11 centimètres, et qui sont attelées de plus d'un cheval, est interdite dans tous les cas : la loi du 27 février 1807 ne fait pas exception pour les cas où les chemins sont en mauvais état. (Arrêt du conseil d'Etat du 26 octobre 1828.)

Une voiture de jardinier conduisant des denrées au marché, attelée d'un cheval et d'un âne, n'est pas soumise aux dispositions de la loi sur la largeur des jantes. (Arrêt du conseil d'Etat du 4 mars 1830.)

Les voitures de roulage attelées d'un cheval et d'un mulet, d'un cheval et de deux ânes, ou de deux bœufs, ou de deux vaches avec un cheval, etc., sont soumises à la jauge de leurs roues. La contravention est passible de l'amende de 50 fr., fixée par l'art. 3 de la loi du 27 ventôse an XII.

L'art. 28 du décret du 28 juin 1806, sur la longueur des moyeux, est aussi applicable aux voitures de culture et d'exploitation agricole qui ne circulent habituellement que sur les chemins communaux. (Arrêt du conseil d'Etat du 18 avril 1820.)

### Art. CCLXXI.

Les officiers de gendarmerie n'ont pas qualité pour adresser, hors de leur arrondissement, et en prescrire l'exécution, les mandats qui leur auraient été envoyés par les magistrats.

Ce principe résulte évidemment des art. 53, 148 et 164 de l'ordonnance du 29 octobre 1820, et de l'art. 90 du Code d'instruction criminelle, portant :

*TABLEAU indiquant toutes les indemnités, gratifications, primes et parts auxquelles donnent droit diverses fonctions de la gendarmerie.*

| LOIS, DÉCRETS ET ORDONNANCES portant fixation des droits, indemnités ou taxes qui peuvent être accordés. | | NATURE DES DROITS AUX DIVERSES INDEMNITÉS, GRATIFICATIONS, ETC. | MONTANT DES ALLOCATIONS. | | | OBSERVATIONS. |
|---|---|---|---|---|---|---|
| Dates. | Art. | | à Paris. | Dans les villes de 40,000 âmes et au-dessus. | Dans les villes et com. au-dess. de 40,000 âmes. | |
| | | | fr. c. | fr. c. | fr. c. | |
| 7 avril 1813. | 6 | Pour capture, en exécution d'un jugement de simple police | 5 » | 4 » | 3 » | |
| 7 avril 1813. | 6 | Pour capture, en exécution d'un mandat d'arrêt… | 18 » | 15 » | 12 » | |
| 7 avril 1813. | 6 | Pour capture, en exécution d'un jugement ou arrêt condamnant à un emprisonnement au-dessus de cinq jours | 18 » | 15 » | 12 » | |
| 6 août 1823. | 1 | Pour capture, en exécution d'un jugement ou arrêt condamnant à un emprisonnement de cinq jours et au-dessus | 5 » | 4 » | 3 » | |
| 7 avril 1813. | 6 | Pour capture, en exécution d'une ordonnance de prise de corps | 21 » | 18 » | 15 » | |
| 7 avril 1813. | 6 | Pour capture, en exécution d'un arrêt portant peine de réclusion | 21 » | 18 » | 15 » | |
| 7 avril 1813. | 6 | Pour capture, en exécution d'un arrêt de condamnation aux travaux forcés ou à une peine plus forte | 30 » | 25 » | 20 » | |
| 7 avril 1813. | 2 | Lorsqu'ils sont entendus dans le lieu de leur résidence, ou s'ils ne se transportent pas à plus d'un myriamètre. Pour chaque jour | 2 » | 1 50 | 1 » | |
| 7 avril 1813. | 2 et 3 | Lorsqu'ils se transportent à plus d'un myriamètre, mais dans leur arrondissement. — Pour chaque myriamètre parcouru | 1 » | 1 » | 1 » | |
| 7 avril 1813. | 2 et 3 | Lorsqu'ils se transportent à plus d'un myriamètre et hors de leur arrondissement. — Pour chaque myriamètre parcouru | 1 50 | 1 50 | 1 50 | |
| 7 avril 1813. | 3 | Pour chaque jour de séjour forcé en route | 1 50 | 1 50 | 1 50 | |
| 7 avril 1813. | 3 | Pour chaque jour de séjour dans la ville où se fait l'instruction, et qui n'est point celle de leur résidence | 3 » | 2 » | 1 50 | |
| 25 nov. 1808. | 15 | Cités à la requête des tribunaux militaires, l'indemnité de route par grade, indépendamment de leur solde | » | » | » | |
| 25 nov. 1835. | » | L'indemnité est la même les jours de séjour, c'est-à-dire l'indemnité de route | » | » | » | |
| 25 fév. 1832. | » | Exécution d'un jugement pour délit forestier, ou en vertu d'une contrainte par corps pour paiement d'une amende | 5 » | 4 » | 3 » | |
| | | **PRIMES, GRATIFICATIONS, ETC.,** ALLOUÉES SANS ÉGARD A LA POPULATION DES LIEUX. | | | | Cette prime a égal. lieu, 1° pour la reprise des prisonn. de guerre étrang., désert. des dépôts de l'int. (art. 174 du régl. du 21 nov. 1823); 2° pour la capture de désert. étr.. d'après la convent. des autres gouvernements avec la France. |
| 17 juill. 1816. | » | Gratification pour délit de chasse suivi de condamnation | 5 » | » | » | |
| 12 janv. 1811. | » | Prime pour arrestation d'un déserteur (48 heures après l'absence illégale de son corps.) | 25 » | » | » | Il n'y a pas de délai pour les évas.; il suffit que la capture ait lieu pour obtenir la prime. (Déc. du 23 janv. 1811.) |
| 12 octobre 1832. | 25 » | Prime pour arrestation d'un insoumis ayant abandonné son détachement ou n'ayant pas obéi à son ordre de route (48 heures écoulées) | 25 » | » | » | |
| 19 mars 1827. | » | Prime pour arrestation d'un condamné évadé des ateliers, des travaux publics et du boulet | 25 » | » | » | |
| 12 janvier 1811. | » | Prime pour arrestation d'un déserteur de la marine arrêté 48 heures après l'absence illégale, sauf la déduction de 5 p. 100 au profit de la caisse des invalides de la marine | 25 » | » | » | |
| Arrêt du 6 br. an 12. | » | Prime pour arrestation d'un forçat évadé des bagnes | | | | Si, après avoir été pris et déposé dans une prison, il s'évade avant d'avoir été réintégré dans les bagnes, il n'est dû aucune prime. |
| | | S'il est repris hors des murs de la ville | 100 » | » | » | |
| | | S'il a été saisi dans la ville | 50 » | » | » | |
| | | S'il a été saisi dans le port | 25 » | » | » | |

| LOIS, DECRETS ET ORDONNANCES portant fixation des droits, indemnités, ou taxes qui peuvent être accordés. — Dates. | Art. | NATURE DES DROITS AUX DIVERSES GRATIFICATIONS, INDEMNITÉS, ETC. | MONTANT DES ALLOCATIONS. à Paris | Dans les villes de 40,000 âmes et au-dessus. | Dans les villes et com. au-dess. de 40,000 âmes. | OBSERVATIONS. |
|---|---|---|---|---|---|---|
| | | | fr. c. | fr. c. | fr. c. | |
| Ar. 18 vent. an 12 | 1 et 2 | Prime pour la reprise d'un condamné aux travaux forcés ou à la détention, évadé de prison, savoir : S'il est repris hors des murs de la ville où il était détenu.......... | 100 » | | | |
| | | Et s'il est repris dans la ville.............. | 50 » | | | |
| R. 21 nov. 1823. | 176 | Transport d'un officier à plus de 5 kil. de sa résidence, en vertu d'une commission rogatoire émanée des magistrats de l'ordre judiciaire....... | Lieuten. 2 50 | Capit. 3 » | Ch. d. B. 4 » | |
| R. d'ad. 21 nov. 1823 et circ. 6 juin 1833 | 178 | Indemnités accordées pour escortes ayant lieu par ordre ministériel, jusqu'à destination, pour l'aller; | M. d. L. 6 » | Brigad. 5 » | Gendar. 4 » | L'indemnité est réduite de moitié pour le retour; elle est calculée d'après le nombre des journ. d'étapes. |
| R. 21 nov. 1823 et 6 juin 1833. | 179 | Conduites extraordinaires faites à la requête des magistrats, des cours royales, ou du président de la cour des pairs. | (*) | (*) | (*) | L'indemnité de service extraordinaire est seule due pour le retour. |
| R. 21 nov. 1823. | 180 | Escortes des prévenus, condamnés, mineurs ou aliénés, ayant lieu par les officiers de gendarmerie, dont l'ordre les oblige à sortir de leur département.................. | (*) | (*) | (*) | |
| R. 21 nov. 1823. | 181 | Escortes particulières requises et obtenues par les pères, tuteurs, conseils de famille.............. | M. des L. 6 » | Brigad. 5 » | Gendar. 4 » | Les autorités supérieures doivent assurer le remboursement. |
| R. 21 nov. 1823. | 182 | Escortes de prévenus ou condamnés ayant obtenu de l'autorité, un transfèrement extraordinaire à leurs frais, jusqu'à destination.............. | M. des L. 6 » | Brigad. 5 » | Gendar. 4 » | Pour le retour, l'ind. est seulem. de moitié d'ap. la durée effect. du transp. ou le nomb. de jour d'étap. |
| 17 nov. 1819 | » | Prime pour capture d'un contrevenant en matière de poudre à tirer............ | 15 » | » | » | Pour le retour, l'ind. est réduite de moitié d'après la durée effect. du transp.; mais si l'esc. fait son retour à pied, l'indem. est calculée sur le nombre de journées d'étapes. |
| Ar. min. d. fin. 17 oct. 1819. | » | Prime pour arrestation d'un colporteur de tissus de fabriques étrangères............ | 15 » | » | » | Indépend. de la part afférente pour saisie des objets de contrav. dans les différ. positions, soit comme partie saisissante, soit comme partie intervenante, etc. |
| 31 déc. 1817. | » | Prime pour capture d'un colporteur de tabacs en fraude............ | 15 » | » | » | Le mode de répartition pour les amendes seulem., est indiqué par l'art. 184 du régl. du 21 nov. 1823. |
| 23 avril 1829. | | A ajout. à la prime, s'il était arrêté hors du rayon des douanes, nanti de 80 k. de tab. au moins, une gr. de | 12 » | » | » | |
| | | Part dans les amendes résultant des contraventions ou délits de grande voirie, et police du roulage, savoir : | | | | |
| Loi du 7 vent. an 12. | 3 | Pour plusieurs chevaux attelés à une charrette dont les roues sont à jantes au-dessous de 11 centim. (Il y a à déduire 1 centim. de tolérance, la moitié de l'amende............ | 25 » | » | » | |
| D. 23 juin 1806. | 28,32 | Pour contravention à la longueur des essieux, le 1\|4. | 3 75 | » | » | |
| D. 23 juin 1806. | 29,32 | *Idem* pour clous des roues à tête de diamant 1\|4 de l'amende............ | 3 75 | » | » | L'amende double, si le nom ou le domicile est faux ou supposé. |
| D. 23 juin 1806. | 34 | Pour défaut de plaque, 25 fr., dont 1\|4 de l'amende. | 5 83 | » | » | |
| Décis. du min. des fin. 14 février 1817 | | Part dans les amendes pour défaut de timbre des lettres de voitures, 5 fr., donc 1\|2 de.......... | 2 50 | » | » | |
| R. 31 déc. 1824 sur les con. milit. | 143 | Amendes encourues par les préposés aux convois militaires, pour rachats de fournitures......... | 25 » | » | » | |
| Arrêté du 27 prairial an 9. | 5 | Amendes de contraventions aux lois sur l'administration des postes, de 150 à 300 fr., 1\|3 dont le minimum est de................ | 50 » | » | » | |
| | | Et le maximum de................ | 100 » | » | » | |
| Arr. du ministre des fin. 17 octob. 1820. | 1 et 3 | Pour saisie de cartes à jouer provenant de fabriques étrangères, 1\|2 de l'amende et du produit des confiscations............ | » | » | » | |

(*) Sur mémoire, appuyé des pièces justificatives.

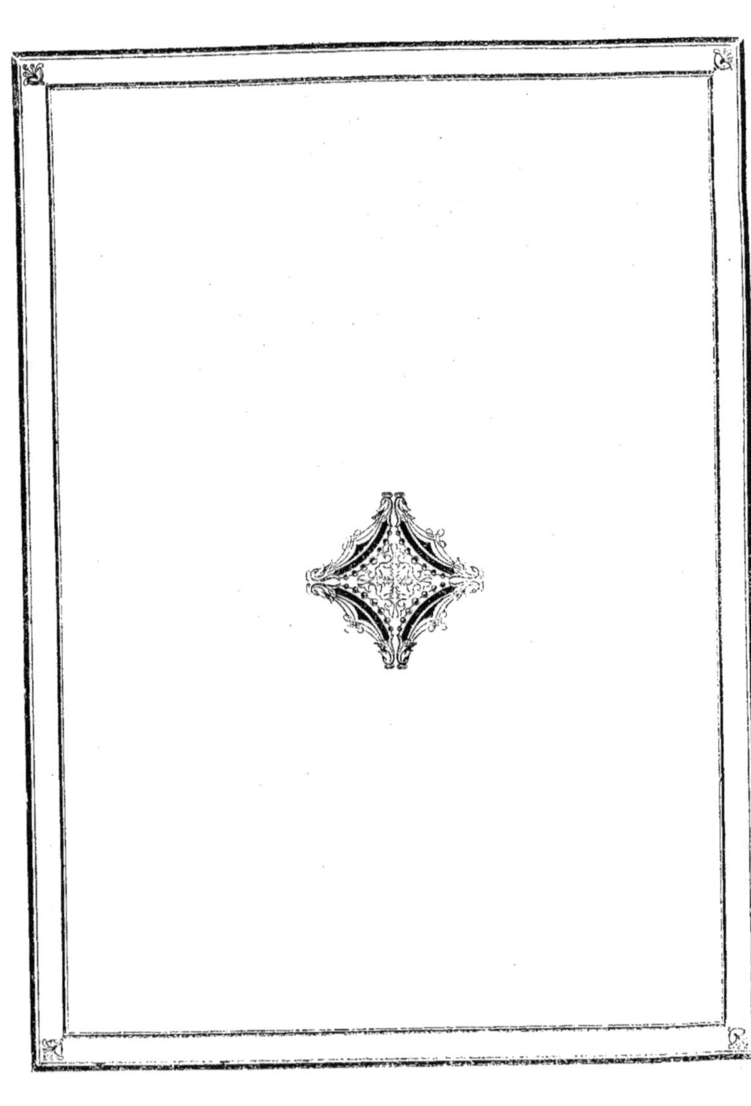